Et Dieu créa le Code

Parisis Code 3

Du même auteur :

PARISIS CODE (tome 1)

Le plus grand secret jamais révélé sur Paris

Editions Dualpha, 2009

ISBN 978-2-35374-119-9

LE CODE SECRET DES RUES DE PARIS

(Parisis Code tome 2)

Editions Dualpha, 2012

ISBN 978-2-35374-210-3

ET DIEU CREA ...LE CODE - (Parisis Code tome 3)

Editions Lulu.com, 2012

ISBN 978-2-9540731-7-0

PARIS, CAPITALE DU DESTIN - (Parisis Code 4)

Editions Lulu.com, 2012

ISBN 978-2-9540731-4-9

LE METRO VIRTUEL - (Parisis Code 5)

Editions Lulu.com, 2012

ISBN 979-10-91289-01-6

L'EPHEMERE RESURRECTION DE LA BASTILLE

Editions Lulu.com, 2011

ISBN 978-2-9540731-0-1

LE SECRET SOLAIRE DU MONT SAINTE ODILE

Editions Lulu.com, 2011

ISBN 978-2-9540731-3-2

LES PHENOMENES SOLAIRES ARTIFICIELS

Editions Lulu.com, 2011

ISBN 978-2-9540731-2-5

LE GRAND CODE DE LONDRES

Editions Lulu.com, 2012

ISBN 979-10-91289-04-7

Plus d'informations sur les dernières publications de l'auteur sur Lulu.com

Thierry Van de Leur

Et Dieu créa…le Code

Parisis Code 3

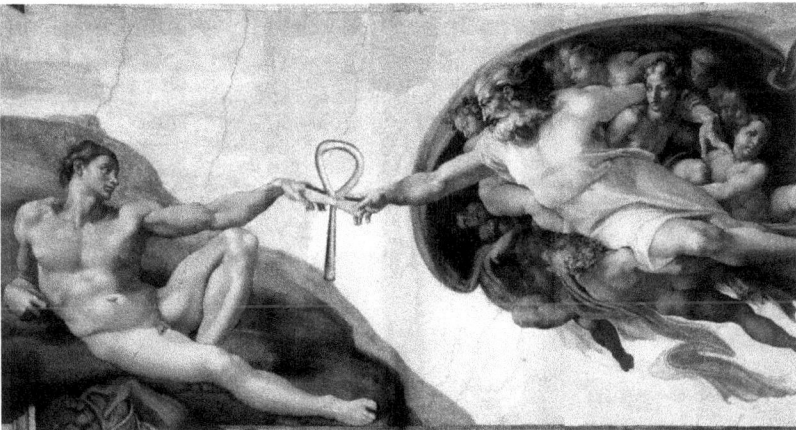

Et Dieu créa... le Code

Parisis Code 3

Note de Copyright et première édition février 2012

Contact auteur : t.van-de-leur@laposte.net

Imprimé en Europe par : www.lulu.com

Dépôts légaux Bibliothèque Nationale de France en 2012

Livre autoédité, également vendu sur :

www.lulu.com

ISBN : 978-2-9540731-7-0

EAN : 9782954073170

A mon épouse, Agnès,
A ma fille Cindy,

A l'Intelligence qui nous dirige…

SOMMAIRE

PROLOGUE

Je suis fermement persuadé de l'existence d'un Être suprême aussi bon que puissant, qui a formé tous les êtres étendus, végétants, sentants, et réfléchissants ; qui perpétue leur espèce...

Réuni dans ce principe avec le reste de l'univers, je n'embrasse aucune des sectes qui toutes se contredisent.

Ma religion est la plus ancienne et la plus étendue ; car l'adoration simple d'un Dieu a précédé tous les systèmes du monde.

Je parle une langue que tous les peuples entendent, pendant qu'ils ne s'entendent pas entre eux. Je suis un Théiste... (Source : Voltaire « Dictionnaire philosophique »).

N'est-ce pas un sacrilège et un crime que d'attribuer à Dieu des paroles, pensées, volontés, commandements et désirs humains comme le font les religions soi-disant révélées ?

Pensez-vous que Dieu est une marionnette que certains hommes pourraient manipuler et faire parler ?

Ceci étant dit, il est très étrange de retrouver, comme vous allez le constater vous-même, toutes les pages du Christianisme marquées noir sur blanc avec une précision étonnante dans les alignements symboliques du Parisis Code...

Pour ma part, je m'efforce de lire et décrypter le Parisis Code (le grand code de Paris) en toute objectivité...

Je vous demande d'essayer, comme moi de le comprendre et d'en extraire les messages sous-jacents...

Ce que je vais évoquer dans ce livre dépasse l'entendement...

Heureusement, et rassurez-vous, tout ce qui est écrit dans ce livre est facilement vérifiable par tous.

En appliquant ce code, il vous sera même tout-à-fait possible de découvrir des alignements et des messages qui m'ont échappé....

Une vérité se prouve par la démonstration. Il suffit de montrer par déduction que la proposition à prouver est impliquée par d'autres propositions dont la vérité n'est pas en cause.

Telle est la preuve utilisée dans tous les traités de mathématiques et de logique formelle.

Est scientifique ce qui est : **observable, mesurable et reproductible**.

Avec le Parisis Code, nous sommes face à un cryptogramme d'une importance considérable, ne pouvant être attribué ni aux Hommes, ni au hasard.

La probabilité mathématique pour que les dispositions symboliques qui le composent relèvent d'une coïncidence fortuite est quasi nulle.

Le Parisis Code utilise une sorte de langage alchimique inédit qui s'adresse à celui qui peut comprendre ... et reste incompréhensible à celui qui ne pourrait pas comprendre mais serait prompt à attaquer.

Il pratique le symbole, le double sens, l'allégorie. Mêlant parfois dans les alignements, le faux et le vrai, laissant à *celui qui sait* le soin de trier l'ivraie du bon grain.

Distribuant des alignements à certains et pas à d'autres…En effet le système Parisis Code n'est pas reproductible systématiquement à toutes les personnalités.

C'est d'ailleurs ce qui prouve son origine non-humaine.

C'est aussi la raison pour laquelle aucun scientifique ne cautionnera une telle découverte…

Ces tracés sur Paris dont une mystérieuse Intelligence se sert allègrement depuis le 18ème siècle, prouve sans conteste, scientifiquement sa réalité et par son caractère miraculeux, sa divinité.

Nous n'avons souvent qu'une vision esthétique et anecdotique de Paris et de ses monuments historiques.

Pourtant ses grands sanctuaires n'ont pas été élevés par des artistes rationalistes et matérialistes mais par des initiés obéissant à une discipline traditionnelle longtemps oubliée : la Géographie Sacrée.

Le but étant de mettre ces temples en accord avec le cosmos et le monde divin.

(Source : Jean Phaure - *Introduction à la géographie sacrée de Paris-Barque d'Isis*)

Cet extrait de carte de Lutèce montre la zone de la future abbaye Saint-Germain-des-Prés à l'époque des romains. On y voit le "Temple d'Isis", installé sur un mamelon, au sud duquel passe un chemin, aujourd'hui boulevard Saint-Germain...

"Dieu choisit la France de préférence à toutes les nations de la terre pour la protection de la Foi Catholique; pour ce motif la France est le Royaume de Dieu même.

Les ennemis de la France sont les ennemis du Christ... La tribu de Juda est la figure anticipée du Royaume de France...

Le Rédempteur a choisi le béni Royaume de France comme l'exécuteur spécial de ses divines volontés." *Lettre de Grégoire IX à Saint-Louis*

LA CRUCIFIXION EN PLEIN PARIS

J'aimerais à présent évoquer la découverte du *Parisis Code*, depuis le tout début.

C'est le 30 janvier 2002, à Paris, au n° 29 rue Saint-Fargeau (20ème arr.) que Roch Saüquere créa *Eden éditions* et le magazine Top Secret, consacré aux phénomènes étranges dont la devise est : *la Vérité est ailleurs*.

Par cette action, inconsciemment, il venait de donner la première impulsion qui devait aboutir 3 ans plus tard à la découverte d'un grand secret concernant la Capitale : le Parisis Code !

L'année suivante, en 2003, un enseignant et chercheur de L'Isle-d'Abeau (région lyonnaise), Thierry Namur publia dans Top Secret deux articles concernant Paris. L'un d'eux mettait en évidence la forme en tête d'aigle du Parc des Buttes-Chaumont, à Paris. Un parc voulu par Napoléon III…

L'autre article qui s'intitulait *La crucifixion en plein Paris* montrait une autre particularité qu'apparemment personne avant lui n'avait remarquée : la forme indiscutablement voulue, d'une grande croix chrétienne formée par l'Avenue de l'Opéra, le Boulevard des Capucines et le Boulevard des Italiens. La tête de cette croix étant dessinée par les rues entourant l'Opéra Garnier.

Dans son article, Thierry Namur démontrait que, curieusement, autour de cette croix, figuraient de nombreux éléments évoquant la crucifixion de Jésus, à savoir : la tête du Christ représentée par l'Opéra Garnier dont les œuvres chantées ressemblent à des prières ; la grande salle et le rideau sont rouges comme le manteau enfilé au Christ peu avant sa crucifixion.

L'Opéra renferme également les rotondes opposées de la Lune et du Soleil disposées comme sur les tableaux de la Crucifixion, selon la tradition, à droite et à gauche de la croix.

Située entre la colonne Vendôme (représentant la lance qui fut fatale au Christ), et les deux bassins situés au pied de l'avenue de l'Opéra (recueillant l'eau et le sang du Christ), nous trouvons l'église Saint-Roch, autrefois dédiée aux 5 plaies du Christ.

A l'extrême droite de la croix (Boulevard de la Madeleine) se trouve l'église de la Madeleine et quelques dizaines de mètres plus loin l'église Notre Dame de l'Assomption.

Ces 2 églises représentent les 2 *Maries* présentes le jour de la crucifixion ; Marie, la mère de Jésus et Marie-Madeleine.

Le jardin du Palais Royal, à proximité, et les rues avoisinantes où se traitent les échanges de monnaie avec la Bourse et la Banque de France symboliseraient l'argent de la trahison.

Enfin, nous avons autour de cette croix la rue du Mont Thabor représentant la Montagne sacrée d'Israël où eu lieu la Transfiguration du Christ, c'est-à-dire qu'il est apparut dans toute la gloire de sa divinité à 3 de ses apôtres (Pierre, Jacques et Jean).

Thierry Namur terminait son article par cette phrase prophétique : *Avec l'étude du plan de Paris, nous ne sommes pas au bout de nos surprises.*

FROM HELL : LA GENESE DU CODE

Mais qu'est-ce qui a incité Thierry Namur à étudier le plan de Paris. Comment est-il parvenu à visualiser cette croix ?

En 2003, cet enseignant de la région lyonnaise, grand amoureux de Londres (sa femme est britannique), emprunte à la bibliothèque de sa commune l'Isle d'Abeau, une volumineuse bande dessinée anglo-saxonne (575 pages) d'Alan Moore et Eddie Campbell intitulée *From Hell - Une autopsie de Jack l'Eventreur.*

Cet ouvrage édité par Delcourt (1991) a reçu aux Etats-Unis le *Harvey Award* et le *Eisner Award* de la meilleure bande dessinée.

Dans ce livre dédié aux victimes de Jack l'Eventreur, les auteurs dressent une fresque monumentale du Londres victorien de 1888 qui s'appuie sur une importante documentation (42 pages).

Le livre traite de l'énigme criminelle la plus célèbre de l'histoire : celle de *Jack l'Eventreur*, le meurtrier inconnu dont la seule lettre identifiée fut expédiée *from hell* (de l'enfer) le 16 octobre 1888.

A la page 118 de ce livre, un personnage déploie une carte de Londres, au sol, sur la rosace *solaire*, en plein cœur de la Cathédrale Saint-Paul et se livre à une démonstration très précise de l'orthoténie secrète révélée par 5 alignements de hauts lieux *solaires* celtiques et autres de la capitale britannique consacrés aux rois ou dieux solaires (Lug, Apollon, Hélios, Aton, Bélenos, Baal etc... J'ai dressé minutieusement et avec beaucoup de mal tous ces points alignés sur la carte de Londres pour vérifier l'exactitude de l'affirmation des auteurs du livre.

En traçant les lignes, je suis parvenu à construire le même pentagramme (très) irrégulier évoqué dans la bande dessinée. J'ai donc pu constater que les affirmations du livre reposaient sur un fait réel.

Comme il est spécifié dans le livre, les points extrêmes de ces lignes, dont certaines mesurent plus de 9 kilomètres, se croisent effectivement pour former une étoile au centre de laquelle nous trouvons la Cathédrale Saint-Paul, lieu emblématique de Londres.

Avec le recul, on peut donc affirmer que la découverte du Parisis Code trouve symboliquement son origine au centre du Soleil schématisé au sol de la Cathédrale Saint-Paul de Londres. J'ai pénétré en ce lieu le 20 avril 2007 vers midi.

Dans la boutique souvenir de la cathédrale, j'ai pu acquérir un Ankh doré brodé sur fond rouge... Sur l'étiquette on peut lire : *Saint-Pauls Shield* ...Bouclier de Saint-Paul... sans plus d'explications !

Des recherches ultérieures ne m'ont pas permis de trouver le moindre lien entre Saint-Paul et la croix ansée égyptienne.

A la fin du livre *From Hell*, une quarantaine de pages sont consacrées aux explications historiques et symboliques, page par page. Par contre, étrangement, la fameuse page n°118, la plus importante, puisque révélant cet étrange système d'alignement, ne bénéficie d'aucun commentaire ; on aimerait pourtant en savoir plus !

C'est après la lecture de ce livre laissant entendre que Londres cachait dans la disposition de ses rues et de ses monuments des signes mystérieux en rapport avec le culte solaire d'Apollon, que Thierry Namur eut l'idée de rechercher sur la carte de Paris quelques signes occultes similaires.

C'est donc au cours de ses investigations que notre inspiré chercheur a remarqué la singulière disposition de voies se coupant à angle droit au niveau de la Place de l'Opéra. Il l'interpréta comme une immense croix chrétienne.

Si l'Enfer est à la base de la découverte de l'Ankh, Londres et l'Angleterre le sont aussi. Ce lien étrange est visible à travers d'autres détails : l'Opéra Garnier qui occupe le centre de la boucle de l'Ankh monument-clef du Parisis Code fut inauguré le mardi 5 janvier 1875, jour de la Saint-Edouard, à 20 heures 10, en présence du Président français Mac-Mahon (nom d'origine écossaise) et du maire de Londres.

Pourquoi la Saint-Edouard ? Est-ce un choix délibéré ? Il semblerait, quand on étudie de plus près qui était ce saint anglais.

Saint-Edouard fut roi d'Angleterre de 1042 à 1066. Il est à l'origine de l'Abbaye Westminster, à Londres, au sein de laquelle il est aujourd'hui inhumé.

Etrange coïncidence prophétique : Thierry Namur, élément important de la découverte du Parisis Code est né le jour de la Saint-Edouard, date qui marque véritablement la naissance de la croix Ankh qui devait se révéler l'une des clefs principales du Parisis Code !

Autre synchronicité : le jury qui a choisi l'architecte Garnier, était présidé par le prince Walewski, fils naturel de Napoléon Ier. Celui-ci habitait Strasbourg, tout comme le découvreur du Parisis Code ! C'est le directeur Herlanzier qui frappa lui-même les trois coups du spectacle d'inauguration de l'Opéra Garnier, dont le programme était composé de : l'ouverture de *La Muette de Portici* d'**Auber** ; les deux premiers actes de *La Juive* d'**Halévy** et Eugène **Scribe** ; l'ouverture de *Guillaume Tell* de **Rossini** ; *La Source*, ballet de **Léo Delibes** ; *La Bénédiction des poignards* des *Huguenots* de Giacomo **Meyerbeer**.

Les 6 compositeurs et librettistes à l'honneur ce soir là ont leur rue dans Paris, et bénéficient d'un seul alignement symbolique sur lequel ils figurent tous les six ! En effet, la droite de 3,94 kilomètres joignant la rue Léo Delibes à la rue Rossini traverse les rues Scribe, Auber, Halévy et Meyerbeer. Cette ligne traverse le centre exact de l'Opéra Garnier !

A noter que les rues Scribe, Auber et Halévy entourent l'Opéra formant ainsi les 3/4 de la boucle de l'Ankh.

C'est Carpeaux qui sculpta le groupe *la Danse* qui orne la façade de l'Opéra Garnier. Jouffroy sculpta celui de *la Poésie*. Le Grand Œil (Observatoire) qui regarde la rue Carpeaux crée une ligne qui passe sur l'entrée principale de l'Opéra Garnier. L'œil de l'Aigle des Buttes-Chaumont qui regarde le passage Jouffroy crée un axe qui atteint l'entrée principale de l'Opéra Garnier.

LA DECOUVERTE DU PARISIS CODE

Se peut-il que Paris puisse encore nous cacher quelque chose d'important ? Depuis des siècles, la Ville Lumière est disséquée, analysée, commentée ; on a l'impression que rien n'a pu échapper à la sagacité des historiens et autres amoureux de la Capitale.

Peut-on enfin imaginer qu'un grand secret parisien puisse traverser les siècles à l'insu de ses habitants ? Enfin, comment un tel système a t-il pu continuer à être entretenu et régénéré en permanence en passant totalement inaperçu jusqu'à ce jour ?

Le hasard a voulu que je découvre sur ce grand secret.

En juin 2005, après avoir relu l'article Thierry Namur, et intrigué par cette croix qui sautait aux yeux une fois qu'on l'avait bien repérée sur la carte, je me suis dit que cette représentation pouvait peut-être cacher d'autres indices plus importants.

En l'observant plus attentivement, j'en suis arrivé à la conclusion qu'elle cachait une autre croix ; celle des égyptiens antiques, plus connue sous le nom d'Ankh ou Croix de la Vie Eternelle. Une croix souvent brandie par les Pharaons et autres divinités de l'Egypte Antique, mais aussi omniprésente dans les hiéroglyphes et gravées sur les multitudes de temples et tombeau de la vallée du Nil.

Ainsi, nous pouvons nous étonner de découvrir à Paris, dans cette boucle de l'Ankh l'un des monuments les plus symboliques de la Capitale : l'Opéra Garnier !

En examinant toutes les voies composant la croix, je me suis aperçu que j'avais à faire à un lieu très important, théâtre de nombreux faits historiques, dont la naissance officielle du Cinéma n'est qu'un épisode. Cette croix, il faut l'admettre est en fait une véritable clef, ouvrant une véritable porte donnant sur un grand secret de l'Humanité.

Ce secret, je l'ai baptisé *Parisis Code*, clin d'œil au Da Vinci Code d'une part, mais surtout en raison des nombreux clins d'œil à l'Egypte antique et à Isis la déesse égyptienne qui pour certains historiens fut la patronne de Paris, avant de laisser sa place à Sainte-Geneviève.

Pour percer le secret du *Parisis Code*, j'ai étudié pendant 5 années la carte de Paris à la loupe, me replonger dans l'Histoire de France, la géographie et même dans la Bible !

Paris, une des plus belles villes du monde, cache des connaissances naturelles et surnaturelles que le commun des parisiens ne soupçonne même pas ! J'ai décidé de vous les dévoiler dans ce livre qui n'est qu'une partie du décryptage du Parisis Code.

COMMENT FUT CREE LE CODE

Depuis sa création, Paris n'a cessé de se développer autour de son berceau, l'Ile de la Cité ; de nombreux monuments et autres éléments symboliques ont été disposés judicieusement dans le maillage complexe de ses rues, selon un plan secret qui se perpétue de nos jours grâce au concours de mystérieux initiés ou par l'intervention d'une fantastique « Intelligence ».

Les noms et les emplacements de voies de la Capitale sont les objets principaux de ce Code dans lequel la réalité et la fiction semblent indissociables.

Sa création reste cependant mystérieuse et incompréhensive même s'il est possible de mettre un nom et une date sur toutes les clefs qui le composent.

Le *Parisis Code* met en scène d'une manière spectaculaire les nombreux personnages dont les noms ont l'honneur de figurer dans cette trame symbolique parisienne.

C'est un véritable *dictionnaire mondain* occulte, une espèce de code-canevas utilisant un système complètement inédit. Ce Code aurait probablement dû demeurer secret... Tout au moins, les organisateurs de ces alignements, n'ont-ils pas cherché à les diffuser, en restant eux-mêmes dans l'ombre.

Quand on regarde une carte de l'agglomération parisienne, on ne voit qu'un fouillis de voies partant tous azimuts. Qui se douterait que ce salmigondis cadastral cache un subtil jeu de pistes à la gloire post-mortuaire de certains individus sélectionnés suivant des critères secrets ?

QUI A CREE CE CODE ?

Qui a eu l'idée d'un tel code ? Qui y a participé ? Qui l'a continué ? Pourquoi l'avoir caché aux parisiens ? Car, comme dans toute société secrète, il y a des maîtres, et il y a des élèves, sinon de dénomination, du moins d'esprit.

Il semblerait que Napoléon 1er soit l'instigateur involontaire ou inspiré de ce code secret, notamment à la suite de son expédition égyptienne et surtout après la nuit passée dans la chambre dite « du roi » de la Grande Pyramide de Kheops.

Si Napoléon 1er est à l'origine du Code, il n'a, par contre, pas pu en construire les principales pièces. Le véritable constructeur fut en fait son neveu Napoléon III aidé du Baron Haussmann.

Depuis cette première impulsion dont l'Opéra Garnier fut la clef de voûte, d'autres clefs se sont rajoutées au cours des décennies.

C'est cette accumulation de clefs qui a permis de lire enfin le code. Un autre facteur important qui a rendu cette lecture possible fut l'amélioration sans cesse croissante de la précision des cartes géographiques.

En poussant la spéculation à ses limites extrêmes, on peut supposer que le secret du code est transmis au dirigeant suprême, qui le confie à son successeur ; au même titre que le code de déclenchement de l'arme nucléaire. Cela n'a rien de choquant, et peut simplement être considéré comme un secret d'Etat, même si le fait de le dévoiler au grand public, ne porte de préjudice à personne.

Alors, ce *Parisis Code* : bottin mondain référençant la vie passée, l'œuvre, les lieux fréquentés des personnalités choisies ? Non, système révélant bien des secrets, que l'Histoire officielle ne dévoilera jamais. *(extrait de la préface du Parisis Code - tome 1 par Raymond Terrasse)*

METHODES UTILISEES

Pour parvenir à décoder le Grand Code parisien il est indispensable d'utiliser certaines *clefs*. C'est petit à petit, par recoupement que je suis parvenu à découvrir tous les lieux-clef symboliques ayant une importance fondamentale dans la compréhension globale de ce code.

Etrangement, il est impossible pour moi de me remémorer quelle fut la première ligne que j'ai tracée et qui m'a fait prendre conscience qu'en passant à travers l'Opéra Garnier, la boucle de l'Ankh, une ligne pouvait révéler des informations.

Le *Parisis Code* utilise en général trois méthodes pour faire *parler* les rues. Il suffit tout simplement de tracer des lignes droites regroupant au minimum 3 points.

Le premier moyen, consiste à rejoindre deux rues, en passant par une ou plusieurs *clefs*. De cette manière, on révèle plusieurs paramètres concernant en propre le personnage ciblé.

On peut comparer les points importants à des édifices de grande hauteur émergeant des nuages. Il faut faire abstractions de tous les autres points. Ainsi lorsque l'on fait une recherche sur un personnage important, on ne retiendra que les points forts de sa vie (dates, adresses, villes, fonctions, œuvres etc...)

La 2ème méthode consiste en l'alignement très précis d'une rue sur l'un des 4 points cardinaux (Nord, Sud, Est ou Ouest). Ce procédé révèle un lien évident avec le personnage concerné par la voie parisienne ciblée.

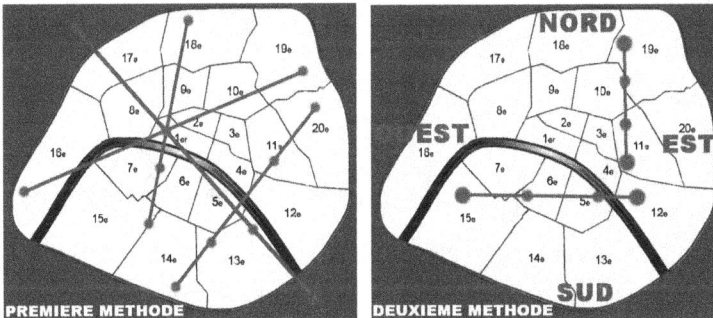

La troisième concerne l'orientation de la rue ; elle est dirigée avec une grande précision sur un endroit symbolique évident.

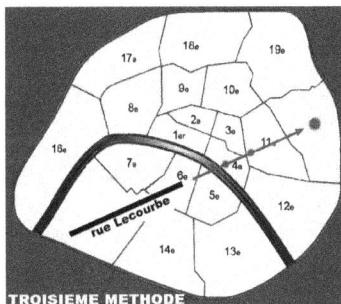

LES CLEFS DU PARISIS CODE

La plupart des clefs fait partie des édifices les plus prestigieux et symboliques de la capitale. Elles ont toutes une fonction et une signification bien spécifique, donnant un véritable sens aux alignements. Elles servent de trait d'union, de jonction, de 3ème point.

La Clef Principale du *Parisis Code* (Clef du Destin) est représentée par le Boulevard des Capucines, le Boulevard des Italiens, l'Avenue de l'Opéra et les rues entourant l'Opéra Garnier. Cette disposition de voies prend la forme caractéristique de l'Ankh, la croix égyptienne.

Le point le plus important, souvent évoqué, est la boucle de l'Ankh, matérialisée par l'Opéra Garnier.

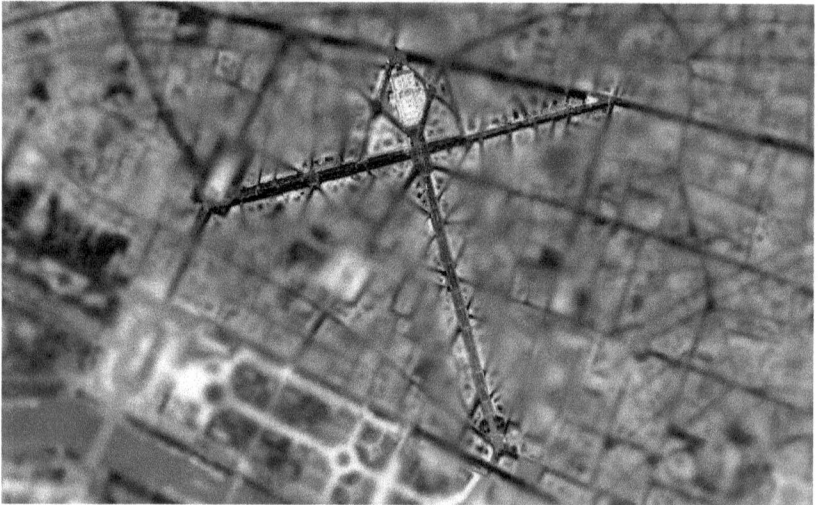

Parmi les autres clefs permettant de lire le grand Code de Paris, on trouve la plupart des grands monuments de la Capitale.

Chacune a une signification en rapport avec son histoire, sa forme ou son nom. La signification de ces clefs est souvent d'une grande logique.

Ainsi la Tour Eiffel est une clef symbolisant la France ou Paris.

L'Arc de Triomphe apporte une notion de succès, d'importance et bien sûr de Triomphe.

Un artiste qui va triompher au théâtre verra sa ligne personnelle transiter par ce point précis.

La cathédrale Notre-Dame met bien sûr l'accent sur l'aspect religieux en général, sur la Vierge, mais aussi sur Isis…

La Pyramide du Louvre est une clef majeure concernant entre autre Napoléon (elle marque le centre de la Cour Napoléon).

Elle apporte une notion d'importance.

Comme Khéops et les autres pyramides dans le monde, elle représente le Mystères des civilisations anciennes, un tombeau prestigieux.

Elle incarne à la fois la connaissance divine détenue par les initiés et provoque la fascination et la perplexité des masses.

C'est la Clef Universelle, le symbole ultime réservé aux personnalités les plus marquantes et aux évènements exceptionnels.

Mais la clef qui concerne l'Empereur, est avant tout, son tombeau qui trône sous le dôme des Invalides.

PYRAMIDE DU LOUVRE

La Statue de la Liberté du Pont de Grenelle est une représentation cachée en terre de France de la déesse égyptienne Isis. De nombreuses preuves viennent attester ce fait.

Paris possède trois autres « Isis » : une au Jardin du Luxembourg et deux au Musée des Arts et Métiers (une dans l'église du musée et l'autre à l'extérieur, dans le Square du Général Morin.

Pont de Grenelle

Jardin du Luxembourg

Musée des Arts et Métiers   Square Morin et... église du musée

Le Trocadéro (Palais de Chaillot) possède trois clefs sexuelles consacrées à la Création de la Vie, l'acte primordial pour l'Humanité.

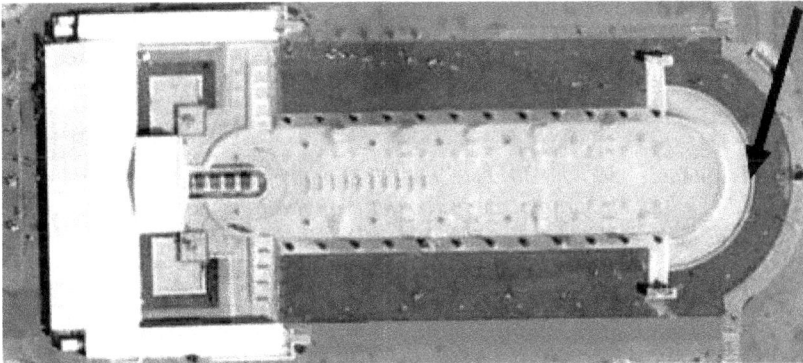

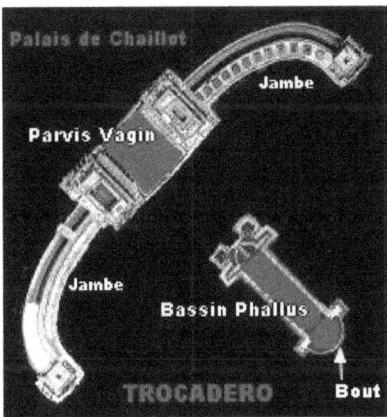

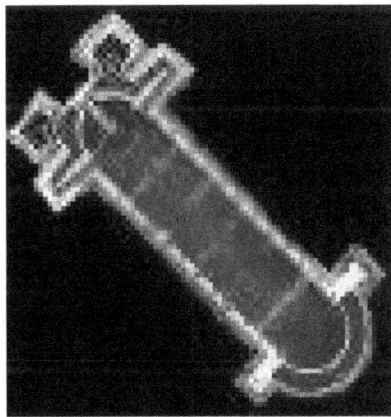

On y trouve l'Esplanade des Droits de l'Homme représentant le sexe féminin (Parvis-Vagin), la Fontaine de Varsovie (Bassin-Phallus) évoquant par sa forme le sexe masculin.

Toute ligne virtuelle concernant la création au sens large du terme, transite par le bout arrondi de ce bassin.

L'auteur, le 30 août 2011, le jour de son 60ème anniversaire, devant la Clef de la Création (Fontaine de Varsovie) d'où jaillit la Vie, symbolisée par l'eau (fontaines, jets d'eau et canons à eau). Ce jour là, à midi, l'ombre de la Tour Eiffel est dirigé sur ce point précis !

Je précise ici que je n'ai pas inventé ces clefs. Ce n'est pas un choix arbitraire de ma part. Elles se sont imposées d'elles- mêmes.

C'est en remarquant que certaines lignes passaient presque systématiquement sur ces points précis que j'en ai déduit leur fonction. Ce n'est en fait qu'une question de logique.

Le parc des Buttes-Chaumont, dessine, vu du ciel, une clef suggestive extrêmement importante pour le code ; il s'agit d'une tête d'Aigle. C'est la pupille de son œil (matérialisé par un petit temple) qui, dans le code, s'est révélé être une des clefs les plus actives.

Cette Clef extrêmement importante, que j'ai baptisée l'œil de l'Aigle des Buttes-Chaumont, permet d'accéder à des centaines d'informations.

Elle possède plusieurs points : l'œil (le petit lac), la rétine (le rocher et son petit temple) la pointe du bec et la couronne.

Chaque point apporte une information spécifique. En général, les alignements partent de la rétine pour plus de précision.

Le Parc des Buttes Chaumont (tête d'aigle) vu du ciel

Le petit temple est la rétine de l'oeil

L'Observatoire de Paris est le Grand-Œil du Code ; il possède les mêmes fonctions que l'œil de l'Aigle.

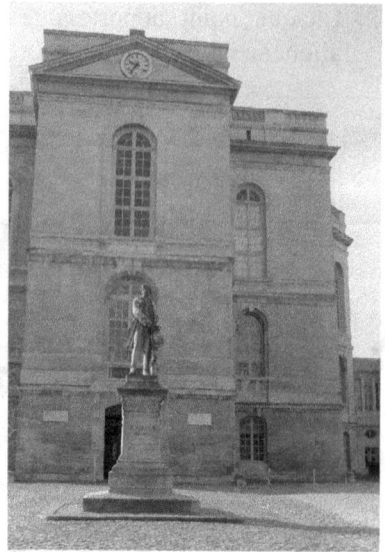

Reconnaissable par sa forme circulaire, unique à Paris, la Maison de Radio-France est la clef de la Communication. Généralement, les alignements transitent par le centre exact de ce cercle.

Vu du ciel, cet ensemble architectural évoque indéniablement la forme d'un bouton de poste de radio ou encore du logo de l'interrupteur....

L'entrée principale du cimetière du Père Lachaise est naturellement la clef de la Mort.

Elle donne des renseignements sur la date de la mort, l'endroit où elle est survenue ; parfois même l'emplacement exact de la sépulture !

L'entrée principale du cimetière du Père Lachaise : la clef de la Mort.

La porte du Monument aux Morts est une clef secondaire de la Mort...

La Tour Maine-Montparnasse, à l'image du Monolithe noir du film culte 2001, l'Odyssée de l'Espace de Stanley Kubrick est la clef de l'Intelligence et de l'Evolution... L'autre clef de l'Evolution est la Grande Galerie de l'Evolution du Jardin des Plantes.

Nous avons également la **Grande Croix du Christ,** immense présence du Christ dans la Capitale, formée par l'Avenue Foch, l'Avenue de Malakoff et l'Avenue Raymond Poincaré. Je la nomme parfois le **Bellator**, pour la différencier de la Croix Ankh.

Certes, l'intersection de deux rues aboutit à la formation d'une croix. Dans le cas de l'Ankh ou du Bellator, il s'agit de deux formations cruciformes d'une grandeur exceptionnelle qui les différencient de toutes les autres et qui en font des références, des clefs remarquables du code.

Le Bellator était le plus gros morceau qui avait été récupéré de la Vraie Croix du Christ. Cette relique qui a appartenu à Charlemagne (742-814), l'aurait protégé au combat.

Elle fut léguée à l'abbaye de Charroux, qui grâce à lui, fit fortune !

Rex Bellator (ou Roi guerrier) est un terme créé en 1305 pour désigner un projet dont l'objectif était de reconquérir la terre Sainte, suite à la perte du royaume de Jérusalem à partir de 1291 (chute de Saint-Jean-d'Acre).

Pour nous confirmer la véritable nature de cette configuration de voies en forme de Croix, symbole du Christianisme, il suffit de tracer un axe formé par la rue de la Clef et le centre de cette croix.

Cette clef nous révèle un message chrétien d'une grande Lumière.

Cet axe traverse la Grande Galerie de l'Evolution (Clef de l'Evolution), le Panthéon (tombeau des Grands Hommes), et l'église Saint-Sulpice (Sulpice n'est autre qu'une déformation du vocable Supplice).

Cet axe passe à quelques mètres de la Nonciature, l'Ambassade du Vatican. Enfin, le Grand Œil (Observatoire de Paris) qui regarde la rue Dieulafoy (13ème arr.), forme un axe qui nous entraîne en plein centre de cette croix.

CLEFS PRINCIPALES DU PARISIS CODE

Arc de Triomphe — Gloire, Triomphe

Boucle de l'Ankh — Clef universelle, Musique, Destin

Œil de l'Aigle — Clef universelle, Vue, Illusion, Découverte.

Pointe du bec de l'Aigle — Point important, burin du sculpteur, pinceau du peintre.

Couronne de l'Aigle — Concerne les souverains, montre une importance, couronnement d'une action, d'une carrière.

Tombeau Napoléon — Napoléon

Pyramide Louvre — Clef universelle, Tombeau, Napoléon.

Parvis des Droits Homme — Sexe féminin, Maternité, Naissance, Mariage, Union.

Fontaine de Varsovie — Sexe masculin, Puissance, Création, Supériorité.

Cimetière du Père Lachaise (entrée) — Mort

Tour Eiffel — France, Paris, Antenne

Cathédrale Notre-Dame — Vierge, Isis, Religion

Grande Croix du Christ — Christianisme, Jésus, mort d'un juif

Saint-Sulpice — Prieuré de Sion

Eglise de la Madeleine — Marie-Madeleine, descendance de Jésus.

Maison de Radio-France — Communication. Télévision, Diffusion.

Crypte d'Osiris (Louvre) — Mort, Immortalité, Résurrection

Obélisque (Concorde) — Importance, Puissance, Ramsès II, plume de l'écrivain.

Pyramide Inversée (Louvre) — Notion de contraire, Féminité

Rond-point Champs-Elysées — Notoriété, Célébrité

Panthéon	- Célébrité, Immortalité, « Panthéon virtuel ».
Zénith	- Le plus haut niveau
Tour Maine-Montparnasse	- Haut niveau, Intelligence, Supériorité.
Statue de la Liberté	- Isis, U.S.A, Liberté
Arc de Triomphe (Carrousel)	- Triomphe, succès, couronnement d'une action.
Cité de la Musique	- Musique
Place du Trocadéro	- Fœtus, l'Aiglon
Colonne Vendôme	- Clef universelle, Puissance
Cour du Sphinx (Louvre)	- Clef universelle, Révélations, Secrets.
Cours du 7ème Art	- Cinéma, Comédiens
Grande Galerie de l'Evolution	- Marque une évolution importante - pour l'Humanité.
Petit Palais	- Gastronomie
Palais de la Découverte	- Découverte, invention
Mairies	- Naissance
Observatoire de Paris (ou Grand Œil)	- Clef universelle, Oeil, Espace.

C'est aujourd'hui le plus ancien monument astronomique du monde encore en activité.

Comble de précision de ce Code, certaines dates (jour et mois) sont inscrites très clairement, ceci en utilisant certaines voies ou certains édifices bien ciblés.

Une droite joignant la rue d'un personnage connu, à certaines clefs, passera sur des voies parisiennes communiquant des informations précises sur sa vie. Adresse qu'il a occupée, endroit où il est né, mort ou assassiné…

A ce jour, dans Paris, j'ai recensé plusieurs centaines de personnalités bénéficiant du code ; j'ai dû les classer par catégorie.

Outre les illustres militaires, inventeurs, grands médecins ou personnalités du monde politique, nous trouvons plus de 40 savants, une vingtaine d'architectes, 72 écrivains ou comédiens, plus de cinquante musiciens et compositeurs illustres et une soixantaine de peintres et sculpteurs prestigieux.

Les chanteurs et fantaisistes, les grands couturiers, les cuisiniers ne sont qu'une vingtaine pour l'instant à bénéficier de la parole du code, mais de nouvelles voies sont sans cesse créées pour les accueillir.

L'Histoire de France se taille bien sûr une place de choix dans le Code.

Dans ce livre (et le suivant), je ne vais aborder que le côté religieux du Code. D'autres tomes consacrés aux autres thèmes, plus profanes paraîtront au fur et à mesure.

Paris a consacré aux saints plus de 5% de ses voies, soit 316 rues !

LA RUE DIEU

Les hommes ont créé des dieux, l'inverse reste à prouver... disait le chanteur français Serge Gainsbourg.

Le Parisis Code semble être en mesure de lui répondre, grâce à la rue Dieu, précisément.

Cette rue de 130 mètres de longueur a reçu officiellement à son ouverture, en 1867, le nom du général Dieu, qui s'est couvert de gloire en 1859 à la Bataille de Solférino.

Ce vaillant soldat est mort six mois plus tard des suites de ses blessures.

On trouve encore sur certaine plaques, l'origine de cette rue utilisée également dans le Parisis Code pour Dieu le Père.

En effet, la droite joignant la Clef de la Communication à la rue Dieu traverse, aux Invalides la rue Fabert, ancienne rue d'Austerlitz, la Place des Victoires, et la Passerelle anciennement dénommée « de Solférino » ! Aujourd'hui elle est rebaptisée Léopold Cedar Senghor.

Mais la rue Dieu concerne aussi bel et bien Dieu le Père, car sur cette même ligne on trouve la Cour de la Grâce de Dieu et surtout la rue du Soleil évoquant cet astre qu'il a créé et sans lequel toute vie serait impossible sur Terre.

Le terme français *Dieu* vient du latin *deus*, issu de la racine *deiwo* qui signifie *lumière* et provient de la base linguistique *dei-*, *luire, briller*. Dieu et le Soleil sont en fait synonymes...

Il est évident que la rue Dieu, utilisant le nom le plus prestigieux qu'on puisse imaginer pour une rue, a été créée pour servir de clef importante dans le Parisis Code ; tout le prouve !

D'abord elle fut baptisée pendant le règne de Napoléon III, l'un des grands réalisateurs des clefs du Code.

Enfin, on a prit grand soin de ne pas citer le grade ni le prénom du destinataire de cette rue pour ne pas prêter à confusion. Certaines plaques ne comportent que « rue Dieu ».

Tout d'abord, revenons sur la clef principale du Code, la grande croix Ankh dont l'Opéra Garnier forme la boucle et dont le centre géographique est le plus révélateur du système.

Pour prouver le sens quasi divin de ce point précis, il suffit de tracer une ligne que l'on baptisera le *Triomphe de Dieu* en joignant n'importe quel point de la rue Dieu (10ème arr.) à l'Arc de Triomphe.

On constate immédiatement que cette ligne traverse bel et bien le centre de la boucle de l'Ankh, identifiée comme représentant la tête du Christ en croix.

Mais la rue Dieu génère de multiples autres alignements plus surprenants les uns que les autres.

L'une des plus célèbres représentations picturales de Dieu est celle de la Chapelle Sixtine, par Michel Ange.

A Paris, la droite reliant le Passage Dieu à l'extrémité Nord de la rue Michel Ange (et Villa Michel Ange) passe comme par miracle sur la Clef de l'Eglise, Notre-Dame de Paris !

De nombreux alignements célèbrent Dieu dans le Code :

- Arc de Triomphe – Opéra – rue Dieu – rue de la Justice

- L'œil et la Couronne de l'Aigle des Buttes-Chaumont qui regarde la Tour Montparnasse (Intelligence) crée une ligne qui traverse la rue Dieu.

- Le Grand Œil (Observatoire) qui regarde la rue Dieu crée une ligne qui traverse le chœur de la Cathédrale Notre-Dame, clef de l'Eglise !

- La ligne Sacré-Cœur –Avenue du Trône traverse la rue Dieu.

- La droite Zénith –Maison-Dieu, traverse la rue Dieu.

- L'axe joignant la pointe du bec de l'Aigle (point important) à la pyramide du Louvre, traverse la rue Dieu et la rue du Jour pour finir sur le Port du Point du Jour !

- Message : l'axe rue de la Clef – rue du Trésor atteint bien entendu… la rue Dieu !La Providence est l'autre nom donné parfois à Dieu.

En reliant la Cour Saint-Pierre à la Clef de la Mort, on obtient un axe qui traverse la rue Dieu et la rue de la Providence !

Alors pensez-vous que cette rue est vraiment dévolue au Général Dieu ?

D'autres voies de Paris contiennent le mot Dieu, ce sont le Passage Dieu (20ème arr.) et la Cour de la Grâce de Dieu.

La ligne reliant la Clef de la Communication (Maison de Radio-France) à la Cour de la Grâce de Dieu passe bien entendu sur la rue Dieu, sans oublier de toucher la Place des Victoires !

Napoléon III est le véritable créateur de la rue Dieu

Le Passage Dieu (20ème arr.) orienté sur le Passage de la Vérité atteint le pied de la Croix Ankh, signe de Vie. (Entre les deux fontaines).

Ces deux fontaines, au pied de la croix ankh qui représente aussi la crucifixion de Jésus comme l'a si bien démontré Thierry Namur, serait une représentation du calice recueillant le sang du Christ, le sang royal (Saint-Graal ?).

La Cour de la Grâce de Dieu (10ème arr.) alignée sur l'Arc de Triomphe donne une ligne touchant la couronne de l'Aigle.

La clef de la Création (extrémité de la Fontaine de Varsovie) alignée sur la Cour de la Grâce de Dieu donne une ligne traversant la rue Dieu.

LA MAISON-DIEU

La rue Maison-Dieu alignée sur l'Arc de Triomphe nous mène sur la Porte Champerret désignée par Raymond Terrasse comme lieu de rencontre des alignements d'atterrissage d'Ovni et d'apparitions mariales. (Parisis Code - tome 1)

La rue Maison-Dieu alignée sur la Cour du Soleil d'Or nous mène sur la statue d'Isis (statue de la Liberté).

La rue Maison-Dieu est sur la perpendiculaire à l'Axe Solaire Historique tirée au niveau de la Pyramide du Louvre.

La rue Maison-Dieu alignée sur le centre de la Grande Croix du Christ, atteint la Place de Breteuil (Axe du symbole Franc-maçon).

La rue Maison-Dieu alignée sur la cour du Sphinx (qui détient la Vérité) offre une droite passant par le Passage de la Vérité (1er arr.).

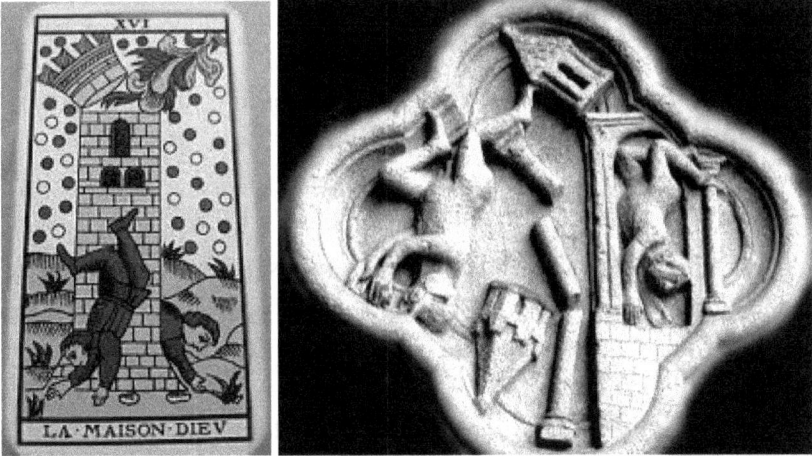

La Maison-Dieu est la seizième carte du tarot de Marseille…

Enfin, la rue Maison-Dieu alignée sur le Musée du Grand-Orient de France (et Grand Ordre égyptien du Grand-Orient) au n°16, rue Cadet (9ème arr.), nous offre un résultat surprenant, puisqu'elle traverse la Pyramide du Louvre !

La **PROVIDENCE** en théologie chrétienne, est la suprême sagesse qu'on attribue à Dieu. C'est aussi Dieu en tant qu'il gouverne le Monde.

Pour le Parisis Code, la Providence possède deux voies à Paris : le Passage de la Providence (20ème arr.) et la rue de la Providence (13ème arr.).

Les alignements engendrés par ces voies sont autant de messages envoyés aux chrétiens mais aussi aux croyants en général. Je vous laisse les interpréter…

Passage de la Providence - clef de la Mort (entrée du Père Lachaise) - rue Dieu - rue du Paradis. Le Passage de la Providence est dans l'alignement Sud du Passage Dieu.

Sont aussi alignés : rue de la Providence - rue de la Clef - rue Dieu. Puis rue de la Providence - Cour du Sphinx - Pyramide du Louvre - centre de l'Ankh - milieu de la boucle de l'Ankh.

Rue de la Providence - Panthéon – Sainte-Chapelle - Musée du Grand Orient de France - Sacré-Cœur de Montmartre.

Rue de la Providence - entrée de l'église de Saint Sulpice – rue du Mont Thabor - entrée de l'église de la Madeleine.

La rue de la Providence est dans l'alignement Sud de Notre-Dame-de-Paris.

Nous avons aussi : Passage de la Providence - Institut Musulman - Séminaire israélite - rue Maison Dieu.

LE GRAND ARCHITECTE

Saint-Benoît et Saint-Thomas sont les saints patrons des architectes.

Pour bien montrer que Saint-Thomas est le saint patron des architectes, il suffit de joindre son église parisienne au Zénith (clef qui désigne les plus importantes).

Sur cette ligne, nous trouvons en signe de message la pyramide du Louvre, représentant l'une des constructions la plus importante jamais réalisée par un architecte.

La ligne unissant ces deux rues atteint le centre de la Grande Croix du Christ (Bellator). Une manière de nous montrer le fils du Grand Architecte de l'Univers.

La Cour du Sphinx, au Louvre est une clef du code qui permet d'obtenir certaines révélations.

Utilisons donc cette Cour ; interrogeons le Sphinx : Qui est le Grand Architecte ?

Pour connaître le résultat, traçons l'axe reliant la Cour du Sphinx à l'église, place et rue Saint-Thomas.

Cet axe rejoint le bec de l'Aigle (soulignant un point important), en traversant la rue Dieu.

L'église Saint-Benoît d'Issy-les-Moulineaux, la rue Saint-Benoît de Paris, la rue Dieu sont alignés et rejoignent l'œil de l'Aigle (le lac du parc des Buttes-Chaumont) !

En guise de confirmation, la Clef de la Communication (Maison de Radio-France) alignée sur le Passage Dieu traverse bien la rue Saint-Benoît !

L'axe rue Saint-Thomas - rue Saint-Benoît (extrémité Nord) atteint l'entrée de... l'Hôtel Dieu !

LA COULEUR BLEUE

L'Egypte antique considérait le bleu comme la couleur de la Vérité.

La Vérité, la Mort et les Dieux vont ensemble. C'est pourquoi le bleu céleste est la frontière qui sépare l'Homme de ceux qui, dans l'Au-delà, gouvernent son destin.

Dans le Parisis Code, effectivement, le bleu occupe une part très symbolique. Le Sphinx, tout d'abord, grand spécialiste de la Vérité nous le confirme : la droite joignant la Cour du Sphinx au Passage de la Vérité nous mène directement à la rue bleue (9ème arr.).

Concernant Dieu et la Mort, le message est sans ambigüité : en reliant le Passage Dieu à la « rue Dieu, on obtient un axe qui atteint la rue bleue, en traversant l'allée principale du Père Lachaise. Entre parenthèses, cette rue est dans le prolongement de la rue de Paradis …

Le rapport du bleu avec la Croix de Vie (l'Ankh), est loin d'être négligeable ; jugez-en : l'œil de l'Aigle qui regarde la rue bleue, crée un axe qui rejoint le sommet de la Croix de l'Opéra.

Alignée sur la Clef de la Communication, la rue bleue crée un axe qui passe sur le centre de la Croix de l'Opéra.

Enfin, la Clef de la Naissance (Parvis du Trocadéro) orientée sur l'extrémité Est de la rue bleue, révèle un axe qui traverse l'Opéra ! La Clef de la Création (bout du Bassin-phallus) dirigée sur l'extrémité Ouest de la rue bleue obtient le même résultat.

LA BONNE GRAINE…

Dans le cycle de vie des « plantes à graines », la graine est la structure qui contient et protège l'embryon végétal. Elle est souvent contenue dans un fruit qui permet sa dissémination.

Quelle tentation pour le Code de s'emparer de cette image de la graine liée à l'évolution de la vie, à sa propagation ! Le passage de la Bonne-Graine, dans le 11ème arr. est une magnifique occasion de propager des messages bibliques !

La ligne Clef de la Création - Passage de la Bonne-Graine traverse d'une manière somme toute logique, le Quai des Fleurs. Cette ligne passe sur l'endroit exact (aux Invalides) où le Pape Benoît XVI dirigea la grande messe papale lors de sa dernière visite à Paris. (La visite de ce Pape est entièrement cryptée dans Paris, comme nous allons le constater dans les chapitres suivants).

La bonne graine peut être la qualification de Jésus, le jour de sa venue le soir de Noël, en Israël.

Et comme l'on peut aisément le constater, la Place d'Israël, l'Opéra Garnier (la tête du Christ), la Cité Noël, le Musée d'Art et d'Histoire du Judaïsme et… le Passage de la Bonne-Graine sont alignés !

L'église Notre-Dame de Lorette, à Paris représente la maison de la Vierge Marie, là où la « bonne graine » déposée par le Saint-Esprit a grandi. Ceci nous est montré d'une façon spectaculaire : l'axe formé par l'Eglise du Saint-Esprit (Avenue Dumesnil) et le Passage de la Bonne-Graine nous amène sur… l'église Notre-Dame de Lorette !

Marie avait dans son ventre la Bonne Graine. Relions le Passage de la Bonne-Graine au Passage de la Vierge. Que constatons-nous ? Cet axe atteint l'entrée de Notre-Dame de Paris et le Pont Marie et comme si cela ne suffisait pas pour nous convaincre, passe sur la rue de l'Annonciation et l'Eglise Notre-Dame de Grâce de Passy !

De même, la ligne reliant la rue de la Crèche au Passage de la Bonne-Graine passe sur l'extrémité Est de la Grande Croix Ankh ! Le Passage de la Bonne-Graine se trouve encore sur la droite joignant l'Impasse de l'Enfant-Jésus au Passage Dieu.

Sur l'axe formé par la rue des Plantes et le Passage de la Bonne-Graine, on trouve la Clef de la Communication et, comme il fallait s'en douter… le Jardin des Plantes. Cette ligne le traverse de part en part.

Nous terminerons avec la droite reliant le Sacré-Cœur de Montmartre au Passage de la Bonne-Graine. Celle-ci traverse la rue Notre-Dame de Nazareth.

Le nom de la Vierge est très peu évoqué dans les rues de Paris. Il existe la Route de la Vierge aux berceaux (16ème arr.) et le Passage de la

Vierge (16ème arr.). En reliant ces deux voies, nous obtenons un axe qui atteint… Notre-Dame de Paris, autrement dit la Vierge.

La ligne reliant la rue du Moulin de la Vierge à l'Eglise Notre-Dame de Fatma passe sur le chœur de la Cathédrale Notre-Dame de Paris.

Autre curiosité: l'axe reliant le Pont Marie à l'Abbaye Sainte-Marie (16ème arr.) …traverse Notre-Dame de Paris.

LE FOIN DIVIN

Le foin est un fourrage constitué d'herbe séchée et destiné à l'alimentation des animaux domestiques herbivores durant la mauvaise saison. C'est sur ce matériau, dans une crèche de Bethléem que naquit l'Enfant Jésus, c'est pourquoi il est devenu un symbole chrétien de naissance ou de renaissance.

Dans certaines familles chrétiennes, particulièrement en Pologne, pour le réveillon de Noël, il est coutume de déposer du foin sous la nappe blanche ou sous la table, avant les festivités pour rappeler l'étable de Bethléem.

Dans le Parisis Code, à travers la rue du foin (3ème arr.), cette herbe séchée possède une place tout-à-fait privilégiée, étonnante et révélatrice particulièrement symbolique.

Pour commencer, on remarquera que la rue du foin est dans l'alignement Sud de la rue Dieu histoire de nous rappeler que c'est sur du foin, dans la pauvreté, qu'il nous a envoyé son fils…

Comme préambule, je vous propose de lire ces quelques lignes sur la « Naissance de notre Seigneur Jésus Christ » : d'après les visions (de 1816 à 1824) d'Anne-Catherine Emmerich (1774-1824), religieuse mystique allemande béatifiée en 2004 par le Pape Jean-Paul II.

Comme préambule, je vous propose de lire ces quelques lignes sur la *Naissance de notre Seigneur Jésus-Christ* : d'après les visions (de 1816 à 1824) d'Anne-Catherine Emmerich (1774-1824), religieuse mystique allemande béatifiée en 2004 par le Pape Jean-Paul II.

« Joseph essaye de balayer le sol. Ensuite il étend du **FOIN**, en fait un lit, près du bœuf dans l'angle le plus sec et le plus abrité. Mais, il le trouve humide ce pauvre **FOIN**, et il soupire. Il allume le feu et, avec une patience de chartreux, il sèche le **FOIN** par poignées en le tenant près du feu.

Marie s'installe de son mieux sur le **FOIN** moelleux avec les épaules appuyées sur un tronc…Puis Jésus naît… Marie appuie la main gauche sur le **FOIN** et tenant de la main droite l'Enfant qu'elle serre sur son cœur… Joseph ravive le feu sans épargner le bois pour faire une belle flamme.

Il réchauffe le **FOIN** et peu à peu, le sèche et le met sur le sein pour l'empêcher de refroidir.

Puis, quand il en a assez amoncelé pour faire un petit matelas à l'Enfant, il va à la mangeoire et l'arrange pour en faire un berceau. "C'est prêt" dit-il.

"Maintenant il faudrait bien une couverture pour empêcher le **FOIN** de le piquer, et pour le couvrir..." Joseph prend l'ample manteau de moelleuse laine bleue sombre et l'arrange en double sur le **FOIN**, avec un pli qui penche hors de la crèche.

Le premier lit du Sauveur est prêt.

Et la Mère, de sa douce démarche ondoyante, le porte et le dépose, le recouvre avec le pli du manteau qu'elle amène aussi autour de la tête nue qui enfonce dans le **FOIN** à peine protégé des piqûres par le mince voile de Marie.

Il ne reste à découvert que le petit visage gros comme le poing, et les deux, penchés sur la crèche, radieux, le regardent dormir son premier sommeil. La chaleur des langes et du **FOIN** a arrêté ses pleurs et apporté le sommeil au doux Jésus... ».

A la suite des visions d'Anne-Catherine Emmerich, la sépulture et la maison de la Vierge Marie auraient été redécouvertes en 1881 par l'abbé Gouyet sur une colline près d'Éphèse.

Maison de la Vierge Marie à Ephèse

Mel Gibson a utilisé les visions du Chemin de Croix d'Anne-Catherine Emmerich dans son film *La Passion du Christ*.

Dans le Parisis Code, on admirera l'alignement symbolique généré par l'axe rue du foin – Impasse de l'Enfant Jésus.

Il traverse le chœur de la Cathédrale Notre-Dame, le Mémorial du Martyr juif inconnu, l'église Notre-Dame de Nazareth (rue Lecourbe) et l'église Cœur Eucharistique de Jésus (rue du Lieutenant Chauré - 20ème arr.).

Autrement dit, la rue du foin se trouve sur la ligne de 9,6 kilomètres reliant 2 églises représentant Jésus et sa mère.

Cerise sur le gâteau ! Cette ligne passe sur la rue Jean Bart qui possède la particularité de posséder, au n°25, une crèche collective baptisée...Crèche de Bethléem !

Beau clin d'œil : le Grand Œil qui regarde la rue de la Crèche crée une ligne qui traverse le n°25, rue Jean Bart.

Pour finir, ayons la curiosité de voir où nous mène l'axe rue du foin - Grand-Œil (Observatoire de Paris).

Vers le Nord, il nous conduit sur le baptême du Christ !

Sur la rue du Jourdain et l'église Saint-Jean-Baptiste de Belleville ! (ci-dessous). Ce n'est que du foin, mais quel foin !

L'axe formé par la rue de la Crèche (17ème arr.) et la rue du foin traverse la rue Saint-Joseph et nous mène sur la Cour de l'Etoile d'Or (11ème arr.) symbolisant bien entendu l'étoile de Bethléem, qu'on n'oublie pas d'accrocher au-dessus de la crèche, après le 25 décembre.

Cet axe touche l'extrémité Est de la Croix Ankh identifiée par Thierry Namur comme représentant en plein Paris, la crucifixion de Jésus !

En joignant le centre de cette croix (Place de l'Opéra) à la rue du foin, on ne s'étonnera pas de trouver sur cet axe la Cité Noël (3ème arr.) et encore la Cour de l'Etoile d'Or !

En passant, on notera que l'axe rue Saint-Joseph – Cour Saint-Joseph nous amène à la rue de la Crèche.

En reliant la rue de la Nativité (12ème arr.) à la rue Notre-Dame-de-Nazareth (3ème arr.), on obtient une ligne qui traverse la rue du foin. Cet axe est associé à un message d'Amour.

En effet, vers le Nord cet axe rejoint le Square Jehan Rictus (18ème arr.), où se trouve le fameux mur des « je t'aime ». Sur une surface de 40 m² en lave émaillée, le mur reprend en 311 langues la plus douce et romantique des expressions : Je t'aime.

Dans un monde de violence, les murs ont généralement pour fonction de séparer les peuples... Ce mur des « je t'aime » au contraire, renvoie une image d'amour et de paix.

Tel un miroir, et grâce au système Parisis Code, il renvoie cette image d'amour en direction de la rue de la Nativité. Je peux vous affirmer que tous ces alignements ne sont pas des coïncidences !

Au fait, qu'est devenu le foin « divin » ? La Tradition raconte que ce saint foin fut plus tard emporté à Rome par Sainte-Hélène.

L'église romaine de Sainte-Marie-Majeure conserve officiellement le Saint Berceau. En Lorraine on possèderait dit-on le Saint Foin qui a servi à aménager la fameuse crèche.

LE NOM DE JESUS

Dans le Parisis Code, la Cour du Nom de Jésus (11ème arrondissement) offre un éventail d'alignements très parlants : ainsi, alignée sur la clef de la Communication, cette voie parisienne appelle

« maman » ; en effet la ligne ainsi formée passe sur Notre-Dame de Paris !

Un indice non négligeable qui nous prépare à d'autres tout aussi surprenants.

Alignée sur le Centre de la Grande Croix du Christ (Bellator), la Cour du Nom de Jésus crée un axe traversant la Pyramide de verre et sa voisine inversée ; cette ligne de plus, passe sur le Grand et le Petit Palais, histoire de nous rappeler qui est le roi du Monde… pour les chrétiens.

Alignons à présent la Cour du Nom de Jésus sur la clef de la création, le Bassin-phallus du Trocadéro : c'est la Sainte-Chapelle qui est touchée !

La droite joignant la Porte Dorée (retour du Messie) à la boucle de l'Ankh passe par la Cour du Nom de Jésus.

Enfin la droite formée par la Géode de la Villette (symbole de notre Planète Terre) et l'œil de l'Aigle des Buttes-Chaumont nous mène avec précision sur cette cour divine.

LES EVANGILES

Evangile vient d'un mot grec qui signifie *bonnes nouvelles.* Ce n'est qu'au deuxième siècle qu'il désigne les 4 récits qui relatent la vie du Christ.

On remarquera qu'en alignant les centres des 2 croix monumentales de Paris (Ankh et Belator) on obtient un axe qui atteint le Boulevard Bonne-Nouvelle ou encore l'église Notre-Dame de Bonne-Nouvelle …

Un autre alignement souligne l'importance de l'Evangile de Saint-Jean : Zénith – rue de l'Evangile - rue et Place Saint-Jean.

Le Grand-Œil (Observatoire de Paris) qui regarde la rue de l'Evangile (extrémité Sud), crée une ligne qui traverse la Sainte-Chapelle (édifiée spécialement pour accueillir les reliques du Christ), et… le Boulevard Bonne-Nouvelle !

Au carrefour des rues de l'Evangile et d'Aubervilliers se trouve depuis 1730 le dernier Calvaire de Paris.

LA LANGUE DU CHRIST

Face au n°4 rue Greuze, il y a une chapelle de rite chrétien chaldéen. Les messes sont dites en araméen, la langue que parlait le Christ il y a 2000 ans !

L'œil de l'Aigle qui regarde la boucle de l'Ankh, correspondant à la tête du Christ crucifié, crée un axe qui atteint cette chapelle.

Le grand Œil (Observatoire) qui regarde le n°4 rue Greuze crée une ligne qui traverse sur toute sa longueur la Clef de la Création, traverse la Clef de la Mise au Monde, la Clef fœtus.

Vérification prise, cette chapelle se trouve carrément sur l'axe qui mène au Vatican, l'axe d'orientation de la Grande Arche de la Défense !

La ligne joignant la rue du Jourdain au n°4 rue Greuze traverse l'Ambassade du Vatican et le pied de la Grande Croix du Christ.

MESSAGE D'AMOUR DANS LE CODE

Dieu est amour, nous enseigne la Bible... Dans le Parisis Code, il existe tout un jeu d'alignements qui nous montre que ce mot est important. Tout ce qui est vraiment important se retrouve en principe dans le Code.

Le Temple de Mars, qui se trouvait au Parc Monceau, fut déplacé en 1829 sur la pointe sud de l'île de la Grande Jatte et converti en Temple de l'Amour, par l'adjonction en son centre d'une statue gréco-romaine représentant Vénus.

Grâce à ce déplacement, ce Temple fut ainsi converti en clef de l'Amour du Code...

En effet la droite reliant la Couronne de l'Aigle au Temple de l'Amour passe sur le seul endroit de Paris célébrant l'Amour avec un grand « A » : le Square Jehan Rictus, situé Place des Abbesses, à Montmartre (18ème arr.), véritable Square de l'Amour !

Qu'a t-il de si particulier pour mériter un tel qualificatif ?

En octobre 2000 fut installé à cet endroit, une œuvre créée par Claire Kito, Calligraphe extrême orientale, et le photographe Frédéric Baron : le Mur des « je t'aime ».

C'est un espace de 10 m sur 4, recouvert de 511 carreaux en lave de 21/29,7 cm.

Ce mur est recouvert de la phrase « je t'aime », calligraphié dans 300 langues et dialectes différents, collectés pendant 8 ans autour du monde.

Venise la ville des amoureux a son *Pont des Soupirs*, Paris possède à présent son *Mur de l'Amour* !

L'œil de l'Aigle qui regarde le Temple de l'Amour crée un axe traversant le Moulin Rouge qui fut à la Belle époque, à sa manière, un autre Temple de l'Amour et de la Femme, du quartier chaud de Pigalle.

Intéressante aussi, cette ligne qui, à partir du Père Lachaise, joint la clef de la Mort et le tombeau d'Héloïse et Abélard (les deux amoureux mythiques de Paris), à ce Temple de l'Amour, qui passe par le sommet de la boucle du grand signe de Vie, l'Ankh !

Les deux amants avaient décidé de dédier leur vie au Christ avec l'espoir d'être unis au ciel. Abélard est mort 20 ans avant Héloïse et leurs corps ne seront réunis dans la même tombe que 5 siècles plus tard, dans ce cimetière où ils demeurent à présent les plus anciens pensionnaires.

Le Temple de l'Amour (île de la Grande Jatte) et le Temple de la Vesta de l'île de Reuilly du lac Daumesnil (Vincennes) sont reliés par une ligne virtuelle qui croise le Louvre au niveau de la Galerie d'Apollon, le point de naissance de l'Ankh.

L'AMOUR DE DIEU

Le Temple de l'Amour sur l'île de la Jatte renferme un autre message : Si l'on tire une droite en direction du centre de l'Ankh, elle atteint l'entrée aujourd'hui disparue du *Temple de l'Amour de Dieu* : la Commanderie de Villeneuve, Forteresse des Templiers.

Temple de l'Amour (île de la Grande Jatte)

La droite reliant le Passage Dieu au Temple de l'Amour passe sur le crâne du Christ (Opéra ou boucle de l'Ankh).

Plus récent à Paris, l'Hôtel Amour se situe au n°8, rue de Navarin.

Il sert également de clef pour délivrer un message. En effet l'axe reliant le Passage Dieu et la rue Dieu atteint cet hôtel et passe sur la rue de Paradis, et accessoirement sur l'église du Perpétuel Secours !

En 2010, à l'occasion de la Saint-Valentin, la rue des Pyrénées, la deuxième plus longue rue de Paris fut rebaptisée *rue de l'Amour*.

En reliant l'extrémité sud de cette rue au Square Jehan Rictus et son mur des « Je t'aime », on obtient un message clair ! Cette ligne traverse la rue Dieu en plein milieu !

LA LIGNE D'AMOUR DE PARIS : Depuis 2010, une coutume, ou plutôt un rite urbain des plus romantiques se répand de capitale en capitale, favorisée par le tourisme mondial et internet : les Cadenas d'Amour.
Elle consiste, pour les amoureux, à accrocher un cadenas à un pont et jeter la clé dans l'eau pour sceller leur amour !
Auparavant ils ont pris soin d'inscrire leur nom et la date du jour.

A Paris, la ville des amoureux par excellence, le phénomène a commencé sur les balustrades du Pont des Arts, du Pont au Double et de la Passerelle Senghor…

Devant l'ampleur de ce mouvement, la Municipalité de Paris, soucieuse de la préservation du patrimoine a dû réagir.

Le 12 mai 2010 au matin, la plupart des milliers de cadenas du Pont des Arts ont mystérieusement disparu…

Depuis l'hiver 2010, c'est le petit Pont de l'Archevêché, près de Notre-Dame de Paris, haut lieu touristique, qui a reçu la faveur des amoureux. Sa rambarde grillagée est très pratique pour accrocher des cadenas.

Ce pont de 68 m de long sur 11 m de largeur, date de 1828. Aussi incroyable que cela puisse paraître, le Parisis Code avait prévu depuis longtemps qu'il deviendrait ce pont où les amoureux se jurent un amour immortel. En voici la troublante démonstration.

Si nous relions le Pont de l'Archevêché au Temple d'Amour de l'Ile de la Grande Jatte, nous remarquons que cette ligne de 8 kilomètres, traverse l'Arc de Triomphe et la Clef de l'Immortalité du Grand Palais. Bref, c'est la ligne du Triomphe de l'Amour Immortel!

Cette ligne traverse aussi le Pont au Double et la Passerelle Senghor qui connaissent le même phénomène.

Mais avant tout, vous remarquerez le "détail qui tue" suivant: le Pont de l'Archevêché se trouve comme fait exprès dans l'alignement Sud, au centimètre près de la rue de Venise… la Cité des Amoureux!
Voyez comme la "nature" est bien faite!

Une rue de Paris a le monopole du cœur : c'est la Villa Cœur-de-Vey. L'œil de l'Aigle qui regarde cette rue, forme une ligne qui traverse le Pont de l'Archevêché et la rue du Trésor.
Le Pont de l'Archevêché se trouve aussi sur la ligne reliant le Square Héloïse et Abélard (les amoureux mythiques de Paris) au sommet de l'Ankh, notre Clef du Destin!
Que cette pratique des cadenas d'amour ait commencé sur le Pont des Arts n'a rien d'étonnant: le Grand Œil qui regarde le Mur des "Je t'aime" (Square Rictus).
La colombe symbolise l'amour, car cet oiseau garde à vie son conjoint. Dans l'antiquité on offrait des colombes en sacrifice à Astarté ou Aphrodite, les déesses de l'Amour…
La droite reliant le Mur des "Je t'aime" au Pont de l'Archevêché traverse précisément la rue de la Colombe!
Nous finirons sur cet alignement explicite: la ligne reliant le Pont de l'Archevêché à la rue des Roses traverse le Passage du Désir et la rue de la Fidélité.

L'ESPRIT SAINT

Dans l'iconographie chrétienne, l'Esprit-Saint est représenté par une Colombe ; cet oiseau symbolise également la Paix.

Le Saint-Esprit est la troisième personne de la Trinité dans le christianisme. Il est aussi appelé *l'Amour du Père et du Fils*. C'est une personne différente du Père et du Fils, et formant avec eux un seul Dieu.

A Paris, depuis 1223, on trouve une rue de la Colombe (4ème arr.) dans l'île de la Cité, sur un alignement symbolique reliant le Parvis du Trocadéro (clef de la naissance) à la Cour du Saint-Esprit (11ème arr.), en passant par la Sainte-Chapelle (construite spécialement pour abriter les reliques du Christ).

L'église du Saint-Esprit, 186 Avenue Daumesnil (12ème arr.) est une église catholique qui date de 1929. Elle est fortement inspirée par la fameuse Basilique Sainte-Sophie d'Istanbul, en Turquie. Son dôme est identique !

Sainte-Sophie, qui signifie *Sagesse Divine*, souvent surnommée la *Grande Église*, est une ancienne basilique devenue mosquée au 15ème siècle.

Contrairement à ce que l'on pourrait penser, elle n'a jamais été consacrée à Sainte-Sophie mais à la Sagesse de Dieu. Depuis 1934 elle n'est plus un lieu de culte mais un musée.

La ligne de 9,2 kilomètres reliant le centre de la Grande Croix du Christ (Avenue Foch, Avenue Raymond Poincaré) à l'église du Saint-Esprit, traverse de part en part la Cathédrale Notre-Dame de Paris, Clef de l'Eglise, dans le Parisis Code ! Cette ligne est en fait dans l'axe de la Cathédrale...

Le Saint-Esprit étant représenté par une colombe, que se passe t-il si nous alignons l'église du Saint-Esprit sur l'Arc de Triomphe, clef du Triomphe dans le Code ?

Non, vous ne rêvez pas, elle traverse bien la rue de la Colombe ! La plaque de cette rue est insolite : quand on la regarde de près, on remarque qu'elle est peinte comme un trompe l'œil (et non émaillée, comme le veut la tradition parisienne). Sous cette plaque, on a conservé l'inscription d'origine gravée dans la pierre.

La rue de la Colombe doit son appellation à la plus charmante des anecdotes médiévales : à cet endroit précisément, nommé *Val d'Amour* en l'an 1233, au nord de l'île de la Cité, une maison vétuste s'écroula.

Un couple de colombes qui avait élu domicile dans son toit fut surpris dans son sommeil. Malheureusement la femelle n'eut pas le temps de s'échapper et se retrouva prisonnière entre les pierres. Les riverains mirent quelques jours à déblayer les gravats.

Pendant ce temps, le mâle revint régulièrement pour nourrir la captive en se servant même d'un brin de paille comme chalumeau pour la faire boire.

Les heureuses retrouvailles du couple de colombes furent fêtées par les habitants de l'île de la Cité, touchés par cet acte d'amour inattendu.

Depuis cette époque, on commémora à jamais sous forme d'inscriptions et d'enseignes, les deux oiseaux devenus symbole d'amour conjugal, d'assistance dans la détresse et d'ingéniosité vigilante qu'inspirent les situations dramatiques.

Il est particulièrement troublant de constater que cette rue qui se trouvait dans le *Val d'Amour* a pris son nom à la suite d'un acte d'Amour (même si c'est une légende...) sachant que le Saint-Esprit est appelé *l'Amour du Père et du Fils*...

On peut d'une certaine façon, pressentir la patiente mise en place du Parisis Code...

Pour terminer, voici un dernier exemple véritablement miraculeux qui devrait faire réfléchir ceux qui douteraient encore de l'existence de ce code : il existe à Paris, au n°5, rue Roquepine (8ème arr.) l'Eglise Réformée du Saint-Esprit (Temple du Saint-Esprit) qui se trouve à 6,9 kilomètres de l'Eglise du Saint-Esprit, 186, Avenue Daumesnil (12ème arr.).

Traçons une ligne joignant ces deux lieux de culte du Saint-Esprit, symbolisé, rappelons-le par une colombe, également symbole de paix.

Que constatons-nous ? Cette ligne passe avec précision sur le petit restaurant de la Colombe (4 mètres de façade), situé au n°2, rue de la Paix, et ouvert en 1968 ! C'est le seul établissement à Paris qui porte ce nom !

Cet axe se dirige même, au Nord-Ouest, sur les communes de La Garenne-Colombes et... Colombes !

Cet alignement symbolique du Parisis Code a donc été créé en 1968 par l'ouverture du restaurant.

Il a été découvert 43 ans plus tard, en 2011. Autrement dit, si cet établissement avait fermé ses portes avant 2011, personne n'aurait remarqué cet alignement symbolique.

NOTRE DAME DE PARIS

Dans le Parisis Code, la clef qui représente l'Eglise catholique est la Cathédrale Notre-Dame de Paris, dont l'Evêque Maurice de Sully (1120-1196) entreprit la construction en 1163.

Saint-Louis veilla au bon déroulement des travaux de 1226 à 1227.

Un alignement symbolique met en scène ces protagonistes. La droite reliant la clef de la mise au monde à la rue de Sully passe sur le chœur de Notre-Dame et le Pont Saint-Louis.

On remarquera que le code, ici encore, pour faire passer son message, utilise une rue qui n'est pas allouée à l'Evêque du moyen-âge, mais au ministre d'Henry IV…

LA CATHEDRALE OUBLIEE

A Paris, au numéro 11 bis Rue Pierre Nicole, un immeuble crée la surprise. Nulle part ailleurs je n'ai vu une entrée pareille !

On apprend que cet immeuble fut construit en 1979 par le cabinet d'architectes E.D.

Il présente une façade blanche couverte de *trous et de débordements*, hommage moderne aux façades exubérantes en céramique du début du siècle à la Gaudi ou Lavirotte.

Le rez-de-chaussée est constitué par une fausse ruine (oeuvre de Gnoc Duong) et une fresque baptisée *l'homo consummator deperditus*.

Mon expérience sur les mystères de Paris me laisse penser que ce genre d'excentricité architecturale est susceptible de dissimuler un message symbolique important que le Parisis Code soit probablement en mesure de découvrir.

Souvenons-nous toujours de la fameuse phrase franc-maçonne :

Nous vous le montrons et vous ne le voyez pas... et c'est notre force sur vous ! Le message semble limpide : *un immeuble moderne qui prend racine sur des ruines, probablement très anciennes et très précieuses...*

Une fontaine "ancienne" est incluse dans le mur. Est-ce un symbole de la Fontaine de vie représentant le sang et l'eau qui jaillirent de la plaie du Christ ?

La fin de l'enquête va me donner raison ! Mes doutes étaient justifiés.

C'est un des immenses plaisirs que me procurent très souvent le Parisis Code...

Enquête préliminaire

Dans le livre de Lorà*nt Deutsch: "Métronome - *histoire de Paris au rythme du métro parisien* ", on apprend (pages 48-49) que :

"*Puisque St Denis fut le premier évêque de Paris, l'église clandestine dans laquelle il catéchisa fut bien la première cathédrale.*

Entre la rue Henri-Barbusse et la rue Pierre Nicole était édifié un temple pour le culte du dieu Mercure.

Après la prédication des premiers apôtres de la région parisienne, le temple fut dédié à la Vierge Marie, et prit le nom de Notre-Dame des vignes.

Le roi Robert Le pieux (996-1031) fit alors rebâtir Notre-Dame des Vignes pour honorer le lieu où Saint-Denis avait célébré les saints mystères.

Denis ou Denys (de Dionysos, dieu grec de la vigne et du vin !) a participé à l'évangélisation de la Gaule au 3e siècle comme chef chrétien ou comme premier évêque de Paris.

Il fut décapité en 258, au temps de l'Empereur Aurélien, sur la colline de Montmartre... où nous trouvons aujourd'hui les seules vignes de Paris !

Les Bénédictins transformèrent l'église en prieuré.

Les vignes furent arrachées, et l'église fut reconnue pour la première fois sous le nom de Notre-Dame-des-Champs.

Cette ancienne église Notre-Dame-des-Champs (gravure ci-dessous) bâtie sur l'emplacement de la "Cathédrale" primitive de Paris a disparu de la surface de Paris, mais pas des entrailles de la terre... où l'on en retrouve encore la trace.

Une nef bien cachée, perpétue cet extraordinaire souvenir. La statue de Saint- Denis y trône d'ailleurs sur un autel.

On peut encore accéder aux vestiges de cette cathédrale en passant par les sous-sols d'un immeuble moderne (propriété privée), situé, au n°12 de la rue Pierre-Nicole (5ème arr.).

Malheureusement, le gardien de l'immeuble refuse généralement l'accès à l'historien égaré... Pour retrouver le souvenir de Denis, il faut insister.

On emprunte alors un ascenseur; on traverse le parking souterrain dans lequel se trouve une porte discrète, dernier obstacle qui permet de pénétrer dans le passé.

Rassurez-vous, les voûtes ont été stabilisées et restaurées au XIX° siècle. Sous une pierre tombale dort encore Saint-Reginald, mort en 1220... La longue nef se prolonge jusqu'à l'autel sur lequel trône la statue de Saint-Denis. Il y a un siècle, les guides destinés aux touristes mentionnaient encore cette crypte.

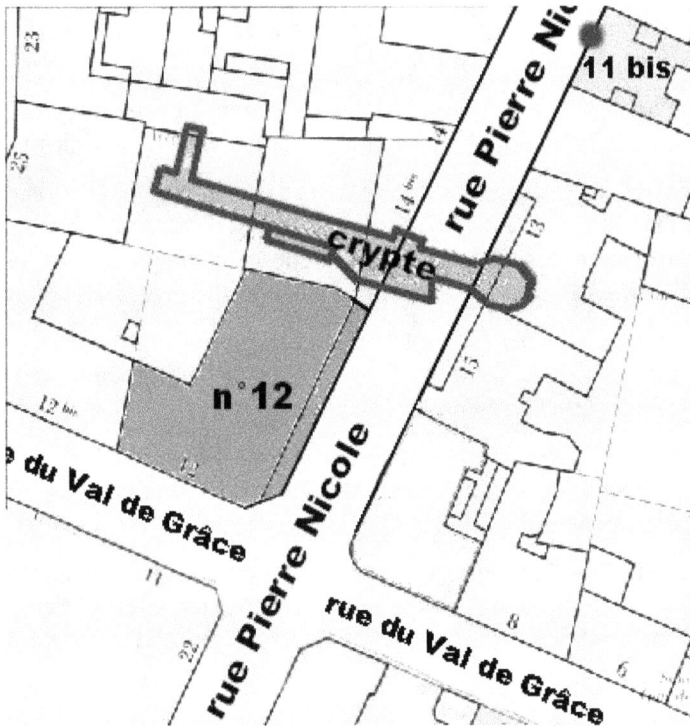

Situation absurde : ce témoignage unique des premiers chrétiens de Paris survit par la bonne volonté de quelques particuliers !

Plus tard, le seul accès qui menait aux vestiges de la crypte de la première cathédrale de Paris fut englobé et caché au public, dans les caves au niveau du parking de la copropriété du 12 rue Pierre-Nicole, qui est obligé par contrat de maintenir les lieux en l'état.

L'entrée de ce sanctuaire, se situait au n° 25 de la rue Henri-Barbusse. L'accès à la crypte de cette ancienne cathédrale de Paris se trouve donc au niveau du parking souterrains de l'immeuble du n°12, rue Pierre Nicole. La nef se trouve au niveau du n°13 de la rue Pierre Nicole (terrain non bâtit).

Ce que révèle le code... Le Grand Oeil (Observatoire de Paris) qui regarde l'immeuble "fausse ruine" du n°11 bis, rue Pierre Nicole crée un axe qui passe sur la nef de la crypte de l'ancienne "Cathédrale de Paris" (n°13, rue Pierre Nicole) et rejoint l'entrée de la Cathédrale Notre-Dame de Paris !

En 2 mots c'est l'immeuble "suspect" qui nous mène sur les vestiges de l'ancienne cathédrale de Paris !

Autre alignement très parlant : l'axe rue Dieu - Cathédrale Notre-Dame mène sur la crypte en question !

Le Parisis Code qui n'est pas avare en renseignements, nous apprend où est née et où est *morte* cette Cathédrale Notre-Dame-des-Champs.

En effet l'axe partant de la clef de la mise au monde (Parvis des Droits de l'Homme du Trocadéro) et rejoignant l'extrémité Nord de la rue Notre-Dame-des-Champs nous amène exactement sur les vestiges de l'ancienne église Notre-Dame des Champs (13, rue Pierre Nicole).

De même la ligne joignant la Clef de la Mort (entrée du cimetière du Père Lachaise) à l'extrémité Sud de la rue Notre-Dame-des-Champs, passe sur cette "Cathédrale" invisible !

L'axe Clef de la Communication (Radio-France) - Eglise (nouvelle) Notre-Dame-des-Champs (91, Boulevard du Montparnasse) amène sur ce lieu de mémoire.

Traçons donc une ligne joignant le Grand Œil (Observatoire de Paris) à la Porte Saint-Denis représentant le premier évêque de Paris. Que constatons-nous ?

Cette ligne passe effectivement sur l'emplacement de ces vestiges, et se dirige vers le Nord sur la Basilique Saint-Denis... où repose ce premier évêque de Paris.

La droite qui joint la couronne de l'Aigle (et le Zénith) à cet endroit historique, passe sur le chœur de Notre-Dame de Paris !

La pointe du bec de l'Aigle dirigé sur cette crypte crée une droite qui coupe l'entrée du Panthéon, en passant sur le Quai et le Pont de l'Archevêché !

Enfin, l'on remarquera que cette première cathédrale de Paris liée à Saint-Denis est exactement dans l'alignement Sud de l'actuelle rue Yvonne-le-Tac (18ème arr.) où d'après la tradition, Saint-Denis fut décapité.

Mais ne vous y trompez pas ! Les architectes qui ont conçu la "fausse ruine" du n°11 bis, n'ont pas cherché à créer un message nous menant à la première cathédrale de Paris.

D'ailleurs en connaissaient-ils l'existence sous cette rue Pierre Nicole ?

De plus, ils ignorent fort probablement tout de ce genre de code et de ses alignements symboliques qui "parlent".

Ils ne sont que les vecteurs inconscients de ce code qu'une mystérieuse intelligence manipule depuis des siècles pour créer un des plus grands mystères de Paris : le Parisis Code !

Le mystère de Saint-Réginald - Comme nous l'avons appris, dans la crypte lieu géographique de la première Cathédrale de Paris, (sous l'église de Notre-Dame-des-Champs) : *Sous une pierre tombale dort encore Saint-Reginald d'Orléans, mort en février 1220...*

Son tombeau à Sainte-Marie-aux-Champs s'illustra de miracles et c'est là que commença son culte...

Qui était ce saint bénédictin? Il était le doyen de l'église Saint-Aignan, à Orléans.

Ces deux simples informations permettent au Parisis Code de localiser son corps à Paris.

En effet, il n'existe dans Paris que deux endroits qui évoquent le nom de Saint-Aignan.

1) L'*Hôtel de Saint-Aignan*, situé au n°71 rue du Temple (3ème arr.), qui héberge à présent le Musée d'art et d'histoire du Judaïsme a été ouvert, en 1998.

2) La *chapelle Saint-Aignan*, au n°15 rue des Ursins, est le seul vestige de la vingtaine de chapelles et d'églises que comportait l'île de la Cité au XIIe siècle.

Cette chapelle fut fondée vers 1116 par Etienne de Garlande, doyen de Saint-Aignan d'Orléans. Elle fut vendue en 1791 comme Bien National.

Aujourd'hui, le chœur a disparu, restent une travée et demie avec l'une des portes d'entrée.

Elle fut rendue au culte pour le service des séminaristes du diocèse de Paris. C'est une propriété privée qui ne se visite pas, sauf pendant les journées du Patrimoine. Ce serait la chapelle du mariage* secret d'Héloïse et d'Abélard...

Le Grand Œil (Observatoire de Paris) qui regarde l'Hôtel de *Saint-Aignan* crée une ligne qui traverse la chapelle *Saint-Aignan* et la « pierre tombale où dort encore Saint-Reginald », dans la crypte !

Cet axe passe sur le hall de l'Hôtel de Ville de Paris, sur Notre-Dame de Paris, puis se dirige sur la Porte d'Orléans !

*La date de ce mariage se situerait en 1118. L'église dont parle Abélard n'a jamais été identifiée, mais la chapelle Saint-Aignan (fondée en 1116) serait tout indiqué car elle est située en bordure du cloître Notre-Dame, proche de l'habitation supposée du chanoine Fulbert l'oncle d'Héloïse.

La protection et la caution des Garlande est vraisemblable (d'après l'historien Guy Lobrichon, Etienne de Garlande serait également un oncle d'Héloïse, son père étant Gilbert de Garlande).

Même si le mariage a eu lieu ailleurs, Héloïse et Abélard ont connu et sans doute fréquenté cette chapelle...

En tout cas, la chapelle se trouve sur la ligne joignant le Square Héloïse et d'Abélard à l'Hôtel secret de Paris, (clef du code qui révèle des secrets) et passant sur la Place des Victoires...

Héloïse et Abélard au Père Lachaise

La chapelle Saint-Aignan - Tout est précieusement inscrit dans le Parisis Code... ainsi, comme on l'a vu, la chapelle Saint-Aignan fut construite par la famille de Garlande.

L'oeil de l'Aigle qui regarde cette simple chapelle crée un axe qui atteint comme par miracle la rue Galande. Il manque un " r " ?

Une rapide recherche sur l'historique de la nomenclature des rues de Paris nous apprend que la rue Galande est en fait anciennement la rue de Garlande, qui fut ouverte en l'honneur d'Etienne de Garlande en 1262.

Cette rue longeait le clos dit *de Garlande*, propriété de la famille de Garlande.

LE MYSTERE D'HELOISE

L'historien Guy Lobrichon avance l'hypothèse que le père d'Héloïse serait probablement Gilbert de Garlande, frère d'Etienne de Garlande.

On l'appelle Héloïse d'Argenteuil, car nous savons qu'elle a passé son enfance et étudié au monastère d'Argenteuil.

On sait à présent que la rue Galande est en fait la rue de Garlande. Incroyable mais vrai !

En créant un axe rue d' Argenteuil - rue Galande on tombe bel et bien sur le Square Héloïse et d'Abélard !

Ce qui tant à confirmer la thèse de l'historien Guy Lobrichon : Héloïse d'Argenteuil serait donc bien Héloïse de Garlande !

Les recherches dans le Parisis Code s'apparentent souvent à une véritable chasse au trésor.

Ainsi, dans la Salle des Gardes de la Conciergerie (rue de la Cité), au rez-de-chaussée, on trouve sur le Pilier central, qui fut édifié en 1310, une représentation d'Héloïse tenant dans sa main gauche le sexe de son amant.

A ses pieds, un petit animal qui ressemble à un castor serait le symbole de la mutilation d'Abélard.

La droite qui joint la Clef de la Communication au Mausolée d'Héloïse et Abélard au Père Lachaise passe exactement sur le Pilier central la Salle des Gardes de la Conciergerie. Cette ligne traverse aussi la rue... du Trésor.

LA MAISON DE LORETTE

La Sainte Maison de Lorette parfois appelée la maison de Nazareth est la maison où, selon la tradition chrétienne, Jésus-Christ fut conçu du Saint-Esprit au sein de la Vierge Marie.

Ce fut dans cette maison que Marie reçut son éducation et grandit avec ses parents sainte Anne et saint Joachim…

Elle est parfois appelée la maison de Nazareth. Selon la tradition, la maison fut démontée à Nazareth en 1291, débarquée sur les côtes de Dalmatie pour finalement être réassemblée à Loreto en Italie, en 1294. Loreto est aujourd'hui l'un des plus célèbres sanctuaires dédié à la Vierge Marie.

Dans Paris, chaque rue étant à sa place comme nous l'avons mainte fois constaté, il serait intéressant de vérifier si tous les éléments entourant ce mystère de la création de Jésus sont connectés avec l'église Notre-Dame de Lorette représentant ce point fondamental du christianisme.

Première constatation : il existe bel et bien un alignement symbolisant ce que l'on peut bien appeler le *summum de la Création*.

C'est l'axe formé logiquement avec la clef Zénith (le summum) et la clef de la création, traverse effectivement l'église Notre-Dame de Lorette.

De plus cet axe passe sur la rue de l'Annonciation, évoquant le premier volet de la naissance de Jésus. Il coupe aussi l'Avenue Gabriel, évoquant ainsi l'Archange Gabriel qui fit l'annonce à Marie.

Deuxième constatation : il existe Avenue Daumesnil, l'Eglise du Saint-Esprit. En la reliant à l'église Notre-Dame de Lorette, on constate que cette ligne de 6,1 kilomètres traverse avec précision la cour du Saint-Esprit (11ème arr.).

Troisième constatation : la ligne formée par l'Impasse de l'Enfant Jésus et l'église Notre-Dame de Lorette traverse comme par enchantement le Passage de la Visitation.

Pour les chrétiens, la Visitation est la visite que rendit Marie, future mère du Christ, à sa cousine Élisabeth, enceinte de Jean-Baptiste. Cet axe passe d'ailleurs sur l'église Saint Jean-Baptiste.

Quatrième constatation : *Ave Maria* fut la formule latine prononcée par l'Archange Gabriel pour annoncer l'arrivée du *Sauveur*. A Paris, le

Square de l'Ave Maria orienté sur l'entrée de l'église Notre-Dame de Lorette passe sur la rue du … Saint-Sauveur ! Notre-Dame de Lorette est la patronne des aviateurs.

On en trouve quelques traces dans le Code : la droite joignant la Place Clément Ader (pionnier de l'aviation) ou l'extrémité du Quai Louis Blériot (autre pionnier) à l'église Notre-Dame de Lorette, passe sur le sommet de l'Ankh. Tout comme le Quai Saint-Exupéry.

La droite joignant l'entrée principale de l'Etat-major de l'Armée de l'Air à l'église Notre-Dame de Lorette passe sur la boucle de l'Ankh !

La droite joignant la couronne de l'Aigle à la rue Jean Mermoz, passe sur l'église Notre-Dame de Lorette

Savez-vous pourquoi Notre-Dame de Lorette est la patronne des aviateurs ? Parce que sa maison a volé en une nuit de Nazareth à Lorette, en Italie. Ce n'est pas une blague mais un … miracle (d'après Monsieur le curé…).

LA RUE GALILEE

La rue Galilée reçut sa dénomination actuelle en 1867 en l'honneur du célèbre astronome italien Galileo Galilei (1564-1642) père de l'observation astronomique et de la physique moderne. Mais cette rue, pour le Parisis Code revêt une seconde signification.

Pour le Parisis Code, elle concerne aussi la Galilée, province du Nord de la Palestine souvent citée dans les Evangiles, où Jésus, autour de Nazareth, passa son enfance et exerça la grande partie de son Ministère. Par extension, et comme je vais le prouver, cette rue est donc liée à l'Eglise, à Jésus et sa mère Marie, mais aussi la Croix…

Ce fait peut-être aisément vérifié. En reliant l'entrée principale de la Cathédrale Notre-Dame de Paris, clef de l'Eglise à l'extrémité Sud de la rue Galilée, on obtient un axe qui rejoint l'extrémité du bras Ouest de la Grande Croix Bellator, en passant par la Nonciature Apostolique, autrement dit l'Ambassade du Vatican au n°10 Avenue du Président-Wilson (16ème arr.).

D'autre part, l'axe reliant l'entrée de Notre-Dame à l'extrémité Nord de la rue Galilée, atteint l'extrémité du bras Est l'extrémité du bras Ouest de la Grande Croix Bellator.

La ligne reliant l'Impasse de l'Enfant Jésus au centre du Bellator traverse l'extrémité Sud de la rue Galilée.

Enfin l'œil de l'Aigle qui regarde l'église Notre-Dame de Lorette, représentant officiellement à Paris la sainte maison de Nazareth

(Galilée), crée un axe qui atteint avec précision l'extrémité Nord de la rue Galilée. Cet axe est rigoureusement parallèle aux bras du Bellator.

On remarquera que l'axe reliant le centre des deux croix (Bellator et Opéra) passe sur la rue Galilée.

La ligne reliant la rue Galilée à la rue de Palestine est la plus parlante : elle passe tout d'abord sur l'entrée de l'Opéra Garnier représentant la tête même du Christ, sur l'Eglise de la Madeleine, mais aussi à Belleville, sur l'église Saint-Jean-Baptiste, représentant celui qui fut prédicateur en Palestine et surtout prophète qui a annoncé la venue de Jésus-Christ et qui l'a baptisé !

LE VATICAN

L'état de la Cité du Vatican, le plus petit état du monde (44 hectares et 824 habitants) créé en 1929, dispose du plus grand nombre d'ambassades à travers le monde (174).

Je me permettrais d'ouvrir ici une parenthèse pour vous apprendre que le cimetière du Père Lachaise présente une surface 44 hectares, identique à celle du Vatican ; par contre le cimetière est beaucoup plus peuplé (70 000 « habitants » soit 85 fois plus).

A Paris, l'Ambassade du Vatican, appelée également Nonciature, se trouve au n°10, Avenue du Président Wilson (16ème arr.).

La Nonciature Apostolique est la fonction du Nonce apostolique, chargé de représenter les intérêts du Saint-Siège à l'étranger. Nommé par le pape, le nonce est l'équivalent d'un ambassadeur.

Comme il fallait s'en douter, l'emplacement de cette ambassade a fait l'objet d'une attention toute particulière afin de coller au plus juste avec les exigences du Parisis Code.

Ainsi, si l'on trace un axe reliant cette ambassade au milieu de l'œil de l'Aigle, il croise bien entendu la boucle de l'Ankh au niveau de l'entrée de l'Opéra Garnier, mais aussi le chœur de la Madeleine pour rejoindre la Place du Trocadéro (clef fœtus, Création du Monde).

On constate que le Saint-Siège est représenté sur la droite Zénith – Parvis (mise au monde). Sur la droite très parlante joignant l'Institut Catholique de Paris au centre de la Grande Croix du Christ (Bellator).

Un autre alignement a retenu mon attention ; celui passant par cinq entrées d'édifices emblématiques : Grande Bibliothèque, Grande Galerie de l'Evolution, Panthéon, Ambassade du Vatican et...le siège de l'Evêché (rue des Saints Pères).

L'état de la Cité du Vatican a été créé le 11 février 1929, jour de la Saint Séverin et fête de Notre-Dame de Lourdes. Dans le Code, cette date est clairement indiquée et imagée : l'extrémité Ouest de la Grande Croix du Christ « tient » la ligne qui relie l'église Saint-Séverin à l'Ambassade du Vatican !

Depuis plus de 15 siècles, tout semble réussir au Vatican, conquêtes, intrigues, possessions, guerres, diplomatie... de là à se demander si ce plus petit état du monde ne dirigerait pas en réalité le destin de la planète en sous-main ! *La connaissance est le pouvoir, l'ignorance est l'esclavage... (Source Nenki).*

La **garde suisse pontificale** est une force militaire créée en 1506, chargée de veiller à la sécurité du pape. Elle est la plus vieille et la plus petite armée du monde existant. L'Ambassade du Vatican (n°10, Avenue du Président Wilson) se trouve exactement sur la ligne reliant la rue des Suisses à l'Arc de Triomphe !

JEAN-PAUL II, LE PAPE POLONAIS

La Sœur Pierre-Marie-Simon (Congrégation des Petites Sœurs des maternités catholiques), dont la guérison miraculeuse est à l'origine de la béatification (fulgurante) du Pape Jean-Paul II le 1er mai 2011, fait à présent partie de la Maternité Sainte-Félicité située à Paris au n°37, rue Saint-Lambert (15ème arr.). Où se trouve cette maternité, dans le Parisis Code ?

Sur la ligne joignant le centre de la boucle de l'Ankh au Parc Jean-Paul II, à Issy-les-Moulineaux ; il n'y a pas de miracle !

La photo miraculeuse de Saint-Casimir - Le corps de Saint-Casimir, Saint-Patron de la Pologne repose dans la Chapelle Saint-

Casimir de la Cathédrale-Basilique Saint-Stanislas et Saint-Wladislas de Vilnius (Capitale de la Lituanie).

Le sarcophage de Saint-Casimir à Vilnius

Il est très étrange de constater que la ligne reliant cette chapelle au Vatican (où est enterré Jean-Paul II !), longue de 1705 km, passe avec une précision inimaginable sur la petite ville de Wadowice, en Pologne, ville natale de Karol Józef Wojtyła, le Pape Jean-Paul II (1920-2005).

Cet alignement a été déterminé à l'aide d'un logiciel géographique très précis : Microsoft Encarta 2004. Mais il peut facilement être aussi vérifié sur la carte d'Europe.

Le 18 février 2003, un prêtre belge visitant la Chapelle Saint-Casimir, prit une photo de l'autel au-dessus duquel est exposé le sarcophage métallique du saint patron de la Pologne.

A ce moment, il ne remarqua rien de spécial. C'est un peu plus tard, en visionnant ses photos, qu'il eu la surprise de découvrir sur l'une d'elles, un phénomène lumineux étrange : un chapelet de petits cœurs rouges très lumineux se dirigeait très exactement sur le cœur du Crucifix posé sur le tabernacle, mais aussi sur le visage de Saint-Casimir.

Détail du phénomène optique. On remarque que la lumière électrique est tout à coup déviée à angle droit et se dirige miraculeusement sur le torse du Christ.

Ce phénomène lumineux observé en 2003 au pied des reliques du saint patron de la Pologne, s'est déroulé sous le pontificat de Jean-Paul II, premier et dernier pape polonais.

Le jour de ce petit *miracle* de la chapelle Saint-Casimir est le 18 février, jour de la Sainte-Bernadette. Ce nom est celui de la sainte qui assista à un autre miracle, celui de Lourdes.

Le 18 février 1858, Bernadette Soubirous aurait entendu la Vierge lui dire : *je vous promets de vous rendre heureuse, non pas dans ce monde, mais dans l'autre.*

Concernant la photo aux petits cœurs, j'ai intercédé en 2009 auprès de l'archevêque qui s'opposait à sa divulgation publique.

Visiblement très embarrassé par cette affaire, il ne répondit qu'un mois plus tard, et préféra prétendre ne pas voir de cœurs sur cette photo. Un comble pour un *représentant* de Dieu.

Il argumenta en faveur d'un problème technique intervenu pendant la prise de vue.

Un autre argument (croustillant) a même été avancé : celle de l'intervention du diable, tout à fait capable de provoquer des miracles pour nous égarer du droit chemin. *Va de rétro Satanas…* tel fut en substance la position de l'archevêque face à cette photo de Vilnius.

Le tableau de Jésus Miséricordieux - Le 18 décembre 2011, lorsque j'ai pris la décision de révéler dans ce livre le phénomène optique et miraculeux de Vilnius, je suis tombé sur une information que j'ignorais concernant un autre miracle qui prit forme à Vilnius sous l'aspect d'un tableau miraculeux réalisé en 1935.

*Le tableau de Jésus Miséricordieux (*www.faustine-message.com*)*

Celui-ci ciblait également le cœur de Jésus et révélait la présence de rayons lumineux rouges et blancs symbolisant le sang et l'eau.

Le tableau fut exposé dans l'église du Saint-Esprit à Vilnius de 1987 à 2005. Le 5 septembre 1993, le Pape Jean-Paul II, lors de son pèlerinage en Lituanie, pria devant cette sainte effigie.

Dans toute l'histoire des révélations, il s'agit de l'unique cas où le Seigneur Jésus donna l'ordre de peindre un tableau le représentant, et où il transmit l'aspect qu'il devait avoir.

Le tableau de Jésus Miséricordieux a été réalisé avec la plus grande précision selon les indications que Jésus avait imposées à une sœur (Sainte Faustine) lors d'une apparition miraculeuse survenue en 1931.

La dimension de cette image du Christ correspond à la dimension de l'effigie sur le Saint-Suaire de Turin.

Ce qui prouve le très grand soin avec lequel Sainte-Faustine a transmis la Sainte-Effigie du Sauveur qu'elle avait mémorisé.

Depuis 2005, le tableau est vénéré au Sanctuaire de la Miséricorde Divine à Vilnius.

L'ARCHE D'ALLIANCE

La fameuse Arche d'Alliance des Hébreux, également appelée l'Arche de YHWH ou encore l'Arche du Témoignage, était le plus ancien et le plus sacré des symboles religieux des Israélites.

C'était un coffre en bois d'acacia recouvert d'or, surmonté de deux chérubins aux ailes déployées.

Ce coffre aurait entre autre contenu les Dix Commandements donnés à Moïse sur le Mont Sinaï. La description de l'Arche se trouve dans le récit de l'Exode ; sa construction fut ordonnée par Dieu.

Cet appareil est considéré comme la résidence de Dieu sur Terre, et la manifestation de sa puissance.

Il est probable que cet instrument magique existe toujours. Il n'a jamais été retrouvé ! Selon la Bible, il permettait à Moïse et plus tard, à Josué de voir et d'entendre Dieu...

Certains théologiens pensent que Dieu donnait ses instructions par l'intermédiaire de cette Arche d'Alliance.

A Paris, le seul endroit qui évoque l'existence de cet appareil est l'église Notre-Dame de l'Arche d'Alliance, un étrange édifice cubique de 18 mètres de côté supporté par 12 colonnes, située au 81, rue d'Alleray (15ème arr.), construit en 1998 par le cabinet d'architecture qui réalisa le Parlement européen de Strasbourg.

Elle fut baptisée par le Cardinal Lustinger. C'est en fait un coffre cubique, en bois entouré d'une résille métallique censée évoquer l'Arche d'Alliance.

Dans cette église, la croix du Christ est immatérielle; elle est projetée au mur par deux projecteurs.

L'emplacement exact de l'église Notre-Dame de l'Arche d'Alliance de Paris n'a apparemment pas été sélectionné au hasard, comme on peut le constater. Elle se trouve sous le regard de Dieu !

L'œil de l'Aigle des Buttes-Chaumont qui regarde l'église Notre-Dame de l'Arche d'alliance, crée effectivement une ligne qui traverse la rue Dieu, le parvis de Saint-Sulpice et la rue du Regard (6ème arr.) !

Cette ligne nous confirme que l'œil de l'Aigle est bien l'œil de Dieu.

De plus, Notre-Dame de l'Arche d'Alliance, se trouve dans l'alignement Ouest du Grand Œil, l'Observatoire de Paris ! La droite joignant cette église à la Cathédrale Notre-Dame de Paris traverse la clef de l'Intelligence suprême : la Tour Maine-Montparnasse !

L'Arche d'alliance était-elle un type de condensateur géant, une énorme pile électrique, une sorte d'émetteur-récepteur dont nous n'avons pas déterminé la fréquence mais qui était capable de réaliser la liaison entre deux mondes voire deux... dimensions ?

Les Tables de la Loi étaient-t-elles gravées dans du cristal vibrant sur une fréquence qu'engendrait le coffre ? Telles sont les questions que se sont posées de nombreux chercheurs.

Parmi eux, Gruais et Mouny dans leur livre *Le Grand Secret du signe de Vie* vont jusqu'à parler d'une technique de trans-communication (contacts avec l'Au-delà)....

Robert Charroux lance l'hypothèse d'une arche condensateur d'une puissance de 500 à 700 volts. Le Parisis Code semble en mesure de nous apporter une réponse... de nous éclairer.

Les principaux inventeurs de la pile électrique furent le physicien italien Alessandro Volta (1745-1827) et l'ingénieur français Georges Leclanché (1839-1882), chercheurs qui ont leurs voies dans Paris.

Si nous traçons une droite reliant la rue Volta (8ème arr.) à la rue Georges Leclanché (15ème arr.), celle-ci passe par l'œil de l'Aigle pour nous inviter à regarder dans une direction bien précise où se trouve l'église Notre-Dame de l'Arche d'Alliance.

La droite qui relie cette même église à l'Arc de Triomphe, atteint notre fameux point extraterrestre du nord de la Porte Champerret, découvert par Raymond Terrasse.

Nous avons également un autre alignement qui semble cacher quelque chose : 1) église Notre-Dame de l'Arche d'Alliance, 2) Sainte-Chapelle, 3) Musée d'art du Judaïsme 4) Tour Saint-Jacques, 5) Square du Temple (forteresse des Templiers) 6) pointe du bec de l'Aigle des Buttes-Chaumont (clef de la parole).

Comme nous l'avons vu, il est spécifié que cette Arche d'Alliance était en bois d'acacia.

Il est stupéfiant de constater dans le Code, que si nous relions par une ligne virtuelle l'église Notre-Dame de l'Arche d'Alliance à la rue des Acacias ou le Passage des Acacias (17ème arr.), celle-ci passe précisément sur une autre forme d'arche : l'Arc de Triomphe de l'Etoile !

De plus sur ce chemin, on remarquera au Champs de Mars le Monument à la Déclaration des Droits de l'Homme et du Citoyen ...

La droite qui unit la rue et le port de la « Petite Arche » (à Boulogne Billancourt) à l'Eglise Notre-Dame de l'Arche d'Alliance, atteint le milieu de l'octogone du Palais Omnisport de Bercy (l'octogone : l'un des symboles de l'Eglise !).

Si la Bible nous dit que la construction de l'Arche d'Alliance fut voulue par Dieu, nous pouvons, grâce au Parisis Code, affirmer que celle de l'église Notre-Dame de l'Arche d'Alliance fut également une émanation divine. Démonstration :

Architecture Studio, le cabinet d'Architecte qui a conçu cette église est installé au n°10 rue Lacuée, à Paris (12ème arr.).

Si nous créons un axe reliant l'église Notre-Dame de l'Arche d'Alliance à cette adresse, nous nous apercevons qu'il rejoint... le Passage Dieu ! C.Q.F.D...

On peut admirer à Paris une reproduction fidèle de l'Arche d'Alliance. Elle se trouve depuis 1820 (1840 ?) dans la chapelle de la Communion de l'Eglise Saint-Roch. Sur la ligne qui relie le Grand-Œil (l'Observatoire de Paris) à la boucle de l'Ankh !

Sur cet axe se trouve l'église Saint-Sulpice. Un détail qui n'est probablement pas fortuit !

La Clef de la Parole, le bec de l'Aigle alignée sur la Clef de la Communication, la Maison de Radio-France, ne crée-t-elle pas aussi un alignement troublant passant par l'Eglise Saint-Roch ?

EXORCISME

Le service de l'Exorcisme pour les huit Diocèses de l'Ile-de-France est confié à l'Accueil Saint-Michel de la Basilique Notre-Dame du Perpétuel Secours (au n°6 bis, rue René Villermé (11ème arr.). Cette Basilique se trouve face au cimetière du Père Lachaise.

La ligne reliant la Basilique à la Clef de la Communication traverse la Porte de l'Enfer du Musée Rodin (ci-dessous) !

La ligne reliant l'Impasse Satan à la rue Dieu, traverse la Basilique Notre-Dame du Perpétuel Secours !

Autre alignement très parlant : la ligne joignant la Porte de l'Enfer à l'Impasse Satan passe sur la petite rue Saint-Benoît. Pourquoi ? Saint-Benoît est le saint patron des exorcistes !

Cette ligne passe aussi sur la Sainte-Chapelle qui était, à sa construction, considérée comme la Clef du Paradis (ci-dessous).

Saint-Benoît est souvent représenté avec un calice d'où sort un serpent, pour rappeler que ce Saint échappa à la mort en faisant un signe de Croix sur une coupe pleine de poison que ses moines lui présentaient à boire.

Ce poison de mort ne put supporter le signe de vie qui est la Croix, et la coupe de verre se brisa comme si on avait lancé contre elle une pierre.

La maison hantée de Paris

A Paris, une maison de Pigalle située au n°1, de l'avenue Frochot (9ème arr.) a la réputation d'être hantée. Habitants illustres, morts mystérieuses et coïncidences troublantes, il n'en fallait pas plus pour envelopper cette demeure néogothique d'un voile de mystère.

A la fin des années 1970, Sylvie Vartan achète l'hôtel particulier. Elle n'y habitera jamais. La chanteuse la revend à Matthieu Galey, journaliste-chroniqueur du théâtre parisien qui, en 1978, écrit dans son journal : « *Acheter la maison Frochot... Un peu l'impression de m'endetter pour acheter mon tombeau gothique... »*.

Prémonitoire : il y meurt huit ans plus tard, de la même pathologie que celle qui a terrassé dans cette demeure précisément, le compositeur Victor Massé un siècle plus tôt : la maladie de Charcot.

A sa mort, le directeur des Folies Bergère l'a rachetée avant d'en faire hériter sa femme de ménage, sauvagement assassinée à coups de tisonnier par un meurtrier jamais retrouvé.

Après avoir été un temps inhabité, la maison est aujourd'hui de nouveau occupée.Ses nouveaux propriétaires l'ont bien entendu fait exorciser avant de s'y installer...

Cela peut faire sourire, mais le Parisis Code nous révèle un bien curieux alignement qui semble accréditer la présence de Satan en ce lieu...

La ligne reliant l'Impasse Satan à cette demeure traverse le service de l'Exorcisme de la Basilique Notre-Dame du Perpétuel Secours, mais aussi la rue Dieu ; encore mieux, la ligne passe sur la rue de l'une des victimes : la rue Victor Massé !

Etrange également de découvrir Sylvie Vartan dans cette affaire de maison hantée car sur cette ligne, se trouve aussi la Clinique Marie-Louise où est né Johnny Halliday. C'est lui-même qui avait fait ce cadeau de rupture... empoisonné, voir... satanique!

Mais cette ligne n'a pas fini de parler. Comme pour nous troubler d'avantage, sur cette ligne précisément, au n° 18, rue de Paradis (10ème arr.), le 6 mai 2011 (soit un mois jour pour jour après avoir découvert cette ligne dans le Code), est venue se *greffer* un *Manoir Hanté* ! De quoi s'agit-il ?

Le Manoir de Paris est une nouvelle attraction originale installée dans une demeure classée au patrimoine des monuments historiques, ancien siège des faïenceries de Choisy-Le-Roy, ancien Musée de l'Affiche, et ancien Musée de la Publicité jusqu'en 1982.

Parisiens et touristes peuvent se faire peur en pénétrant dans ce lieu qui met en scène, sur 2 étages, 13 légendes parisiennes.

Dans 23 pièces (totalisant 1.000 m^2), monstres automates, bruits effrayants et décors macabres racontent l'histoire du Fantôme de l'Opéra, l'identité de l'homme au masque de fer, les mystères du métro de Paris et du cimetière du Père Lachaise, ou encore les Gargouilles de la Cathédrale Notre-Dame de Paris et Quasimodo.

LA TRANSFIGURATION DU SEIGNEUR

A proximité de l'Ankh de Paris, dans le 1er arrondissement, nous trouvons la rue du Mont-Thabor.

Ce lieu évoque indirectement l'un des monts les plus sacrée de Galilée, en Israël (588 mètres), où eu lieu la Transfiguration du Christ, c'est à dire qu'il est apparut dans toute la gloire de sa divinité à trois de ses Apôtres (Pierre, Jacques et Jean).

Cet épisode de la vie de Jésus est rapporté dans trois des quatre Evangiles, Matthieu, Marc et Luc (Jérémie 46/18, Psaumes 89/13).

Désolé de me répéter, mais nous tenons là une autre preuve flagrante de l'existence d'un Code dans Paris.

En effet, la rue du Mont-Thabor est codée sur une ligne de 6,2 kilomètres faisant intervenir les trois apôtres témoins de cette Transfiguration.

Sur cette droite que nous faisons débuter sur la Place Saint-Jacques, nous trouvons l'allée du Séminaire (6ème arr.) voie évoquant la formation des jeunes qui se destinent à l'état ecclésiastique, la Place Saint-Sulpice, la rue du Mont-Thabor, la Colonne Vendôme (symbole de Victoire), la Cour Saint-Pierre et la Place Saint-Jean (17ème arr.) !

Quelle preuve flagrante nous faut-il de plus ?

Dans le calendrier, la Transfiguration du Seigneur est fêtée le 6 août. Cette date est aussi la Saint-Just (et Pasteur).

L'Observatoire de Paris (le Grand Œil du Code), aligné sur la rue Saint-Just (17ème arr.) crée une ligne qui, en traversant l'extrémité de la rue du Mont-Thabor et l'entrée de l'église de la Madeleine, nous indique ainsi la date de cette fête.

Cette démonstration de puissance divine qu'est la Transfiguration n'est pas sans rappeler une autre démonstration humaine de puissance : l'explosion de la bombe atomique américaine à Hiroshima ! Celle-ci a été déclenchée à une date similaire : le 6 août 1945.

On remarquera, sur l'Allée du Séminaire, et exactement sur la ligne, une fontaine. La fontaine est selon les terminologies la fontaine de Vie, de régénération, de purification, d'immortalité ou d'enseignement.

Elle n'a pas été placée là par hasard et correspond parfaitement aux messages véhiculés par la Transfiguration du Christ.

La droite reliant le milieu de la rue du Mont-Thabor au centre de la boucle de l'Ankh mène au Sacré-Cœur de Montmartre et à la Place Saint-Pierre.

La droite reliant la rue du Mont-Thabor à la Place d'Israël traverse aussi la Cour du Sphinx (le Secret, le Mystère) et l'entrée de l'église de la Madeleine ; dernier détail lourd de sous-entendu...

A cette occasion, nous découvrons dans cet autre alignement, un rapprochement que nous n'aurions pas osé tenter : Léonard n'aurait-il pas cherché à peindre en la personne de La Joconde, tout simplement Marie-Madeleine ?

En créant un axe rue Dieu - rue du Mont-Thabor, nous obtenons une ligne qui balaye l'ensemble des clefs de la Création et de la mise au monde, mais aussi le pied de la Grande Croix du Christ (Bellator).

Le Mont-Thabor, c'est aussi, en France le nom d'un sommet des Alpes ; pour tout dire, la rue lui est en fait officiellement destinée.

En effet, si nous relions la Place des Alpes au milieu de la rue du Mont-Thabor, nous constatons que la droite traverse l'Eglise de la Madeleine et l'emplacement actuel au Louvre de La Joconde.

Cette ligne est enrichie par le Panthéon (évoquant les Temples que les grecs et les romains consacraient à tous leurs dieux).

Autre curiosité : la droite qui unit la rue du Sommet-des-Alpes (15ème arr.) à l'extrémité Est de la rue du Mont-Thabor coupe à angle droit l'Axe solaire historique. Au Sud, elle passe sur l'église Notre-Dame de l'Arche d'Alliance !

Pour les amateurs d'ufologie, nous avons aussi la *totale*, l'alignement Notre-Dame de Paris - Pyramide du Louvre - rue du Mont-Thabor qui termine sur le Nord de la Porte Champerret (ovni, apparition mariale de l'ami Terrasse). Du grand spectacle assurément !

Concernant l'hypothèse de la fameuse trans-communication effectuée lors de la Transfiguration au Mont Thabor par les évangiles Matthieu, Marc et Luc), nous découvrons également de précieux alignements : l'œil de l'Aigle qui regarde le centre même de la clef de la Communication (Maison de Radio-France) crée une droite qui passe par le milieu de la rue du Mont-Thabor et la rue Saint-Marc.

Quand aux rues Saint-Marc et Saint-Luc, alignées sur le milieu de la rue du Mont Thabor, elles forment une droite qui passe par le centre de l'Ankh (Place de l'Opéra) et sur le bassin octogonal (symbole de l'Eglise) du Jardin des Tuileries.

Dans le Parisis Code, chaque détail est pris en compte. Ainsi, la Transfiguration représentée par le peintre François Lemoyne (1688-1737) sur le plafond de la chapelle absidiale de l'Eglise Saint-Thomas d'Aquin. Cette église est dans l'alignement Sud du milieu de la rue du Mont-Thabor !

LA BASILIQUE DE SAINT-DENIS

La Basilique de Saint-Denis fut très tôt le lieu d'inhumation des Rois et Reines de France. Fondée en l'an 475 par Sainte-Geneviève (qui sauva Lutèce des Vikings), elle fut construite par des moines bénédictins en souvenir de Saint-Denis. L'église abbatiale primitive fut le lieu de nombreux miracles accomplis par Saint-Denis.

La communauté des moines devint vite très riche, du fait des pèlerinages et des donations des Rois et des grands dignitaires ecclésiastiques.

Saint-Denis, premier Evêque de Paris a subi le supplice du grill dans la Cité, puis fut décapité vers l'an 250. D'après la tradition, il ramassa sa tête souillée de sang, la lava, puis se dirigea vers le Nord, vers le lieu qui deviendra Saint-Denis et où sera édifiée la fameuse Basilique.

Une statue de Saint-Denis est judicieusement placée dans le Square Suzanne Buisson, à Montmartre, à l'endroit exact où Saint-Denis aurait lavé sa tête.

L'axe formé par cet endroit et la Porte Saint-Denis atteint le centre du Palais Omnisport de Bercy, pyramide octogonale symbole de l'Eglise.

Durant 12 siècles, jusqu'à Louis XVIII, la Basilique de Saint-Denis fut le lieu d'inhumation de plus de 71 rois et reines Mérovingiens, Carolingiens et Capétiens.

L'œil de l'Aigle des Buttes-Chaumont qui regarde le Monument aux Morts du Père Lachaise, crée un axe qui atteint, au Nord, la Basilique de Saint-Denis.

L'abbé Suger (1081-1151) abbé de Saint-Denis fut un homme d'Etat, conseiller de Louis VI et Louis VII, régent du Royaume de France pendant la deuxième croisade (1147-1149).

C'est lui qui décida, en 1122 d'édifier la Basilique actuelle qui devint la nécropole privilégiée des souverains français, et chaque nouvelle dynastie perpétua cette tradition pour affirmer sa légitimité.

Napoléon Ier lui-même conçut le projet d'en faire une nécropole impériale. La plus ancienne sépulture connue est celle de la reine Arégonde, épouse de Clotaire Ier, décédée vers 565-570.

Dagobert est le premier roi à y avoir été enterré. Mais c'est à partir d'Hugues Capet que tous les rois y furent systématiquement ...

L'emplacement de l'Eglise Saint Sulpice était un lieu important d'inhumation des Mérovingiens.

Si nous traçons une ligne partant de Saint Sulpice et passant par la Cour du Sphinx, nous tombons à l'extérieur de Paris, sur la nécropole des rois de France.

Liste des Souverains inhumés à Saint Denis :

Jean II le Bon -- Philippe V le Long -- Charles V -- Charles VI le Fou -- Charles VIII- Louis XII -- François Ier -- Henri II -- François II -- Charles IX -- Henri III -- Henri IV -- Louis XIII -- Louis XIV-- Louis XV -- Louis XVI -- Louis XVII -- Louis XVIII -- Isabelle de Hainaut -- Jeanne de Bourbon -- Isabeau de Bavière - Anne de Bretagne -- Claude de France -- Catherine de Médicis -- Louise de Lorraine-- Marguerite de France -- Marie de Médicis -- Anne d'Autriche -- Marie-Thérèse d'Autriche -- Marie Leszczyńska -- Marie-Antoinette d'Autriche. Mais aussi Charles Martel et Bertrand du Guesclin.

L'abbé Suger qui fit l'apogée de Saint-Denis fit réaliser par les meilleurs orfèvres de son temps, de Paris et de la Meuse un des objets les plus admirables du Moyen-âge : l'Aigle de Suger.

Il s'agit d'une amphore en porphyre pourpre dont l'origine est mystérieuse, qu'il fit habiller d'orfèvrerie (or et vermeil) de telle sorte qu'elle devienne le torse d'un aigle magnifique.

Le porphyre en question provient d'une carrière de Basse Egypte.

L'aigle est à la fois le symbole impérial, mais aussi de la tribu de Saint-Jean.

On disait au Moyen-âge qu'il *voyait l'avenir comme Dieu le Père* (un peu comme l'œil de l'Aigle ou l'Observatoire (Grand-Œil) du Parisis Code)

L'objet précieux qui échappa aux destructions et pillages de la basilique de Saint-Denis fut conservé au Louvre à partir du 18ème siècle.

Sur l'amphore est gravé en latin : *cette gemme est plus précieuse que le marbre…*

Dans le Code, la rue Suger (6ème arr.) alignée sur l'œil de l'Aigle crée une ligne passant exactement sur la Sainte-Chapelle où étaient conservées les plus précieuses reliques de la chrétienté : la couronne d'épine du Christ, un fragment de la Vrai Croix et le Saint-Clou, exposés à présent à la Cathédrale Notre-Dame de Paris le vendredi saint et les vendredis de Carême.

La rue Suger est également sur un axe étrange reliant Isis à la cathédrale Notre-Dame de Paris (entrée principale) et passant sur le Passage Dieu. Nous avons là le lien avec l'Egypte que nous retrouvons sur l'Aigle de Suger.

LE CŒUR DU BELLATOR

Etrangement, la Grande Croix du Christ (Bellator), cette importante clef du Parisis Code est représentée de dos, face contre terre, comme le veux la tradition.

Les prêtres prononçant leurs vœux se mettent dans cette position. Un détail nous prouve cette position. En effet, le cœur représenté de manière imagée par la rue de la Pompe, se trouve à droite, alors qu'il devrait se situer à gauche.

L'axe Sacré-Cœur de Montmartre - Arc de Triomphe coupe la rue de la Pompe à l'intersection avec l'Avenue Bugeaud !

Sur la Croix Ankh transformée en Croix du Christ, la lance transperçant le cœur de Jésus est placée également à cet endroit. Elle est symbolisée par la Colonne Vendôme.

LE SAINT- SANG ET LE GRAAL

Après la crucifixion, Nicodème reçut le corps du Christ et procéda à son ensevelissement. Il fut donc le dernier homme à avoir eu un contact physique avec la dépouille mortelle du Christ. Selon la tradition gnostique, il aurait recueilli les gouttes de sang christique récupérées par Joseph d'Arimathie.

Selon la tradition, le Saint-sang est difficilement dissociable de la coupe de la Cène (le Saint Calice) et du mythe du Graal.

Il fait partie de l'ésotérisme des mystères de la Chevalerie chrétienne. Pilate (selon certaines légendes associées au mythe du Graal) aurait donné ce vase à Joseph d'Arimathie, considéré par cette tradition comme *premier chevalier,* pour y recueillir, au pied de la Croix, le Saint Sang du Christ, qui coulait d'une blessure au flanc droit provoquée par le soldat Longin (Longinus) avec la Sainte Lance.

A la suite d'un périple miraculeux, les gouttes du sang, qui se trouvaient dans une boîte de plomb, auraient été portées par le tronc d'un figuier jusqu'au rivage de **Fécamp** (Haute Normandie).

La relique a ensuite été retrouvée vers 1170. La confrérie du Précieux Sang fut officiellement fondée en 1906.

Aujourd'hui, en France, la relique du Saint Sang est toujours conservée dans une fiole conservée dans l'abbaye bénédictine de la Sainte-Trinité à **Fécamp**. Cette abbaye fut construite spécialement entre 659 et 665 pour accueillir le Saint Sang du Christ.

Quelque soit l'opinion qu'on puisse avoir sur cette légende, pour le Parisis Code, il n'y a aucun doute, Fécamp est lié à la crucifixion du Christ.

Le **Graal** est un objet mythique assimilé au Saint-Calice (la coupe qui a recueilli le sang du Christ) et prend le nom de **Saint Graal**. La nature du Graal et la thématique de la quête qui lui est associée ont donné lieu à de nombreuses interprétations symboliques ou ésotériques.

Le Graal représente le mystère du christianisme

L'objet légendaire du Graal apparaît pour la première fois à la fin du XIIe siècle dans le roman inachevé, *Perceval ou le Conte du Graal*, de Chrétien de Troyes (1135-1185).

Dans ce roman, Perceval par sa timidité, ne parvient pas à poser la question libératrice et parvenir à la Vérité…

A Paris, ces 3 paramètres sont réunis ; que nous révèlent-ils ?

Traçons une droite partant de la rue Chrétien de Troyes (12ème arr.) et traversant le Passage de la Vérité (1er arr.) ; elle passe par la Colonne Vendôme et atteint l'église de la Madeleine (descendance de Jésus ?).

Autre alignement : la rue de Perceval (14ème arr.) alignée sur l'ensemble Cour du Sphinx, Pyramide du Louvre atteint le Passage de la Vérité.

Un message semble être aussi contenu dans cette ligne : rue de Perceval, chœur de Notre-Dame de Paris, chœur de Saint-Gervais, Saint-Protais (centre du cercle des églises parisiennes), rue du Trésor et Musée de la Serrurerie…

De nos jours, le thème du Graal a été exploité dans le roman de Dan Brown : Da Vinci Code (2004).

Dans Paris la rue de Fécamp (synonyme de sang royal) est exactement dans l'axe de la Cathédrale Notre-Dame de Paris, symbole du Christianisme. L'axe reliant la rue de Fécamp (extrémité Nord) à Notre-Dame de Paris passe sur la rue Chrétien de Troyes, et atteint le centre de la Grande Croix du Christ.

Cette ligne coupe la rue Léonard de Vinci… Les lecteurs du Da Vinci Code comprendront lorsqu'ils liront ci-dessous le chapitre *Quand le Parisis Code rejoint le Da Vinci Code.*

Le Grand Œil (Observatoire) qui regarde la rue de Fécamp, crée un axe qui rejoint la petite rue de Perceval (14ème arr.). **Perceval** est un des chevaliers de la Table ronde connu pour sa participation à la quête du Saint-Graal…

Grâce à la rue de Perceval, on a une confirmation de l'importance de la pyramide inversée dans la quête du Graal. L'extrémité Est de la croix Ankh reliée à cette rue donne une ligne qui passe sur cette pyramide ! La ligne rue de Perceval - rue Chrétien de Troyes passe sur la Grande Galerie de l'Evolution.

Un autre alignement troublant vient conforter l'importance de Fécamp et son abbaye de la Sainte-Trinité qui héberge le Saint Sang : en reliant la rue de Fécamp à l'Eglise de la Sainte-Trinité (Place d'Estienne d'Orves), on obtient une ligne qui passe par la rue Saint-Joseph (représentant le 1er *propriétaire* du Saint Sang). Pour nous confirmer que cette ligne est bien en relation avec la crucifixion, elle traverse l'extrémité Est de la Croix-Ankh, également identifiée comme Croix du Christ.

Autre preuve : l'œil de l'Aigle qui regarde la rue de Fécamp traverse l'église Notre-Dame de la Croix en passant exactement sur la Clef de la Mort : l'entrée du cimetière du Père Lachaise.

Quand le Parisis Code rejoint le Da Vinci Code - Le Da Vinci Code dit ceci : «*L'histoire du Graal est partout, mais cachée. Lorsque l'Eglise a interdit qu'on en parle, l'histoire de Marie-Madeleine s'est transmise par des canaux moins officiels, ceux des métaphores et des symboles.*

«Le Graal est littéralement l'ancien symbole de la féminité et le Saint Graal représente le féminin sacré et la déesse, qui bien sûr a disparu de nos jours, car l'Église l'a éliminée. «La quête du Saint Graal est littéralement la quête pour se mettre à genoux devant les restes de Marie-Madeleine.

C'est un voyage dont le but est de prier aux pieds de l'exclue, le féminin sacré perdu».

Dans *L'Énigme sacrée* : le Graal serait une métaphore pour désigner une descendance cachée qu'aurait eu Jésus, du fait d'une supposée union avec Marie-Madeleine.

Saint-Graal serait une déformation de *Sangréal* signifiant *sang royal*, et désignerait la lignée du Christ.

Ce pourrait être Marie-Madeleine elle-même en sa qualité de *porteuse* de cette descendance (la fonction du Graal étant de *recueillir le sang du Christ*).

Comme semble l'avoir découvert Thierry Namur dans son texte *La Crucifixion en plein Paris*, la lance du soldat romain Longinus serait représentée dans Paris par la Colonne Vendôme.

C'est de cette blessure que s'échappa le Sang du Christ, le *Sang Royal* récupéré dans le Saint-Graal.

Etrangement, lorsque l'on crée un axe reliant le milieu exact de la rue de **Fécamp** (représentant le Sang du Christ) à la **Colonne Vendôme** (la lance), on a la surprise de le voir atteindre l'entrée de La Madeleine, représentant Sainte-Marie-Madeleine…

Cet alignement d'une richesse exceptionnelle traverse tout d'abord la rue **Chrétien de Troyes** (auteur du Conte du Graal), ensuite, cerise sur le gâteau, l'axe passe sur la petite **rue du figuier** ! Souvenez-vous, le sang du Christ (Saint-Graal) fut miraculeusement acheminé jusqu'au rivage de Fécamp **dans le tronc d'un figuier** !

Incroyable ! Cet axe passe ensuite sur le n°15 de la rue Jean-Jacques Rousseau (1er arr.) où se trouve depuis 1976, tenez-vous bien, la **Librairie du Graal** ; une des rares librairies ésotériques de Paris qui vend mon livre…

On remarquera également que cet axe, touche l'extrémité Ouest de la Croix Ankh (également croix chrétienne) ! Cette ligne n'est-elle pas suffisamment spectaculaire ? Voulez-vous encore une confirmation pour attester qu'elle dit la vérité ?

Eh bien justement, cette ligne traverse le **Passage Vérité** (1er arr.) qui se trouve au Palais Royal. Pour atteindre ce minuscule passage, il faut vraiment le vouloir, car il ne mesure que 11 mètres de long !

Un arrêté du Pouvoir exécutif du 19 Ventose an VII l'avait réputé passage public. L'Etat a pris l'engagement envers la Ville de Paris de le maintenir à perpétuité (délibération municipale du 30 décembre 1895 et dépêche du Ministre des Finances du 26 septembre 1896). C'est dire son importance dans le Parisis Code !

Récapitulons les paramètres de cet extraordinaire alignement de 6,66 kilomètres : milieu exact de la rue de Fécamp - rue Chrétien de Troyes - rue du figuier - Librairie du Graal - Passage Vérité - Colonne Vendôme (la lance) - extrémité Ouest de l'Ankh - l'entrée de La Madeleine.

On pourrait aussi, sans être hors sujet, ajouter sur cette ligne le Lycée Charlemagne. En effet, il faut savoir que ce roi détenait le Bellator, le plus gros morceau de la Vraie Croix. Il affirmait que cette précieuse relique l'avait protégé au cours de ses batailles et avait renforcé son pouvoir.

En voulez-vous encore ? La Clef de la Communication (Maison de Radio-France) qui regarde la Librairie du Graal crée une ligne qui traverse la pyramide inversée… le Panthéon de Marie-Madeleine… pour le Da Vinci Code !

En créant une ligne reliant la clef de la Communication à l'Impasse des Chevaliers (de la Table Ronde ?) située dans le 20ème arrondissement, on est surpris de la voir croiser la Librairie du Graal et… la pyramide inversée ! Mais rassurez-vous ce ne sont là que des coïncidences. Circulez, il n'y a rien à voir… ni à creuser !

La **Taverne du Saint-Graal** se trouvait au n°51 de la rue Lacépède (5ème arr.). Ce bar à bière a fermé ses portes en 2008, remplacé par un autre bar, *The Wall*. Etrangement, cet établissement a laissé son point géographique utilisable dans le Parisis code.

Oui, le Code utilise parfois des clefs éphémères… nouvelle preuve qu'il s'agit d'un système qui n'est destiné qu'aux initiés.

La droite reliant l'emplacement fantôme de cette Taverne du Saint-Graal à la Clef de la Mise au Monde et de la féminité (Parvis des Droits de l'Homme) crée un axe qui rejoint la Grande Galerie de l'Evolution…

Si nous créons un axe joignant l'emplacement de la Taverne du Saint-Graal à la pyramide inversée, sous laquelle serait cachée la dépouille de Marie-Madeleine d'après le roman de Dan Brown, nous constatons qu'il passe sur le tableau de la Joconde, au Louvre et rejoint effectivement le Boulevard de la Madeleine.

La droite reliant la Taverne du Saint-Graal au centre de la Grande Croix du Christ (Bellator) est tout aussi étrange : elle traverse l'église de Saint-Sulpice, évoquant le supplice du Christ (et siège de l'hypothétique *Prieuré de Sion* dans le Da Vinci Code), mais aussi le Panthéon et… la rue Léonard de Vinci !

Avant de disparaître de la face visible du Parisis Code, la Taverne du Saint-Graal nous a laissé un dernier message en rapport avec le sang du Christ.

En effet, l'axe reliant le centre de la Grande Croix du Christ à la rue de la Clef, traverse la Taverne (fantôme) du Saint-Graal et la rue de Fécamp (sang du Christ).

Il existe à Paris, depuis 2006, au n°29, rue des 3 bornes, un autre endroit arborant l'enseigne du Graal : c'est le **Jardin du Graal** (anciennement *Jardin des fées*).

C'est une boutique d'objets d'art, de cadeaux et d'ouvrages autour du Graal. C'est aussi un centre culturel, un bar bio etc...

L'axe formé par la Taverne du Saint-Graal et le Jardin du Graal atteint également la pyramide inversée. Cet axe rejoint la Clef de la Communication. Cela en devient suspect, n'est-ce pas ?

Bon sang, mais c'est bien sûr ! La pyramide inversée, construite en 1989, n'est autre que la représentation monumentale d'un calice, d'un graal qui pèse 180 tonnes et mesure 16 mètres de côté par 7 mètres de hauteur ! Symboliquement cet entonnoir contiendrait le sang royal, le Saint-Graal.

En fin de compte, et au regard des alignements précédemment énumérés, la présence de la dépouille de Marie-Madeleine à cet endroit, dans une crypte secrètement aménagée, n'est pas aussi stupide, comme certains l'ont affirmé... En tout cas, c'est le message limpide laissé par le Parisis Code...

Pour finir j'aimerais évoquer un alignement terriblement troublant qui me touche personnellement et dont je rêve de connaître un jour la signification : l'axe reliant la Librairie du Graal à la Taverne du Saint-Graal* mène exactement sur l'adresse de mon éditeur, la Librairie Primatice*, au n°10, rue Primatice (13ème arr.) ! *(Ces deux adresses n'existent plus depuis octobre 2011 !).

L'ADN du Christ - Le Saint Sang est-il identique à celui qui a imprégné les autres reliques de la Passion comme le Linceul de Turin, le Saint Suaire d'Oviedo ou encore la Tunique d'Argenteuil ?

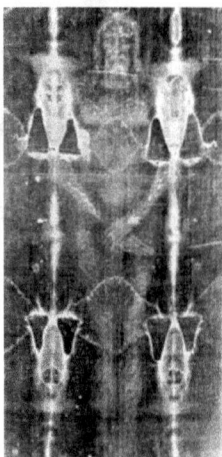

Linceul de Turin　　　*Saint Suaire d'Oviedo*　　　*Tunique d'Argenteuil*

Linceul de Turin (copie exposée à Saint-Sulpice)

Certains généticiens sont convaincus de l'authenticité de ces trois reliques, et les biologistes y ont découvert des globules rouges et blancs miraculeusement conservés.

Il a été démontré que le sang retrouvé appartient bien à un individu mâle, d'origine juive et de groupe sanguin AB, le plus rare au monde.

Pourra-t-on un jour exploiter cet ADN et réussir à réincarner Dieu ? Pour le généticien Gérard Lucotte, le Saint Suaire a, pour des raisons inconnues, su conserver les hématies potentielles du Christ en parfait état de conservation.

Il est donc possible d'envisager expérimentalement le clonage de l'individu qui correspond à ces cellules.

Mais un être vivant est aussi une symphonie de 25.000 gènes, qui ne se conservent que quelques heures après la mort ; alors 20 siècles plus tard !

La procession du Saint-Sang - Bruges, en Belgique, héberge également une partie du sang du Christ préservée dans une fiole de cristal.

D'après la légende, c'est Thierry d'Alsace, comte de Flandre, qui rapporta en 1150 la relique du Saint-Sang à Bruges. Depuis lors, ce précieux trésor est conservé dans la Basilique du Saint Sang (XIIème siècle).

La *procession du Saint-Sang* a lieu chaque année à l'Ascension depuis l'an 1304. Elle draîne des dizaines de milliers de spectateurs. Le défilé présente des tableaux vivants de l'Ancien et du Nouveau Testament.

Un cortège précède Thierry d'Alsace ramenant la fiole du Saint-Sang de Jérusalem. Et lorsque la véritable relique passe, portée par l'évêque et sa suite, l'assistance se lève et se signe dans un recueillement impressionnant.

Les 5 plaies du Christ

Dans Paris, il existe une rue qui évoque indirectement les 5 plaies du Christ (2 aux pieds, 2 aux mains et la blessure occasionnée par la lance du légionnaire romain).

Cette rue, c'est la rue des 5 diamants (5ème arr.) laquelle se trouve exactement dans l'axe de l'Ankh (Avenue de l'Opéra). Ainsi, elle se trouve à égale distance des 4 plaies principales.

Notons que les deux plaies des pieds du Christ seraient symbolisées par les 2 fontaines de la Place André Malraux située au pied de l'Ankh.

LA « SAINTE » IMPERATRICE

Sur la grande façade de l'église Sainte-Elisabeth, au n°195, rue du Temple (3ème arr.) se trouvent quatre statues dans les niches : Saint-Louis, Sainte-Elisabeth, Saint-François d'Assise et... l'impératrice Eugenie (1826-1920), épouse de Napoléon III.

Que vient faire cette intruse à cet endroit au milieu de tous ces saints ? A-t-elle voulu ainsi s'identifier à une sainte en utilisant comme support mystique le Parisis Code ?

Il semble bien si l'on s'en réfère à cet étrange alignement : en créant une ligne joignant la pointe du bec de l'Aigle à l'Avenue Sainte-Eugénie (15ème arr.), on s'aperçoit qu'elle traverse précisément sa statue sur l'église Sainte-Elisabeth !

LES SAINTS PATRONS

La plupart des pays chrétiens dans le monde ont leur Saint Patron ou leur Sainte Patronne.

Certains pays dont les noms figurent dans les rues de Paris sont reliés, grâce au Code, à leur Saint Patron par l'intermédiaire d'une rue ou d'une église :

- L'Espagne, le Portugal, le Pérou et Madagascar possèdent cette particularité : le Saint Patron de l'**ESPAGNE** est Saint-Ferdinand, dont la rue et la place figurent dans le 17ème arrondissement.

- La Place de Catalogne alignée sur la rue Saint-Ferdinand donne une ligne passant par l'Arc de Triomphe.

- La Place de Barcelone alignée sur la Place Saint-Ferdinand donne une ligne passant par le centre de la Grande Croix du Christ.

- La droite partant du centre de l'œil de l'Aigle et visant la rue et la Place Saint- Ferdinand coupe la rue de Madrid.

- Le Saint-Patron du **PORTUGAL** est Saint-Antoine (de Padoue), dont le Passage figure dans le 11ème arrondissement.

Si nous relions le Passage Saint Antoine à l'une des extrémités de la rue de Lisbonne, la ligne ainsi générée passe par le milieu de la boucle de l'Ankh (centre de l'Opéra Garnier).

- La Sainte patronne du Portugal est Notre-Dame de Fatima.

La droite joignant l'ambassade du Portugal à l'église Notre-Dame de Fatima passe sur le sommet de l'Ankh, et le bec de l'Aigle.

- Le Saint Patron du **PEROU** est Saint-Joseph, dont la rue figure dans le 2ème arrondissement. Relions la Place du Pérou à la rue Saint-Joseph ; celle-ci passe par la boucle de l'Ankh (au niveau du parvis de l'Opéra). En 2011, la Place du Pérou a été rebaptisée Place Gérard Oury.

- Le Saint Patron de **MADAGASCAR** est Saint-Vincent-de-Paul, dont l'église figure dans le 10ème arrondissement de Paris.

- La rue de Madagascar alignée sur cette église donne une ligne qui atteint le Chœur du Sacré-Cœur de Montmartre.

Ce système fonctionne également avec certaines régions de France comme la Bretagne qui a pour Sainte Patronne Sainte-Anne mais aussi pour Saint-Patron, Saint-Yves, dont la rue dans Paris se situe dans le 3ème arrondissement. Cet alignement est d'ailleurs particulièrement spectaculaire.

Partant du centre de l'œil de l'Aigle, visons la rue Saint-Yves ; la droite ainsi formée traverse d'une façon inespérée la Cour des Bretons (10ème arr.) et la rue de Bretagne (3ème arr.).

Le Saint Patron de la Lorraine est depuis 1539, Saint-Nicolas.

A Paris, la rue Saint-Nicolas se trouve effectivement sur l'axe Œil de l'Aigle - rue de Lorraine. Saint-Nicolas est aussi le Patron de la Russie.

La grande croix de l'Opéra, de sa main (Est), tient comme un sceptre la ligne rue Saint-Nicolas - rue de Moscou.

LE SACRE CŒUR DE MONTMARTRE

Le Sacré-Cœur de Montmartre est (officiellement) né du désir exprimé en 1823 par la Mère Marie de Jésus, de consacrer la France au Sacré-Cœur de Jésus.

C'est la seule église dont la construction fut votée par l'Assemblée Nationale.

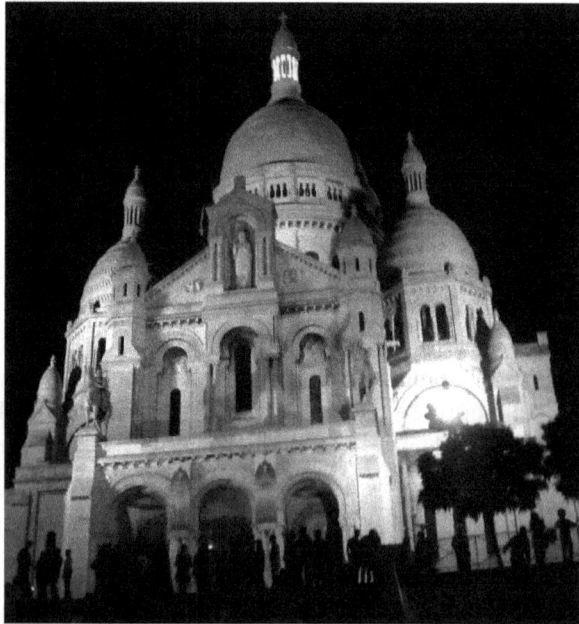

Dans le Code, la ligne joignant l'entrée principale de l'Assemblée Nationale au portail du Sacré-Cœur se présente comme un sceptre tenu par la main Ouest de la grande croix de l'Opéra.

Le Sacré Cœur fut édifié sous le ministère de 3 Cardinaux : Richard, Amette et Guibert ; leurs tombeaux sont visibles dans la chapelle de la Piétra au centre de l'édifice.

Ces Cardinaux ont chacun leur rue dans Paris et l'alignement symbolique qui l'accompagne en rapport avec le Sacré-Cœur.

Sur une même droite nous trouvons : l'Impasse **Richard** (15ème arr.), le centre de l'Ankh, la rue du Cardinal Guibert (18ème arr.) et enfin le Sacré-Cœur.

Sur une autre : la Place du Cardinal **Amette**, la rue du Cardinal Guibert (18ème arr.) et le Sacré-Cœur de Montmartre.

Le Cardinal **Guibert** bénéficie en plus d'une ligne plus personnelle : Villa Guibert (15ème arr.) - rue du Cardinal Guibert qui mène droit sur son tombeau au cœur… du Sacré-Cœur.

La droite qui unit la Villa Guibert à la rue Cardinale atteint le chœur de Notre-Dame de Paris, touchant même le pilier Nord de la Tour Eiffel (autre monument emblématique de Paris).

On remarquera que la Place du Cardinal Amette se trouve sur l'alignement Ouest de Notre Dame de Paris.

Les statues équestres en bronze de Saint-Louis et Jeanne d'Arc figurent à l'entrée du Sacré-Cœur de Montmartre.

Si nous traçons une ligne unissant l'extrémité Nord de la rue Jeanne d'Arc et le Pont Saint-Louis, elle atteint effectivement le portail du Sacré-Cœur et ces 2 statues.

En joignant la statue de Jeanne d'Arc du Sacré-Cœur et celle de la Place des Pyramides, la ligne ainsi formée arrive sur la Tour Maine-Montparnasse.

Le Sacré-Cœur de Montmartre possède depuis 1895 la plus grosse cloche de France : le Bourdon la **Savoyarde** (dont le vrai nom est Françoise-Marguerite Mensurations : 3 mètres de haut, battant de 850 kg pour un poids de 19 tonnes.

Elle fut coulée à Annecy le 13 mai 1891 par l'entreprise Paccard (fondée en 1796) et offerte par les 4 diocèses de Savoie.

Tirée par 28 chevaux, la cloche arriva dans la nuit du 16 octobre 1895 le jour de la Sainte-Marguerite Marie et fut baptisée le 20 novembre par Monseigneur **Richard**.

Rattachée à la France depuis 1895, la Savoie participa activement à l'édification du Sacré-Cœur, grâce à une souscription lancée par l'archevêque de Chambéry. Tout cela mérite d'être gravé à jamais dans Paris. Le Parisis Code a donc œuvré...efficacement.

En effet, la droite qui relie la rue de Chambéry au Sacré-Cœur de Montmartre passe par la boucle de l'Ankh ; plus exactement sur l'entrée principale de l'Opéra Garnier. Très important : Cette ligne est rigoureusement perpendiculaire à l'Axe Solaire Historique.

Si nous relions par une ligne l'œil de l'Aigle des Buttes-Chaumont à la rue de Chambéry, celle ci traverse, oh miracle...la rue de Savoie et le chœur de Saint-Sulpice !

Petite parenthèse : si la plus imposante cloche se trouve au Sacré-Cœur, la plus ancienne de Paris sonne depuis 1331 dans une petite tourelle de l'église Sainte-Merri, qui possède aussi l'un des plus vieux bénitiers de la capitale.

C'est l'architecte Paul **Abadie** qui commença en juin 1876 la construction du Sacré-Cœur. Si nous traçons une droite partant de la rue Paul Abadie et passant sur le Sacré-Cœur de Montmartre, elle atteint le centre de la pyramide octogonale tronquée du Palais Omnisport de Bercy, symbole de l'Eglise qui est aussi une clef peu employée du Code.

L'octogone est très utilisé par la chrétienté et surtout par les Templiers.

De même si nous relions la rue Paul Abadie à la rue de Chambéry, cette ligne traverse l'Axe Solaire Historique en passant sur une autre clef : l'Obélisque de la Place de la Concorde.

Comme on peut le constater le Sacré-Cœur de Montmartre est plein de messages à déchiffrer.

Depuis 110 ans, des hommes et des femmes se relaient jour et nuit pour expier par la prière, les péchés de l'Humanité. C'est vrai qu'il y a du boulot !

LE CHEVALIER DE LA BARRE

A Paris comme à Issy-les-Moulineaux la rue du Chevalier-de-La-Barre porte le nom de Jean-François Lefèbvre, chevalier de La Barre (1746-1766), 19 ans, condamné à mort pour n'avoir pas retiré son chapeau au passage d'une procession religieuse et d'avoir mutilé... un crucifix.

Après lui avoir coupé le poing et la langue, il fut décapité et brûlé avec l'exemplaire du Dictionnaire Philosophique cloué sur le torse.

Cette sentence pour blasphème fut exécutée le 1er juillet 1766 à Abbeville par cinq bourreaux spécialement envoyés de Paris (dont le bourreau Sanson qui lui tranchera la tête).

"Je ne croyais pas qu'on pût faire mourir un gentilhomme pour si peu de chose ! " auraient été ses dernières paroles.

Ce geste et ses conséquences eurent pour effet la perte définitive du pouvoir de condamnation à mort de l'Eglise.

Le jeune du Chevalier-de-La-Barre fut réhabilité par la Convention à la demande de Voltaire.

Aujourd'hui, le nom, le monument Abbevillois et la statue parisienne du Square Nadar de cette victime de l'intolérance religieuse demeurent un point de ralliement pour les tenants de la laïcité et de l'anti-catholicisme.

Il existe même deux associations au nom du Chevalier de La Barre. Ainsi l'on comprend mieux l'importance indirecte du Chevalier de la Barre.

Ultimes provocations : l'adresse postale officielle de la Basilique du Sacré-Cœur de Montmartre se situe toujours au 35, rue du Chevalier de la Barre !

Il est à noter qu'en 1905, une statue du Chevalier de la Barre (avec le Dictionnaire Philosophique de Voltaire à ses pieds) se trouvait précisément devant le Sacré-Cœur.

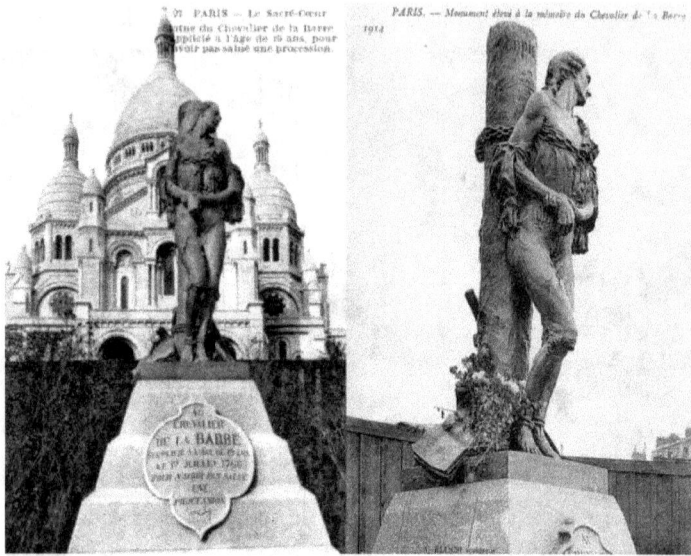

Ancienne statue du Chevalier

L'endroit sert encore à manifester son désaccord avec l'Eglise...

Déplacée en 1926 à proximité, dans le Square Nadar, elle fut, sous Pétain, déboulonnée de son socle et fondue.

Une nouvelle statue a été remise le 24 février 2001 sur ce socle longtemps resté vide. Sur son socle est indiqué : *Au Chevalier de La Barre supplicié à l'âge de 19 ans le 1er juillet 1766 pour n'avoir pas salué une procession.*

Cette affaire se trouve gravée dans le Parisis Code avec cet alignement symbolique :

Rue Chevalier de la Barre à Montmartre (18ème arr.) – rue des Martyrs - boucle de l'Ankh (trahissant là une importance symbolique insoupçonnée) – rue de la Convention (métro Convention - 15ème arr.) - rue Chevalier de la Barre (Issy-les-Moulineaux).

On accusa le Chevalier d'avoir brisé le crucifix du Pont Neuf, à Abbeville. On remarquera que sa statue du Square Nadar est dans l'alignement Nord du Pont Neuf, à Paris !

Nous l'avons vu précédemment, le véritable nom du chevalier de la Barre était Jean-François Lefebvre.

L'axe joignant la rue Chevalier de la Barre d'Issy-les-Moulineaux et la petite rue Lefebvre (15ème arr.) atteint la rue d'Abbeville (10ème arr.) ; ville où il fut exécuté sur la place du Grand-Marché (actuelle place Max-Lejeune).

Un monument, encore aujourd'hui lieu de rassemblement pour les laïques et les libres-penseurs, représente son supplice sur une plaque de bronze.

La ligne joignant l'adresse de l'Association Le Chevalier de La Barre à Paris (15, Passage Ramey) et la statue du Square Nadar traverse symboliquement le Sacré-Cœur et la section de la rue Chevalier de la Barre (escaliers) où a été installé le *Chemin de Lumière*, pour commémorer le jour de sa mort.

On remarquera enfin que la ligne reliant l'Association Chevalier de La Barre à la Grande Galerie de l'Evolution traverse la rue d'Abbeville ! Un message d'une grande clarté…

C'est le célèbre bourreau Sanson qui fut le bras armé de l'Eglise dans cette affaire. C'est lui qui fut chargé de décapiter le pauvre Chevalier de La Barre. Ce fait est inscrit dans le code !

La ligne joignant la rue Samson à l'extrémité Est de la rue Chevalier de la Barre (et à l'Association !) passe avec précision sur la Clef de l'Eglise du Parisis Code : l'entrée principale de la Cathédrale Notre-Dame de Paris !

Le Chemin de Lumière - En 1995, le sculpteur Patrick Rimoux et Henri Alekan (10 février 1909 - 15 juin 2001), spécialiste de la lumière, qui a travaillé avec Cocteau, René Clément, Carné et Wim Wenders, ont réalisé au sommet de l'escalier de la rue du Chevalier-de-la-Barre : le Chemin de Lumière.

Cet éclairage féérique fait partie d'une série de projets baptisés *les Chemins de lumière* pour *donner à l'espace urbain une nouvelle image nocturne.*

Des deux côtés de l'escalier, Rimoux et Alekan ont illuminé de 135 étoiles blanches et bleuâtres reproduites avec des fibres optiques encastrées dans les pavés, les constellations de la voûte céleste du 1er janvier (à gauche), et du 1er juillet (à droite). Le chevalier François-Jean Lefebvre de La Barre fut exécuté à Abbeville le ...1er juillet 1766...

Le fait de reproduire en parallèle le ciel du 1er janvier est une véritable provocation pour l'Eglise, puisque c'est le jour de la Sainte-Marie, la mère dont l'enfant, à l'image du Chevalier-de-la-Barre, a lui-même été torturé et mis à mort injustement !

Désormais, avec la nuit, une pluie d'étoiles très fine tombe sur le pavé, au sommet de la rue du Chevalier-de-la-Barre, sur la Butte-Montmartre, là où les Romains auraient érigé leur temple à Mercure...

Quand vous regardez la rue du Chevalier-de-la-Barre d'en bas, vous avez les pavés, qui sont inclinés à trente degrés, plus les étoiles en fibre optique.

Les extrémités des fibres optiques sont bleues, jaunes ou rouges

Ainsi le regard se porte vers le haut, où se trouve le dôme du Sacré-Cœur, et, plus loin, la voûte céleste. Puis il revient sur le sol, qui devient ciel...

Pourquoi un "chemin de lumière" ? Le Chevalier de La Barre est une victime de l'intolérance religieuse au siècle des Lumières dans une affaire où s'investiront les philosophes des Lumières au nom de la tolérance religieuse.

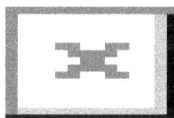

Pour moi la rue du Chevalier-de-la-Barre et son chemin lumineux revêt également un sens tout particulier.

D'une part il montre le ciel du jour de ma fête, la Saint-Thierry (1er juillet), d'autre part le spécialiste de la lumière qui l'a créé est né le 10 février, date de naissance de ma fille, et enfin pour couronner le tout, ce système fut installé en 1995, année de sa naissance...

Malheureusement, je n'ai pas eu l'occasion de l'admirer. En août 2012, le Chemin de Lumière ne fonctionnait déjà plus. Depuis combien de temps, je l'ignore?

Les installations ont été vandalisées. Les deux postes qui fournissaient la lumière sont éventrés.

Certaines extrémités des fibres pourtant très petites ont été minutieusement cassées.

Photos prises en août 2012

Mais qui était au courant de l'existence de ce Chemin de Lumière ?
Même le Président de l'Association Chevalier-de-la-Barre l'ignorait !

SŒUR CATHERINE-MARIE

Il existe une rue à Paris qui prouve, sans l'ombre d'un doute, que l'Eglise connaît l'existence du Parisis Code et qu'elle sait l'utiliser.

Cette rue est celle de la Sœur Catherine-Marie petite sœur des pauvres de la paroisse du Sacré-Cœur de Montmartre, morte en 1971.

On remarquera que même la rue de cette none discrète bénéficie d'un alignement symbolique indiscutable.

En effet, la rue Sœur Catherine-Marie (13ème arr.) pourtant localisée à 6,3 kms du Sacré-Cœur se trouve avec une précision extraordinaire dans son alignement Sud !

En fait, selon certaines sources, la basilique du Sacré-Cœur aurait été édifiée à la demande expresse du Vatican pour réparation des crimes des communards en 1871, en lieu et place du cœur de ce soulèvement.

Cette basilique ne figurerait rien de moins qu'une expiation ; l'Histoire est suspecte.

SAINTE-MARTHE

Que cache la rue du 29 juillet ? Outre sa véritable signification (commémorer les Trois Glorieuses de 1830), cette rue dissimule de la manière typique du Parisis Code, le nom de Sainte-Marthe. Cette date est en effet la fête de cette Sainte.

Le dictionnaire Larousse nous apprend que Sainte-Marthe est la sœur de Marie-Madeleine et de Lazare.

Une légende prétend qu'elle débarqua avec eux en Provence. Bizarrement, cette légende est clairement étalée dans le Code. En effet la ligne qui part de la rue du 29 juillet et rejoint la rue Saint-Lazare (et la gare du même nom) traverse le Boulevard de la Madeleine et la rue de Provence.

Vers le sud de Paris, cet axe atteint l'Eglise Saint-Sulpice, lieu emblématique de l'hypothétique Prieuré de Sion qui détiendrait le secret de la descendance de Jésus sur le sol français... attestant ainsi la réalité du débarquement en Provence ; vous avez dit bizarre ?

C'est sur cet axe aussi que prend naissance la rue de Rennes (le Château ?)... Un clin d'œil ?

Si nous relions la rue du 29 juillet à la rue Sainte-Marthe (et la place), cet axe passe par le bout du bec de l'Aigle (la Parole) et atteint un des pieds de la Tour Eiffel, ce qui pourrait être une confirmation de cet hypothétique débarquement en France.

LA SAINTE-BAUME

La théorie selon laquelle la dynastie mérovingienne descendrait des enfants de Jésus et de Marie-Madeleine prend naissance en Provence dans le massif de la Sainte-Baume.

Marie-Madeleine aurait vécu dans la grotte de la Sainte-Baume.

A 20 km, la basilique de Saint-Maximin abriterait son tombeau et son crâne.

A Paris, la rue de la Baume a tendance à accréditer cette version de l'Histoire chrétienne.

La rue de la Baume est orientée ostensiblement dans la direction de la Gare Saint-Lazare (Lazare était le frère de Madeleine).

Si nous traçons une droite reliant Notre-Dame de Paris à la rue de la Baume, celle-ci traverse les clefs importantes du Parisis Code (pyramide du Louvre, Cour du Sphinx, axe de la croix de l'Opéra.

La rue de la Baume est dans l'alignement Est de la Place de l'Etoile. La Sainte-Chapelle (reliques du Christ), la pyramide du Louvre et la rue de la Baume sont alignées.

La rue de la Baume est aussi sur la ligne qui relie la Grande Arche de la Défense au centre de la Croix (Place de l'Opéra).

Nous avons aussi la droite qui relie la rue de la Baume au Passage de la Vérité (Palais Royal) en passant par l'église de la Madeleine et la colonne Vendôme.

Une droite virtuelle qui relie l'œil de l'Aigle au centre de la Grande Croix du Christ traverse la rue de la Baume !

Enfin on remarquera que la rue de Vézelay, où se trouve une autre partie des reliques de Marie-Madeleine est dans l'alignement Nord de la rue de la Baume.

SAINT-LAURENT ET LE SAINT-CALICE

Saint-Laurent a succombé au supplice du gril, qui consistait à faire rôtir lentement la victime jusqu'à ce que mort s'en suive.

Par ironie ou humour noir plus que discutable il est entre autre le Saint-Patron des Rôtisseurs.

A Paris, nous avons la rue du Gril dans le 5ème arr. Résultat décevant : la rue du Gril est dans l'alignement sud de la rue Saint-Laurent (10ème arr.) mais... à 80 mètres près.

Trop peu pour ne pas être une petite erreur de précision de la carte... ou du code.

Saint-Laurent était à Rome, au service du Pape Sixte II qui lui avait confié la garde du trésor de l'Église. Avant de mourir, pour la sauver des voleurs, il aurait expédié à ses parents, en Espagne, la coupe utilisée par Jésus-Christ lors de la Cène (le Saint-Calice), qui faisait partie de ce trésor...

Elle en était d'ailleurs la pièce la plus précieuse. Ce Calice est de nos jours considéré par l'Eglise comme le seul authentique.

Le Pape Benoît XVI l'a utilisé le 9 juillet 2006, lors d'une messe à Valence... Jean-Paul II en fit autant le 8 novembre 1982.

Elle est de nos jours conservée dans la Chapelle du Saint-Graal de la Cathédrale Sainte-Marie de Valence, en Espagne.

Dans le Code, lorsque l'on crée un axe rue de Valence - rue du Trésor, celui-ci traverse la rue Dieu. Au n°51 de la rue Lacépède (5ème arr.) se trouvait jusqu'en 2008, un bar à bière dénommée *La Taverne du Saint-Graal*.

L'axe formé par cette taverne et la rue de Valence menait directement sur la Clef de l'Eglise, la Cathédrale Notre-Dame !

Cette taverne était exactement dans l'alignement de la rue de Valence. Des alignements qui semblent donc confirmer l'authenticité de ce Saint-Calice…

Cet un des aspects étranges du Parisis Code ; des établissements, des rues, des statues apparaissent dans Paris puis disparaissent en laissant leur marque fantôme dans le Code.

La droite joignant la rue de Valence au centre de la Grande Croix du Christ semble également attester de cette réalité.

Elle passe précisément sur la Flamme de la Liberté de la Place de l'Alma. Or cette flamme ressemble bien à un Calice en or !

De plus, on remarquera que la rue et l'église Saint-Laurent se trouvent exactement dans l'alignement Nord de la rue du Trésor !

Le grand fleuve canadien, le Saint-Laurent, a été nommé en son honneur. En effet, Jacques Cartier aurait navigué pour la première fois sur ce fleuve un 10 août, jour de la Saint Laurent.

Ce détail figure dans le Code : L'œil de l'Aigle qui regarde la Place du Canada crée un axe qui traverse la rue Saint-Laurent, et la Clef de la Mise au Monde (Esplanade des Droits de l'Homme, au Trocadéro).

Il est amusant de constater que l'un des jurons les plus employés par les québécois le long de ce fleuve, est « calice ». Quand on sait à quel point Saint-Laurent est lié au Saint-Calice !

SAINT-HONORE

Saint-Honoré, fêté le 16 mai, Patron des boulangers et pâtissiers, saint très populaire en Picardie, fut évêque d'Amiens au 6ème siècle.

La droite joignant le début de la rue du faubourg Saint-Honoré au Square d'Amiens passe par le centre de la boucle de l'Ankh (Clef du Destin).

Le Square d'Amiens, la rue de Picardie, la rue saint-Honoré et le centre du Bellator sont alignés.

Restons dans le pain... La prière la plus connue, le Notre-Père, demande à Dieu : *Donnez-nous aujourd'hui notre pain quotidien...*

Cette prière se retrouve sous forme d'alignement symbolique : le Grand-Œil qui regarde la rue Dieu, crée une ligne qui traverse le chœur de Notre-Dame (Clef de l'Eglise), mais aussi au n°18, rue des Archives, *Le Pain Quotidien*, un restaurant-épicerie... providentiel !

SAINTE-LUCIE

Sainte-Lucie dont le nom vient du latin luce, lux, lumière, par extension étoile, soleil, vie...est particulièrement révélatrice de ce subtil jeu de lignes dans Paris.

Traçons une ligne rue Sainte-Lucie en direction du symbole solaire : l'Arc de Triomphe. Que nous révèle-t-elle ?

Elle touche l'extrémité du bassin-phallus, cette Fontaine de Varsovie du Trocadéro symbolisant le point de départ de la Vie.

Cette petite rue discrète est en relation logique avec le signe de Vie ; sa connexion avec l'Opéra : le rayon de soleil pétrifié de la place de la Concorde appelé Obélisque.

Si nous traçons la ligne rue du Soleil - Obélisque de la Concorde, son prolongement atteint la base de la Fontaine de Varsovie, après avoir coupé la Croix...naturellement.

Lucie fut la dernière des témoins du grand Miracle de Fatima.

Elle rencontra le pape Jean Paul II qui prétendait avoir été sauvé par la Vierge de Fatima, le 13 mai 1981 ; date qui coïncidait mystérieusement avec le Jour anniversaire de la première apparition de la Vierge, le 13 mai 1917, à Fatima.

La balle extraite de son corps après l'attentat se balance à l'intérieur de la Statue de la Vierge qu'on exhibe pendant les processions.

Si l'on trace une ligne joignant l'église Notre-Dame de Fatima à la rue Sainte-Lucie (sainte qu'elle deviendra peut-être un jour) ; celle-ci traverse le point de naissance de l'Ankh.

La ligne partant du Square Jean Paul II et passant par la rue Sainte-Lucie atteint l'Arc de Triomphe...

SAINTE-ODILE

Dans le 17ème arr., Porte de Champerret, une église de style byzantin possède le plus haut clocher de Paris : c'est l'église **Sainte-Odile.**

L'église du Mont Sainte-Odile, en Alsace est consacrée à Notre-Dame de l'Assomption dont la fête tombe le 15 août.

Sachant que Notre-Dame de Paris est alignée sur le coucher de soleil de cette date, voyons ce que donne l'alignement église Sainte-Odile - Notre-Dame de Paris.

Cette ligne coupe l'Ankh au niveau de la Pyramide du Louvre, symbole d'Egypte.

Odile signifie *fille de Lumière* ; cette sainte possède un autre étrange point commun avec l'Egypte et en particulier avec l'un de ses plus grands Pharaons, Ramsès II, lui aussi surnommé *fils de la Lumière.*

En effet le sarcophage de la Sainte, au sein de la Chapelle Sainte-Odile ainsi que sa statue sont éclairés simultanément deux fois par an par un rayon de soleil providentiel.

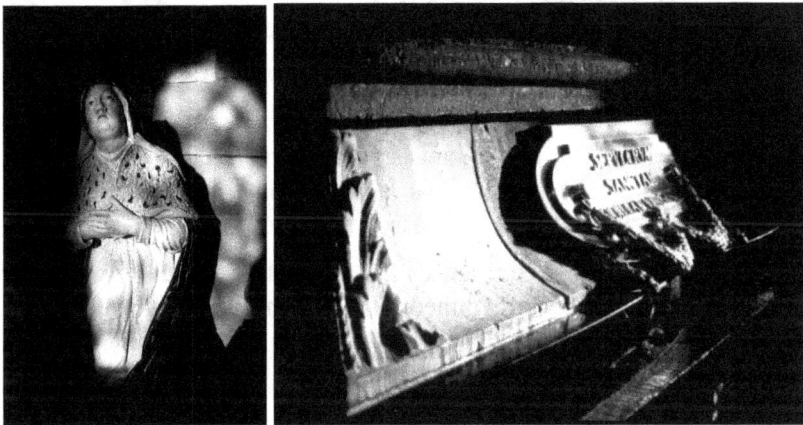

Les deux phénomènes solaires artificiels du Mont Sainte-Odile

Les deux mêmes jours, le 20 mars et le 20 octobre, un phénomène solaire identique pénètre au cœur du Temple de Ramsès II à Abou Simbel pour éclairer les statues du Pharaon Ramsès.

Fils de la Lumière est le qualificatif que se donnent les Francs-Maçons, *héritiers* supposés des Templiers dont le Saint-Patron est Saint-Jean-Baptiste.

Saint-Jean-Baptiste est justement le saint qui est apparu à Sainte-Odile au matin du 20 octobre 696. Ce miracle est commémoré par le mystérieux phénomène solaire cité ci-dessus.

On remarquera que les trois six du nombre « 666 » de l'Apocalypse de Saint-Jean sont contenus dans l'année 696…

Revenons sur Ramsès II, ce *Fils de la Lumière* dont Paris a remporté un petit souvenir : l'Obélisque de la Concorde.

Si nous traçons un axe reliant la rue du Soleil (la lumière) à l'attribut masculin (le fils) représenté par la Fontaine de Varsovie, nous avons la surprise tant attendue : l'axe passe par l'Obélisque !

Sainte-Odile (église) et Ramsès II (obélisque) sont réunis par une ligne qui atteint le centre du Panthéon, monument parisien qui rend un culte aux *Grands Hommes*. Chez les grecs, le panthéon était un temple consacré à tous les dieux.

Née aveugle et ayant miraculeusement recouvré la vue le jour de son baptême, Sainte-Odile est intimement liée à la symbolique de l'œil.

Ainsi dans le Parisis Code, un alignement spectaculaire fait intervenir le fameux œil de l'aigle des Buttes Chaumont. L'aigle est de plus l'emblème biblique de Saint-Jean l'Évangéliste, Saint qui se présenta à Odile au cours du miracle de l'an 696. D'Ouest en Est nous trouvons sur cette ligne :

1) le Square Sainte-Odile, 2) l'Eglise Saint-Jean (de Montmartre), 3) la rue et la place des Abbesses (Odile était Abbesse d'Hohenbourg, futur Mont Sainte-Odile), 4) la rue d'Alsace (dont Odile est la Sainte Patronne), 5) la pupille de l'œil de l'Aigle des Buttes Chaumont, 6) pour finir, cet axe atteint la Villa d'Alsace (19ème) pour bien confirmer que cette ligne n'est pas une coïncidence.

J'oubliais un détail important : à l'Ouest, cette ligne atteint, à la Défense, l'Allée Sainte-Odile, la rue d'Alsace et la rue de Strasbourg (le Mont Sainte-Odile appartient à l'Evêché de Strasbourg) !

On remarquera que la ligne traverse aussi la rue Véron qui évoque phonétiquement le mot vairon qui désigne des yeux qui sont de couleurs différentes.

Avec cette Allée Sainte-Odile de la Défense, nous obtenons une confirmation du rapport improbable, Odile-Ramsès II.

En effet, si nous questionnons le Sphinx en traçant la droite Cour du Sphinx du Louvre – Obélisque de Ramsès II, celui-ci nous répond en allant chercher à 7,1 kilomètres à l'Ouest, à la Défense, et en la coupant, notre fameuse Allée Sainte-Odile. Du grand Art de l'alignement !

SAINTE-GENEVIEVE

Sainte-Geneviève, sainte patronne de Paris la *ville Lumière*, possède bien entendu sa place devant le Panthéon (ancienne église Sainte-Geneviève).

L'axe qui joint la Place Sainte-Geneviève à la pyramide du Louvre traverse la cour du sphinx et la galerie d'Apollon point de naissance de l'Ankh.

Elle se trouve aussi sur l'axe qui passe par l'Hôtel de Ville de Paris (quoi de plus logique !) et Notre-Dame de Paris (pour la bénédiction !).

L'église Saint-Etienne-du-Mont, où se trouve le tombeau de cette Sainte, et la Place Sainte-Geneviève forment un axe qui rejoint l'emblème de Paris : la Tour Eiffel !

Le Panthéon est d'ailleurs lui-même orienté sur la Tour Eiffel ! Sainte-Geneviève a accompli de nombreux miracles ; ils sont curieusement liés au thème de l'œil.

En cela elle possède un point commun avec Sainte-Odile, née aveugle et qui recouvrit miraculeusement la vue le jour de son baptême.

Au Mont Sainte-Odile, les croyants ayant des problèmes ophtalmologiques viennent encore voir sa statue et s'imprégner d'un tissu préalablement frotté sur les yeux de sa statue.

Cette statue en bois peint bénéficie d'un phénomène solaire commun avec celui de la statue de Ramsès II, à Abou-Simbel.

Il est particulièrement étrange de voir ces 3 points communs alignés à Paris.

En effet sur une seule ligne nous trouvons l'Eglise Sainte-Odile, l'Obélisque de Ramsès II et le Panthéon (Sainte-Geneviève) !

LES SAINTES REINES DE FRANCE

A partir de 1843, une vingtaine de statues de reines de France, saintes et femmes illustres sont venues orner le Jardin du Luxembourg, de part et d'autre du bassin.

Cet ensemble de statues reste exceptionnel dans sa volonté de ne célébrer que des femmes.

Certaines de ces statues jouent un rôle dans le Parisis Code, notamment celles des saintes reines de France, Sainte-Bathilde et Sainte-Clotilde.

Sainte-Bathilde (626 - 680), ancienne esclave et reine des Francs, fut l'épouse de Clovis II et la mère de Clotaire II.

La Ligne joignant la Clef de la Mise au Monde (Esplanade des Droits de l'Homme du Trocadéro) à la rue Clotaire passe exactement sur cette statue en marbre de 3,80 de hauteur pour bien nous montrer qu'elle est bien la mère de Clotaire.

Le Prieuré Sainte-Bathilde se trouve au n° 7 rue d'Issy, à Vanves (banlieue sud de Paris).

Pour le trouver, il suffit de créer un axe joignant la Clef de l'Eglise (Notre-Dame de Paris) à la statue de Sainte-Bathilde.

Sainte-Bathilde figure aussi sur le portail de Saint-Germain l'Auxerrois. D'ailleurs, le Grand-Œil (Observatoire) qui regarde cette statue crée une ligne qui touche avec précision celle du Jardin du Luxembourg.

Sainte-Clotilde (470-545) fêtée le 4 juin, reine des Francs, était la femme de Clovis. La Basilique qui porte son nom, à Paris, construite en 1856, possède aujourd'hui des reliques de la sainte.

Les reliques de Sainte-Clotilde furent longtemps vénérées dans la plus petite et la plus pauvre des églises de Paris : Saint-Leu-Saint-Gilles, qui date de 1235.

La droite qui joint la clef de la Communication à cette église, traverse l'entrée de la Basilique Sainte-Clotilde et la Pyramide du Louvre (le plus grand tombeau du monde).

Une autre partie des restes de Sainte-Clotilde (le chef et un bras) se trouve encore à Vivières, en Picardie, dans l'église Sainte-Clotilde de l'Assomption.

Extraordinaire : la rue de l'Assomption, la Basilique Sainte-Clotilde, l'église Saint-Leu-Saint-Gilles et la rue de Picardie sont alignées !

Une statue de marbre de Sainte-Clotilde figure également dans le Jardin du Luxembourg, face à Sainte-Bathilde.

L'axe formé par sa statue et la Basilique Sainte-Clotilde, atteint l'Arc de Triomphe ! **C'est cela la traçabilité magique du Parisis Code !**

LA PAIX ET L'UNESCO

Le monde est dangereux à vivre, non pas tant à cause de ceux qui font le mal, mais à cause de ceux qui regardent le mal et laissent faire le mal. (Albert Einstein)

Dans l'enceinte même de l'**UNESCO**, à Paris, le long de l'Avenue de Ségur, il existe un jardin japonais offert par le Japon en 1958 : le ***Jardin de la Paix.***
Sur 1700 m², on trouve des cerisiers, des bambous, et tout un microcosme de pierres et d'eau. Derrière la ***Fontaine de la Paix***, on remarque une particularité : *l'Ange de Nagasaki.*

Ce visage troublant est l'unique reste d'une statue découverte dans l'église de Nagasaki entièrement détruite par l'explosion de la bombe atomique lâchée sur la ville, en août 1945. Ce véritable miracle est curieusement conservé à Paris !

Devant l'Unesco, Square de la Tolérance, on trouve également un grand bloc de pierre blanc : c'est le *Mur de la Paix*, sur lequel figure, gravé en 10 langues, le préambule de la Constitution de l'Unesco,

Nagasaki : Square édifié à l'emplacement du point d'impact de la bombe atomique

A l'entrée du Parc Montsouris, on peut admirer une colonne de 8,5 mètres de hauteur surmonté d'une statue (3,5 m et 28 tonnes) d'un ange en armure et armé d'une grande épée: c'est la *Colonne de la Paix Armée*, une œuvre de Jules Coutan (1887). Elle s'élevait jadis, Square d'Anvers (9e).

Pour le Code cette allégorie représente en fait l'O.N.U, l'Armée de la Paix.

Pourquoi s'élevait-elle à cet endroit? Toujours une question d'alignement, bien sûr.

En effet, il fallait que cette colonne de la Paix soit en opposition avec une colonne bellique (relatif à la guerre). La Colonne Vendôme est une colonne bellique, reconnaissable à sa forme faisant penser au fût d'un canon. Elle est d'ailleurs recouverte du bronze provenant de la fonte de 1200 canons russes…

Donc à l'époque, en reliant ces deux colonnes, on obtenait une ligne qui suivait sur toute sa longueur la rue de la Paix, en passant par le fameux Café de la Paix.

En effet, si nous traçons un axe formé par cette colonne et le Jardin de la Paix de l'UNESCO (O.N.U), celui-ci rejoint devant l'École Militaire, sur le Champ-de-Mars (7e arr.), le Mur pour la Paix ! Cette ligne traverse aussi la rue Maison-Dieu…

Le *Mur pour la Paix* est un monument élevé en mars 2000 à un endroit qui est précisément un symbole de la guerre (Mars, dieu de la guerre).

Il devait être initialement placé devant le siège de l'UNESCO.

Sur les grandes façades de verre du Mur est écrit le mot « paix » en 49 langues différentes.

Dans cette œuvre inspirée directement du Mur des Lamentations de Jérusalem, les visiteurs peuvent laisser un message de paix dans les fentes prévues à cet effet.

Ce site est devenu un lieu de rendez-vous pour des militants des droits de l'homme.

Malheureusement, il est aussi la cible de témoignages de haine envers la paix.

En janvier 2009, le conflit israélo-palestinien n'a pas épargné le Mur pour la Paix ; l'un des verres du monument portant les mots *Shalom* et *Salam* a fait l'objet d'un acharnement.

La Colombe est le symbole de la Paix. La Clef de la Communication (Radio-France) alignée sur la rue de la Colombe crée une ligne qui passe sur le Mur pour la Paix.

Malgré toutes nos guerres intestines, une Vierge dans sa niche, ***Notre-Dame-de-la-Paix***, reste incrustée dans la muraille des Missions-étrangères, rue de Babylone, près de la rue du Bac.

Cette madone semble aussi veiller sur un hôtel (n° 10 actuel) occupé jadis par l'illustre famille Cassini et le nonce du pape au milieu du XVIIIe siècle.

La Chapelle Catholique dite ***Notre-Dame-de-la-Paix*** est située au n°35 rue de Picpus (12 arr.). Cette église est également un mémorial des victimes des guerres qui n'ont pas reçu de sépulture.

Si nous traçons un axe formé par cette chapelle et la statuette de Notre-Dame-de-la-Paix de la rue de Babylone celui-ci rejoint le Mur pour la Paix !

Si nous traçons une ligne joignant la Colonne de la Paix à la statuette de Notre-Dame-de-la-Paix, celle-ci passe exactement sur la Chapelle miraculeuse de la rue du Bac.

L'Unesco est l'organisme qui sauva de 1963 à 1968 les Temples de Ramses II à Abou Simbel (1.300 avant J.C).

Ces temples situés en aval de la deuxième cataracte devaient se retrouver engloutis dans les eaux du barrage d'Assouan. Ils furent démontés pierre par pierre et réédifiés au-dessus du niveau du Nil.

Construit en 1958, le Palais de l'Unesco en forme d'étoile à 3 branches a une importance étrange et prédestinée liée à l'Egypte et au Soleil, au sein du Parisis Code.

Si nous traçons un axe reliant le centre de l'Unesco à l'œil de l'aigle (Buttes-Chaumont), celui-ci coupe l'Axe Solaire au niveau de sa naissance dans la Cour Napoléon du Louvre (Statue de Louis XIV). Il passe sur un ensemble de rues consacrées à l'Egypte.

La ligne Unesco-Musée du Grand-Orient est perpendiculaire à l'Axe du Vatican (Champs de Mars).

Comme nous l'avons vu précédemment, Sainte-Odile et Ramses II possèdent un même phénomène solaire artificiel symbolique.

L'Unesco qui, en sauvant le temple d'Abou Simbel a sauvé par la même occasion le *rayon* de Ramses II a donc un certain lien spirituel avec Odile. On retrouve ce lien dans un alignement Eglise Sainte-Odile – Siège et annexe de l'Unesco qui passe sur la Flamme de la Liberté (torche d'Isis).

Le siège de l'Unesco est d'ailleurs dans l'alignement Est d'Isis tandis que l'annexe est dans l'alignement Ouest de la copie d'Isis du Luxembourg. L'annexe de l'Unesco est sur la perpendiculaire à l'Axe Solaire, tirée à partir de l'Obélisque de Ramsès II, Place de la Concorde.

Si nous traçons la ligne annexe de l'Unesco - rue du Nil (le long duquel se trouve, en Egypte le Temple sauvé des eaux), celle-ci passe sur la Pyramide...du Louvre !

Pour finir avec Ramses II, j'aimerais évoquer l'Obélisque de Ramses II (Concorde), auquel le Parisis Code a consacré une ligne pour nous confirmer que celui-ci est bien né au pays du Nil.

L'axe part donc du Parvis du Trocadéro (Clef de la Mise au Monde), passe sur l'Obélisque, coupe l'Ankh au niveau de sa jonction avec la rue des Pyramides puis atteint la rue du Nil et la rue de l'Avenir.

CHARTRES

Restons dans le *solaire* avec l'étrange histoire du phénomène lumineux de Chartres qui a permis la découverte dans les années 70, du fameux *rayon vert* de la Cathédrale de Strasbourg.

Ce rayon vert m'a permis à mon tour de découvrir les phénomènes solaires artificiels du Mont Sainte-Odile.

Le jour de la Saint-Jean en la Cathédrale de Chartres à midi solaire, un rayon de Soleil traverse le vitrail de Saint-Apollinaire, spécialement aménagé, et vient toucher un repère métallique au sol.

Etrangement, on retrouve à Paris la trace de cet évènement annuel et cela d'une manière détournée tout à fait inattendue !

La rue de Chartres est située dans le 18ème arrondissement. Nous n'avons pas de rue Saint-Apollinaire à Paris mais une rue Sainte-Apolline, à cheval sur le 2ème et 3ème arrondissements.

En fait, il faut savoir que l'origine de ces deux noms vient du Dieu Solaire Apollon et c'est cela uniquement qui importe dans le Code.

Le Parisis Code révèle ici encore une fois son incroyable précision : la rue de Chartres est exactement dans l'alignement sud de la rue Sainte Apolline.

On remarquera également que la rue Guillaume Apollinaire (6ème arrondissement) alignée sur la rue de Chartres donne une droite traversant la Cour du Sphinx...

Le plus extraordinaire est que sur cet axe (au Nord) on trouve la rue Saint-Matthieu, or c'est le jour de la Saint-Matthieu, le 21 septembre qu'apparaît le Rayon Vert, phénomène solaire découvert justement grâce au vitrail de Saint-Apollinaire à Chartres !

LE CARDINAL JEAN MARIE LUSTIGER

Nous allons à présent aborder un volumineux dossier particulièrement troublant du Parisis Code. Particulier en raison de son caractère récent.

C'est en effet le 31 août 2008, moins de 9 mois après sa création que j'ai réussi à décoder ces alignements symboliques.

Les lecteurs auront bien du mal, aux vues de ce dossier, à croire que l'intéressé n'a pas lui-même recherché dans Paris le point géographique représentant le mieux l'ensemble de son parcours sur cette Terre.

Si la création de ce *codage* a été aussi rapide, ce n'est pas grâce au baptême d'une rue en son honneur (cela demande souvent plusieurs années), mais à la faveur de la création d'un Institut.

Nous allons étudier point par point les éléments de la vie de ce personnage, et leurs applications dans le grand Code de Paris.

Le 5 août 2007 mourrait le Cardinal Jean-Marie **Lustiger** (1926-2007), archevêque de Paris depuis 25 ans.

Quatre mois plus tard, le 8 décembre 2007, fut créé par son successeur Monseigneur Vingt-trois, l'**Institut Jean-Marie Lustiger**.

Le siège de cet Institut, à la volonté même du Cardinal Lustiger, se situe dans les murs du Collège des Bernardins au n°20 de la rue de Poissy (5ème arr.), propriété du Diocèse de Paris et dernier grand *chantier* du Cardinal.

C'est en effet grâce à l'initiative de Jean-Marie Lustiger que cet édifice gothique a été restauré, après des siècles d'oubli, pour en faire un *lieu de dialogue pour accueillir la réflexion sur l'Homme et son avenir*.

Cet établissement créé en 1245 contribua pendant plus de quatre siècles, au rayonnement intellectuel de la ville et de l'Université de Paris ; il a formé des milliers de moines Cisterciens.

Ce n'est pas un hasard s'il se trouve dans l'alignement Sud de la rue Bernard de Clairvaux. Est-ce un hasard si 9 mois plus tard, un pape pénétrait en ce lieu ?

LA VISITE DU PAPE BENOIT XVI A PARIS

Du 12 au 14 septembre 2008, à l'occasion des 150 ans des apparitions de la Vierge à Lourdes, le Pape Benoît XVI (81 ans) a fait un voyage de 3 jours en France dont deux dans la Capitale.

Rappelons-le, Bernadette Soubirous fut témoin de 18 apparitions de la Vierge à Lourdes, du 11 février au 16 juillet 1858. Elle fut canonisée en 1933.

La visite du Pape à Paris est un événement historique, une visite d'un symbolisme majeur. C'est en effet la 3ème fois qu'un Pape s'est rendu librement dans la capitale française depuis le Moyen-âge (le Pape Alexandre III en 1163, le Pape Jean-Paul II en 1980 et en 1997 ; Pie VII était venu à Paris en 1804, mais plutôt comme prisonnier de Napoléon, à l'occasion de son sacre à Notre-Dame.

C'est donc probablement la seule visite officielle du Pape Benoît XVI à Paris. C'est aussi pourquoi cette venue est gravée avec autant de précision dans le Parisis Code.

Benoit XVI a été accueilli le 12 septembre au *Collège des Bernardins* et s'est adressé au Monde de la Culture avant d'assister aux vêpres à la Cathédrale Notre-Dame de Paris.

Détail troublant : un moine cistercien nommé Jacques Fournier (1285-1342), ancien étudiant de ce *Collège des Bernardins*, fut connu sous le nom de Benoît XII, Pape en Avignon du 20 décembre 1334 au 25 avril 1342...

C'est lui qui fit construire le Palais des Papes à Avignon et marqua l'enracinement de la cour pontificale en Avignon.

Extrêmement impopulaire, froid et austère, il est le 37ème pape de la liste de Saint-Malachie, la devise qui lui fut attribuée était *Frigidus abbas* (l'abbé froid).

Il fut abbé de Fontfroide dans le diocèse de Narbonne... Preuve que cette liste appelée *Prophétie des Papes*, est loin d'être fantaisiste. Benoît XII est inhumé à Avignon.

Autre remarque : entre la mort de ce pape Benoît XII et la venue à Paris de Benoit XVI, il s'est passé tout juste...666 ans !

Cette visite du Pape Benoit XVI dans les murs du Collège des Bernardins le 12 septembre, jour de la Saint-Apollinaire est inscrite dans le Code en utilisant la rue Guillaume Apollinaire.

L'axe formé par l'Ambassade du Saint-Siège (10, Avenue du Président Wilson -16ème arr.) et cette petite rue nous mène directement au *Collège des Bernardins* ; de plus cette ligne atteint l'extrémité Ouest de la Grande Croix du Christ et passe sur le cœur de la croix (intersection Avenue Bugeaud - rue de la Pompe !

Précisons que le Saint-Père a passé la nuit à l'Ambassade du Saint Siège (Vatican) ! On remarquera en passant que cet axe est rigoureusement parallèle à l'Axe Solaire Historique et touche l'église Saint-Germain des Près, ancien emplacement du sanctuaire d'Isis.

Le plus extraordinaire, c'est la présence sur cette ligne, de la rue Saint-Benoît exactement à l'intersection avec la rue Guillaume Apollinaire (6ème arr.) ! Un point qui, à lui seul, nous laisse penser que ce rendez-vous historique était prévu de longue date.

Rappelons, en passant, que le Pape Benoît XVI est né le jour de la Saint-Benoît (le 16 avril) ! Le jour de sa naissance son nom de souverain pontife était ainsi annoncé... Autre coïncidence extraordinaire qui lie le Pape Benoît XVI à la ville de Paris : le 24 avril est une autre Saint-Benoît.

Saint-Benoît Menni fut béatifié par le pape Jean-Paul II, et canonisé en 1999. Le 24 avril, jour de cette Saint-Benoît, l'ombre de la Tour Eiffel est parfaitement alignée sur les clefs de la Création et de la Mise au Monde du Parisis Code. Cet axe (celui du Champs-de-Mars, rappelons-le, est dirigé sur... le Vatican.

Des milliers de fidèles munis de flambeaux ont suivi un itinéraire reliant Notre Dame à l'Esplanade des Invalides en suivant une statue de la Sainte-Vierge. Ce chemin est orienté sur le centre de la Grande Croix du Christ. Il forme un axe également parallèle à l'Axe Solaire Historique !

Ce n'est pas tout ; le lendemain, le 13 septembre : l'Esplanade des Invalides (le plus grand espace libre du centre de Paris) a été transformée en espace liturgique comparable à une église pour permettre à plus de 160 000 croyants de participer à la grande messe pontificale en présence du Saint-Père et de près de 1000 Evêques et prêtres.

A l'occasion de cette célébration, un chœur de 2000 choristes a été constitué.

Un service d'ordre composé de 10 000 personnes (dont 3000 policiers) fut déployé pour assurer la sécurité.

L'évènement était diffusé en directe sur TF1 et France 2 et présenté sur des écrans géants. A quel endroit de Paris se trouve cette Esplanade des Invalides ?

Vous l'aurez deviné : exactement sur cette ligne Collège des Bernardins - Ambassade du Vatican !

Le point d'intersection avec l'Esplanade des Invalides se situe au niveau de la rue de l'Université (7ème arr.). C'est aussi sur ce point que l'axe du pont Alexandre III rencontre la ligne datant cet évènement.

Pourquoi Alexandre III est-il associé symboliquement à cette grand-messe super médiatisée ?

Tout simplement parce que ce nom évoque également celui du Pape Alexandre III qui rendit visite à Paris, il y a plus de 8 siècles (en 1163), avant Jean Paul II. Alexandre III (1105-1181) fut pape de 1159 à sa mort.

Je précise que j'ai découvert cette ligne symbolique (et prophétique) le 2 septembre 2008, dix jours seulement avant la venue du Pape Benoît XVI à Paris.

Le siège papal, fait de sycomore et de palissandre qui devait servir pendant la messe solennelle, fut exposé pendant plusieurs mois avant la venue du Saint-Père au siège de la Fondation d'Auteuil, (n°40, rue Jean de La Fontaine -16ème arr.). Aussi incroyable que cela puisse paraître, ces détails figurent dans le Code.

L'endroit exact où fut installé ce trône papal, sur la Place des Invalides, dirigé sur l'extrémité Sud de l'Avenue des Sycomores (16ème arr.), crée un axe qui traverse la Clef de la Communication au niveau de l'entrée principale de la Maison de Radio-France, pour être plus précis, et sur l'entrée principale de la Fondation d'Auteuil !

Le Pape Benoît XVI a été élu 265ème pape de l'Église Catholique Romaine en 2005. Je pense qu'il s'agit d'un facteur important qui est intervenu dans le choix de l'emplacement de la grande messe sur l'Esplanade des Invalides.

Ici encore l'Ankh de Paris n'est pas étranger à ce choix dont le symbolisme va bien au-delà de ce que l'on peut imaginer.

Démonstration : le 265ème jour de l'année est la Saint-Mathieu. Dans Paris, le jour de cette messe, la rue Saint-Mathieu représentait le nombre 265.

Si l'on joint cette rue (extrémité Ouest) à la boucle de l'Ankh (parvis de l'Opéra Garnier) le plus grand symbole du Parisis Code, on obtient un axe qui croise la Place des Invalides, à l'endroit exact où se tenait Benoît XVI le 265ème pape, pour célébrer cette messe pontificale du 13 septembre 2008.

Pourquoi Paris et cette Esplanade des Invalides ont-elles été choisies pour célébrer cette messe papale solennelle à la mémoire des saintes apparitions de Lourdes ?

Reliez par un trait l'Eglise Notre-Dame de Lourdes (rue Pelleport-20ème arr.) et la Tour Eiffel (Notre Grande Dame) et vous comprendrez : elle traverse le centre de l'Esplanade des Invalides, au cœur même des fidèles qui assistaient à cette messe exceptionnelle !

Toutes les « armes » symboliques dont dispose le Parisis Code, désignent l'Esplanade des Invalides comme lieu incontournable de cette grande messe papale.

Pas moins de 11 alignements convergent vers cette immense église à ciel ouvert où ce 13 septembre, 250 000 hosties furent distribuées.

Voici ces alignements symboliques, qui nous montrent approximativement le même point de l'Esplanade, que j'appellerai *E.I*, représentant l'entrée symbolique de cette Grande Eglise éphémère :

1) Eglise Notre-Dame de Lourdes - (E.I) - Tour Eiffel

2) Pupille de l'Œil de l'Aigle - rue Saint Augustin - (E.I) - Chapelle Sainte Bernadette (n°4, rue d'Auteuil).

3) rue Maison Dieu - (E.I) - Clef de la Célébrité

4) Institut Catholique de Paris - (E.I) - Arc de Triomphe

5) Centre de la Grande Croix du Christ - (E.I) - Panthéon

6) Eglise Immaculée Conception – Sainte-Chapelle - (E.I)

7) Pointe bec de l'Aigle - (E.I) - Clef de la Communication

8) Statue de la Liberté (Isis) - (E.I) - Couronne de l'Aigle

9) Grand Œil - (E.I) - Eglise Sainte-Bernadette à Levallois-Perret rue Ernest Cognacq).

10) Eglise Médaille Miraculeuse - (E.I) - Eglise Sainte-Bernadette (Levallois-Perret)

11) *Rue de l'Olive* - centre de la boucle de l'Ankh - (E.I). Pourquoi l'olive ?

Douze oliviers firent partie de la décoration, et mis en évidence au pied du Saint Père. N'oublions pas que la devise de Saint-Malachie attribuée à Benoît XVI est *La Gloire de l'Olivier* (De gloria olivae)... Là encore, on assiste à une acceptation tacite de cette *Prophétie des Papes*.

Le trône papal avait été installé au milieu de la Place des Invalides, sur le Rond-Point des Bleuets de France, sur une scène dominant l'esplanade, à 6 mètres du sol.

Ce point précis est aussi désigné par des alignements bien déterminés et d'un grand pouvoir symbolique :

1) Centre de la Grande Croix du Christ - Ambassade du Vatican - Trône.

2) Pointe du bec de l'Aigle - Chapelle Sainte-Bernadette - Trône

3) Clef de la Mise au Monde -- Trône – Notre-Dame de Paris -- église Immaculée Conception -- rue du Rendez-vous.

4) Clef de la Création -- Trône – Sainte-Chapelle

5) Arc de Triomphe - rue de la Renaissance - Trône

6) Eglise Saint-Joseph - Trône - Clef de la Communication - rue de la Source ; sur l'autel était inscrit : *la Source de la Vie...*

Enfin le trône papal était exactement dans l'alignement du centre de la Tour Eiffel et à 2008 mètres très précisément de l'entrée de l'Opéra Garnier. Mais peut-être n'est-ce là qu'une coïncidence ?

Au pied de l'autel, une décoration pyramidale en sable représentait le Mont des Oliviers. Le Pape Benoît XVI (Gloria Olivae) avec sa mitre, figurait ainsi le pyramidion de cette pyramide sur laquelle douze oliviers étaient plantés, sur 4 rangées.

Une rangée de 3, une de 4, une autre de 3 puis 2 au sommet. Cet ensemble formait ainsi le nombre 2343. Etait-ce un message ?

Pour finir avec Benoît XVI, je vous laisse admirer cette étrange coïncidence qui à elle seule, confirme la réalité du Parisis Code : l'Œil de l'Aigle qui regarde l'église Saint-Benoît (Issy-les-Moulineaux) crée une ligne de 9,4 kilomètres qui traverse exactement à mi-distance (4,7 km), la petite rue Saint-Benoît de Paris !

La vie du Christ - Joseph Ratzinger (Benoît XVI) a publié le 16 avril 2007, le jour de son 80ème anniversaire, son premier livre *Jésus de Nazareth* (448 pages) dans lequel il nous livre sa *passion du Christ*.

Il s'agit de la première partie d'une œuvre retraçant la vie publique du Christ, de son baptême au Jourdain à la Transfiguration

Si l'on désire retracer dans Paris, la vie publique du Christ, de son baptême au Jourdain à la Transfiguration, sur le Mont Thabor, on ne sélectionnera que 2 rues : la rue du Jourdain et la rue du Mont Thabor. On s'apercevra alors, en reliant ces deux rues, que l'axe qu'elles forment rejoint la Clef de la Mise au Monde du Parisis code : l'Esplanade des Droits de l'Homme, au Trocadéro. Une clef éminemment symbolique signe de naissance et de renaissance.

Cette ligne est coupée par la Colonne Vendôme, qui représente la lance qui a donné le coup de grâce à Jésus sur la croix.

Véhicule « divin » - Le 25 avril 2005, une Volkswagen Golf ayant appartenu au cardinal Joseph Ratzinger (futur pape Benoît XVI), a été mise en vente sur eBay au prix psychologique de 9 999 euros.

Elle a été adjugée, au prix record de 189 000 euros. Le véhicule avait été acheté 3 mois auparavant par un Allemand de 21 ans pour moins de 10 000 euros, ce qui fait un bénéfice de 1 800 % ! L'acheteur actuel est le casino en ligne américain *Golden Palace*, basé à Austin (Texas).

Le pape Benoît XVI n'a pas le permis de conduire ; aussi, du temps où le cardinal Ratzinger était propriétaire du véhicule, ce véhicule était conduit par un secrétaire.

Le nouveau propriétaire envisage de partir en tournée avec ce véhicule saint, afin de permettre aux gens de *faire l'expérience de s'asseoir dans cette voiture divine.*

La Verge d'Or - Pourquoi avoir choisi le 13 septembre pour célébrer cette grande messe papale à Paris. Hasard du calendrier ou symbole soigneusement étudié ?

A 1ère vue, cette date précise ne correspond à rien en rapport avec les apparitions de Lourdes ni avec la vie de Sainte-Bernadette.

J'ai une autre proposition : Comme cette messe s'est déroulée, un peu comme une provocation, au pied de Napoléon 1er, despote anticlérical, j'ai eu l'idée de consulter le calendrier révolutionnaire…

Le 13 septembre correspond au 27ème jour de Fructidor dans le calendrier révolutionnaire. Ce jour était nommé *Verge d'or.*

La Verge d'or (Solidago virgaurea) appelée *baguette d'Aaron* ou encore *herbe des juifs* est une plante herbacée ayant des propriétés thérapeutiques. *Solidor* est un mot latin signifiant consolider.

Vous l'aurez deviné cette date pourrait être un clin d'œil subtile à Monseigneur Lustiger, décédé l'année précédente.

En effet le véritable prénom de Lustiger était *Aaron* et il était juif de naissance ! De plus, le Pape Benoît XVI venait en France pour consolider la foi des français... c'était un voyage à but thérapeutique, si je peux me permettre !

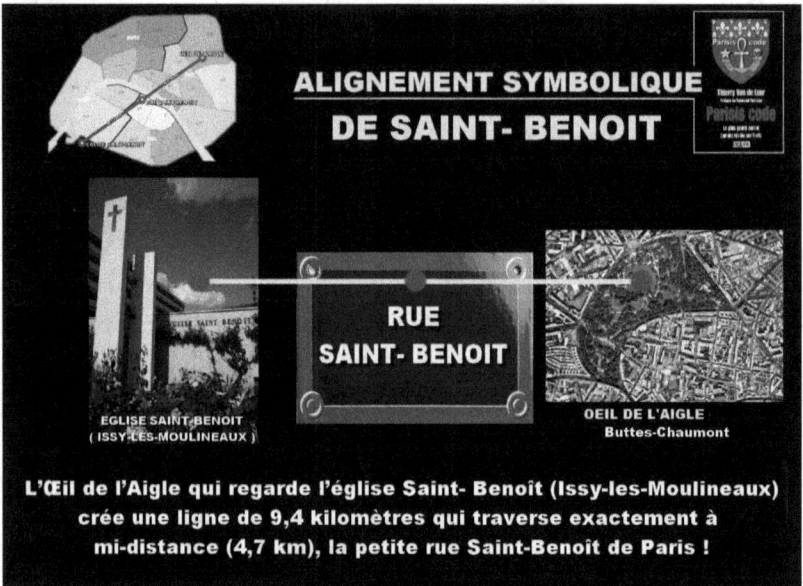

ALIGNEMENT SYMBOLIQUE DE SAINT- BENOIT

RUE SAINT- BENOIT

EGLISE SAINT-BENOIT (ISSY-LES-MOULINEAUX)

OEIL DE L'AIGLE Buttes-Chaumont

L'Œil de l'Aigle qui regarde l'église Saint- Benoît (Issy-les-Moulineaux) crée une ligne de 9,4 kilomètres qui traverse exactement à mi-distance (4,7 km), la petite rue Saint-Benoît de Paris !

Sainte-Bernadette - A Paris la seule chapelle consacrée à Sainte-Bernadette se trouve au n°4, rue d'Auteuil (16ème arr.) ; elle fut construite 4 ans après sa canonisation.

Grâce à cette chapelle, on lit dans le Code comme dans une bible ouverte que le Pape vient spécialement à Paris en raison des visions mariales de Bernadette :

En effet, l'axe formé par la Chapelle Sainte-Bernadette et l'intersection rue Saint Benoît - rue Guillaume Apollinaire (qui date avec précision le premier jour de la venue du Pape), atteint avec une précision chirurgicale l'entrée principale de l'Hôtel de Ville de Paris, symbolisant bien entendu, l'entrée dans Paris, vous l'aurez compris.

Cet axe est identique à celui qui évoque la vie et la mort de Bernadette ; celui qui joint la Chapelle Sainte-Bernadette à l'Impasse de Nevers, ville où elle termina sa vie au couvent des Sœurs de la

Charité. Ci-dessous, l'étrange église ressemblant à un blockhaus qui lui est consacrée, à Nevers.

J'affirme que cet axe évoque aussi sa mort, par le fait qu'il rejoint le cimetière du Père Lachaise, très précisément sur la chapelle du cimetière et que ce jour fatal pour elle fut le 16 avril 1879, jour de la Saint-Benoît-Joseph, évoqué par la rue Saint-Benoît également traversée ! Elle n'avait que 35 ans.

Il existe une église Sainte-Bernadette à Levallois-Perret (rue Ernest Cognacq). Cette église alignée sur l'entrée de la Cathédrale Notre-Dame de Paris, crée un axe qui passe sur la Pyramide du Louvre, symbole d'importance.

L'ARCHEVECHE DE PARIS

C'est donc à présent le *Collège des Bernardins* qui forme le point géographique représentant le Cardinal Jean-Marie Lustiger dans la Capitale et dans le Parisis Code.

Comme on va pouvoir le constater, on ne pouvait pas trouver un lieu plus propice pour le représenter.

Le plus troublant est que ce soit le Cardinal Lustiger lui-même qui a choisi et fait rénover ce *point* qui grave son nom dans Paris.

Aligné sur le centre de la boucle de l'Ankh, cet *Institut Jean-Marie Lustiger* forme un axe qui traverse le Parvis de Notre-Dame (Esplanade Jean-Paul II ; pape qui fit de Lustiger, un cardinal).

La droite joignant la Clef de la Création et de la Puissance (bout du Bassin phallus du Trocadéro) à l'Institut, passe sur le siège de l'Archevêché de Paris, au n°76, rue des Saints Pères.

Petite parenthèse ici pour évoquer l'implantation à cet endroit de l'Archevêché de Paris. Bien entendu, il est en parfaite conformité avec le Parisis Code :

1) Clef de la Communication - Archevêché de Paris - chœur de Notre-Dame.

2) Oeil de l'Aigle - rue Dieu - Archevêché de Paris

3) Passage Dieu - Parvis de Notre-Dame - Archevêché de Paris

4) Et maintenant la *totale* : Grande Croix du Christ(Bellator) - Ambassade du Vatican - Archevêché de Paris - église Saint-Sulpice - Panthéon - Grande Galerie de l'Evolution - Grande Bibliothèque de France.

5) Arc de Triomphe - Archevêché de Paris - Place Jeanne d'Arc (patronne de la France).

6) L'Archevêché de Paris est dans l'alignement Nord de l'Institut Catholique de Paris et dans l'alignement Ouest du chœur de Notre-Dame de Paris.

7) Sainte Chapelle - Archevêché de Paris - rue de l'Eglise.

8) Rue de l'Evangile - Cour du Sphinx - Archevêché de Paris.

Petite méthode Mnémotechnique pour trouver le siège de l'Evêché à Paris : tracez une droite reliant le Grand Œil (Observatoire) à la rue de la Ville-l'Evêque (8ème arr.). Elle traverse la rue des Saints-Pères, exactement sur le siège.

Le 14 février 1831, le peuple de Paris détruisit le Palais de l'Archevêché qui se trouvait derrière Notre-Dame de Paris. Il ne fut jamais reconstruit.

De 1849 à 1905 le Palais Archiépiscopale, résidence du chef de l'Eglise fut installé dans l'Hôtel du Chatelet, au n°127, rue de Grenelle (7ème arr.) où se situe à présent (depuis 1908) le Ministère du Travail.

L'église n'a pas choisi cet endroit par hasard ; il correspond à un alignement symbolique particulier.

Il se trouve sur la ligne qui joint le bout du Bassin-phallus (clef de la Puissance, des Dirigeants) à l'entrée de Notre-Dame de Paris. Cette ligne touche l'emplacement de l'ancien Archevêché.

La droite qui joint la pointe du bec de l'Aigle à l'ex-Palais Archiépiscopale de la rue de Grenelle, traverse la rue Dieu.

La droite reliant le centre de la Grande Croix du Christ à l'ex-Palais traverse l'Ambassade du Saint-Siège ou Nonciature (Vatican), au n°10, Avenue du Président Wilson.

Enfin l'ex-Palais se trouve sur la ligne reliant la Tour Eiffel au Passage Dieu ; bref de bonnes raisons de s'installer à cet endroit !

L'INSTITUT JEAN MARIE LUSTIGER

Revenons au Collège des Bernardins, siège de l'Institut Jean-Marie Lustiger.

Dirigé sur l'Ambassade du Vatican à Paris, cet Institut forme un axe qui rejoint le bout du bras Ouest de la Grande Croix du Christ.

L'Institut Jean-Marie Lustiger a été créé le 8 décembre, jour de l'Immaculé Conception, comme nous le confirme le Code : la Clef de la Communication orientée sur l'Eglise de l'Immaculé Conception (n°15, rue Marsoulan - 15ème arr.) forme une droite traversant l'Institut Lustiger ! C'est ce même jour, en 1979, qu'il fut nommé Evêque ; une double raison donc qui justifie cet alignement.

Jean-Marie (Aaron) Lustiger, d'origine polonaise, est né juif ; ce n'est qu'à l'âge de 14 ans, le 25 août 1940 (jour de la Saint-Louis) qu'il fut baptisé à Orléans.

La droite joignant la Place d'Israël à l'*Institut Jean-Marie Lustiger* passe sur la Pyramide du Louvre.

La droite joignant l'*Institut Jean-Marie Lustiger* au Square d'Orléans, traverse le chœur de la Cathédrale Notre-Dame de Paris où il est enterré, dans la crypte réservée aux cardinaux.

L'œil de l'Aigle qui regarde la Porte d'Orléans, crée une droite qui passe sur l'Institut.

On remarquera que l'*Institut Jean-Marie Lustiger* est dans l'alignement Sud de l'Ile Saint-Louis, du Pont et de la rue Saint-Louis.

Comme vous pouvez le voir, ça démarre déjà très fort….

Jean-Marie Lustiger fit ses études à Institut Catholique de Paris et à la Sorbonne (où il fut aumônier). Ces 2 établissements sont alignés sur l'*Institut Lustiger*.

Jean-Marie Lustiger fut nommé Cardinal par le Pape Jean-Paul II le 2 février 1993. La droite joignant le Parc Jean-Paul II d'Issy-les-Moulinaux à l'*Institut Lustiger* passe par le Panthéon (les Grands Hommes).

La droite qui joint le centre de la Grande Croix du Christ (Bellator) à l'*Institut Jean-Marie* Lustiger traverse la petite rue Cardinale et rejoint l'octogone (symbole de l'Eglise, formé par le Palais Omnisport de Bercy.

Le 2 février est la Saint-Corneille. La Clef de la Communication orientée sur la petite rue Corneille (6ème arr.), crée une ligne qui traverse l'*Institut Jean-Marie Lustiger* !

Il fut nommé Archevêque de Paris le 11 février 2005, fête de Notre-Dame de Lourdes. Détail mentionné dans le Code : la droite joignant l'Eglise Notre-Dame de Lourdes à l'*Institut Jean-Marie Lustiger* forme un axe menant au Panthéon.

Jean-Marie Lustiger, outre son statut d'Académicien fut aussi Bailli de l'Ordre de Malte. Lorsqu'on oriente l'œil de l'Aigle sur *l'Institut Jean-Marie Lustiger*, on s'aperçoit que la droite générée traverse la rue de Malte (11ème arr.) !

Jean-Marie Lustiger était atteint d'un cancer. C'est lui-même qui choisit la Maison Médicale Jeanne Garnier (n°110, Avenue Emile Zola) pour y être soigné ; c'est là qu'il est décédé. Un élément du Code semble être intervenu dans son choix :

L'œil de l'Aigle qui regarde cette clinique, forme une ligne traversant la rue Dieu. Etait-ce une manière de se mettre sous la protection de Dieu ?

De plus cette Maison Médicale se trouve sur l'axe *Institut Lustiger* - Institut Catholique de Paris...

La droite joignant cette maison où est mort Lustiger, aligné sur le centre de la boucle de l'Ankh, traverse l'esplanade des Invalides, précisément au point de jonction avec la ligne formée par la venue du Pape Benoît XVI.

Le jour de sa mort, le 5 août, est la Saint Abel dans le calendrier des saints. La Clef de la Communication orientée sur la rue Abel (12ème arr.) traverse *l'Institut Jean-Marie Lustiger* et la rue Corneille qui date sa nomination de Cardinal (2 février).

Six mois avant sa mort, le 26 janvier 2007, le Cardinal Lustiger avait tenu à co-célébrer avec Monseigneur Vingt-Trois, la messe d'obsèques de l'Abbé Pierre en la Cathédrale Notre Dame de Paris.

Ici, encore, il est étrange de constater que la ligne joignant *l'Institut Jean-Marie Lustiger* au 32, de la rue de la Bourbonnais traverse la cathédrale Notre-Dame.

Cette adresse correspondant (pour l'instant) au point géographique de l'Abbé Pierre dans le Code.

Jean-Marie Lustiger, véritable homme de communication, créa en 1981, Radio Notre-Dame (100.7), première radio chrétienne, située au n°3-11, rue Rosenwald (15ème arr).

Il créa aussi en 1999 la chaîne de télévision catholique française KTO (n°12, rue d'Oradour/Glane -15ème arr.). On remarquera que ces adresses n'ont pas été choisies au hasard.

La chaîne KTO est dans l'alignement Sud du centre de la Grande Croix du Christ et de la rue de l'église et dans l'alignement Nord du Parc Jean-Paul II (Issy).

On la retrouve également sur l'axe rue Dieu - Institut catholique de Paris.

Radio Notre-Dame est au bout de l'axe Œil de l'Aigle - rue Dieu, ou encore Couronne de l'Aigle - Institut catholique de Paris.

Les adresses de Radio Notre-Dame et KTO sont soigneusement alignées sur le Grand Œil du Code, l'Observatoire de Paris.

Elles sont aussi dirigées (à 150 mètre près) sur l'Eglise de l'Immaculée Conception (n°15, rue Marsoulan - 12ème arr.). Une coïncidence ? Le croyez-vous vraiment ?

Rosenwald est un nom typiquement juif ; Monseigneur Lustiger était d'origine juive.

Le choix de cette rue pour *Radio Notre-Dame* est un clin d'œil malicieux qui lui ressemble beaucoup...

Oradour/Glane évoque un massacre de catholiques commis dans une église pendant la 2ème guerre mondiale.

Ce choix n'est pas non plus innocent pour y installer une chaîne de télévision catholique !

Par l'axe *Institut Jean-Marie Lustiger* - Cour du Sphinx - Place Maurice Barrès, le Sphinx nous informe qu'il existe un rapport entre l'écrivain Maurice Barrès et le Cardinal Lustiger ; à nous de le découvrir.

En fait, Jean-Marie Lustiger occupait depuis 1995 le fauteuil 4 de l'Académie Française.

Ce fauteuil fut occupé de 1906 à 1925 par Maurice Barrès. A ce jour, le fauteuil 4 est encore vacant...

UNE CRECHE...DIFFERENTE

Dans la religion chrétienne, la crèche est une mise en scène de la Nativité, c'est-à-dire de la naissance dans une étable, de Jésus de Nazareth. La crèche représente l'étable tout entière.

C'est François d'Assise qui a créé en 1223 la première crèche vivante en utilisant des personnages réels, dans son église à Greccio, en Italie.

Pour signifier l'enfant Jésus, François avait déposé une hostie consacrée dans la crèche. Plus tard, elle fut remplacée par un véritable bébé. Petit à petit, la coutume s'est répandue.

Les premières crèches ressemblant à celles que nous connaissons font leur apparition dans les églises au XVIe siècle. Ce sont les Jésuites qui les ont introduites pour la première fois en modèle réduit.

A cet endroit exact est né Jésus...

Le crop circle divin... - Un crop circle (ou cercle de culture) est un motif représentant diverses formes géométriques, réalisé dans un champ de céréales par flexion des épis.

Ces figures ou agroglyphes peuvent mesurer plusieurs centaines de mètres. Elles sont connues depuis la fin des années 1970, et leur création est d'origine inexpliquée.

Le Sud de l'Angleterre est le lieu privilégié de ces apparitions systématiques entre mai et septembre. Les formations apparaissent parfois en quelques secondes…Il existe aussi des crop circle exécutés par des clubs. Dans ce cas, ils sont fabriqués de jour et demandent des heures de travail et du personnel nombreux.

Le 13 août 2000, jour de la Saint-Hippolyte, un immense crop circle est apparut à Woodborough, Wiltshire en Angleterre...

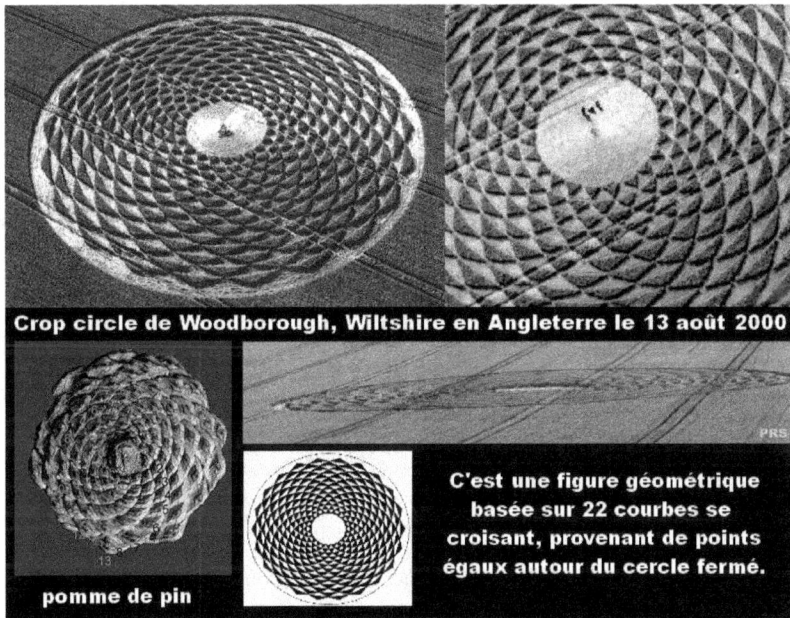

Crop circle de Woodborough, Wiltshire en Angleterre le 13 août 2000

pomme de pin

C'est une figure géométrique basée sur 22 courbes se croisant, provenant de points égaux autour du cercle fermé.

Quel est le rapport entre cette figure géométrique et une crèche, me direz-vous ? Il y en a un, et particulièrement troublant.

Pour s'en rendre compte, il fallait se rendre à Paris, dans l'église de celle qui, pour certains, détient le secret de la descendance du Christ... L'Eglise de la Madeleine.

Haute sphère - Il y a tout juste un an, une création contemporaine baptisée Haute Sphère sur le thème de la Nativité fut installée 50 jours dans l'église de la Madeleine du 4 décembre au 23 janvier 2011. 600 000 visiteurs sont venus l'admirer.

C'est une œuvre du designer Sylvain Dubuisson en collaboration avec Bernardaud, maison historique de la Porcelaine de Limoges.

Cette crèche est composée d'une coque (géode) de bois (multipli de bouleau) et de porcelaine au centre duquel se trouve une auréole recouverte de 3 couches d'or, symbolisant le divin enfant, sans autre présence.

À l'intérieur, les panneaux sont reliés par des étoiles à 5 branches peintes en platine rappelant celle du berger.

Renforçant le coté mystérieux et mystique, la crèche est enveloppée d'un long voile blanc évoquant la Vierge. L'armature de bois évoque Saint-Joseph...le charpentier. Cette œuvre s'observe au son de chants araméens (langue parlée par Jésus)...

L'enfant et son auréole, qui d'ordinaire n'est perceptible que par les élus, est là, à la vue de tous pour nous émerveiller de sa divinité - Sylvain Dubuisson.

Panneau à l'entrée de La Madeleine du 4 décembre au 23 janvier 2011.

Il vous prévient que vous allez voir un disque...bien particulier !

Rien du symbolisme n'a été laissé au hasard dans la construction de cette crèche atypique, à commencer par l'emploi du bouleau pour la structure portante

En effet, le bouleau symbolise la voie par où descend l'énergie du ciel et par où remonte l'aspiration humaine vers le haut.

Il est étroitement lié à la vie humaine, comme symbole tutélaire à la vie comme à la mort. *(Source : Dictionnaire des Symboles)*

Photos : http://moniquetdany.typepad.fr

Matériaux utilisés :

Structure du dôme et peau extérieure : multipli de bouleau.

Peau intérieure du dôme : 48 panneaux triangulaires (54,7cm de côté) en biscuit de porcelaine.

Etoiles : porcelaine, finition platine.

Auréole : porcelaine, finition or. (Dimension non mention-née...). Dimensions : dôme (diam. 180 cm), socle (210 x 210 x 116 cm), voile (216 x 216 x 300 cm), hauteur hors tout : 360 cm. Eclairage par leds.

Au sein de la géode, sur un lit de sable, le mystérieux disque de porcelaine. Le disque ressemble étrangement au crop circle de Woodborough... mais aussi à un Compact Disc (CD).

Montage représentant à droite le crop circle de Woodborough à la place du disque de porcelaine... un certain air de famille...

Le disque de porcelaine doré représente Jésus, mais aussi ses parents, Joseph et Marie...

C'est une figure géométrique basée sur 16 courbes se croisant, provenant de points égaux autour du cercle fermé.

La crèche de la Madeleine dans le Parisis Code... - Aussi incroyable que cela puisse paraître, le bref épisode de l'exposition du disque dans l'église de la Madeleine (50 jours seulement) est gravé dans le Parisis Code.

Ainsi l'on remarquera que la ligne de 8,5 kilomètres joignant la rue de la Crèche à la rue du Disque passe exactement sur l'entrée de la Madeleine où se trouvait ce panneau.

Ce panneau parle d'un Sauveur ? Message clair : la ligne reliant la rue Saint-Sauveur, (ouverte en 1285 !) à l'Arc de Triomphe passe providentiellement sur ce panneau ! De plus cet axe rejoint la Clef de la Mort (entrée du Père Lachaise)...

Le Christ a triomphé de la Mort, précise donc le message... On remarquera également que l'axe de cette rue est soigneusement dirigée sur l'Arc de Triomphe. Je suppute que ce n'est pas innocent...

La ligne reliant l'Eglise Saint-Sauveur (rue de l'Abbé Groult -15ème arr.) au Zénith traverse elle aussi la rue Saint-Sauveur.

Entre parenthèse, la rue Saint-Sauveur se trouve sur la droite reliant la rue de la Crèche à la Cour de l'Etoile d'Or.

Clin d'oeil de l'Histoire: au n°84 de la rue Saint-Sauveur se trouvait jusqu'en 1903 une très belle enseigne : *Au Soleil d'Or*.

La ligne Zénith - Cour de l'Etoile d'Or (11ème arr.) passe sur la rue Saint-Sauveur ! Ne serait-ce pas l'Etoile de Bethléem qui annonçait la venue d'un Sauveur dans une étable ? Comme on peut le constater, tout est merveilleusement étudié!

Le Soleil est notre Etoile…A Paris, outre la rue du Soleil, il est célébré par la Cour de l'Etoile d'Or et la Cour du Soleil d'Or.

Est-ce encore une coïncidence si, en reliant ces deux Cour, on obtient un axe qui passe sur… le Passage Dieu, mais aussi l'Impasse Satan ?

On m'a parfois reproché de mettre trop d'exemples d'alignements pour prouver qu'il existe bien un code dans Paris...

Mais lorsque je vois cette autre présence de la rue Saint-Sauveur sur la ligne reliant l'Impasse de l'Enfant-Jésus au Zénith (Clef du superlatif), dois-je me taire ? Ne me demandez pas l'impossible !

Nous avons vu que le disque exposé dans la Madeleine ressemblait beaucoup au crop circle apparut en Angleterre le jour de la Saint-Hippolyte de l'an 2000.

Incroyable mais vrai ! Nous ne pouvons que constater ébahis que la rue de la crèche alignée sur l'Eglise Saint-Hippolyte forme une ligne qui passe avec précision sur l'entrée de l'Eglise de la Madeleine !

Saint-François d'Assise est considéré comme l'inventeur de la crèche de Noël (en 1223).

C'est la maison Bernardaud qui a réalisé la crèche Haute Sphère. Elle est représentée à Paris au n°11, rue Royale (1er arr.)... C'est le curé de la Madeleine qui proposa à Bernardaud de réaliser la crèche 2010...

La ligne reliant cette adresse à l'Impasse *Saint-François passe sur... La Madeleine !!! Sur cet axe se trouve l'Eglise Saint-Sauveur (rue de l'Abbé Groult -15ème arr.).*

Le créateur du disque - Sylvain Dubuisson (1946-20..) le créateur du disque représentant le Sauveur est un architecte-designer dont le cabinet d'architecture se trouve à Courbevoie, au n°11, quai du Président Paul Doumer.

Cette adresse génère plusieurs alignements qui laissent penser que Sylvain Dubuisson était tout désigné pour s'occuper de la crèche de la Madeleine...

Pour commencer, le 11, quai Paul Doumer se trouve exactement dans l'alignement Ouest de la rue de la crèche. Cette adresse, alignée sur la rue de la Nativité passe sur l'Arc de Triomphe!

Alignée sur la Cité Noël elle génère une ligne qui traverse le chœur de La Madeleine.

Cette adresse, alignée sur la rue du Disque crée une ligne qui traverse le centre de la Grande Croix du Christ.

Cette adresse, alignée sur l'église Saint-Hippolyte (apparition du crop circle) crée une ligne qui traverse le centre de la Grande Croix du Christ.

Cette adresse, alignée sur la rue Saint-Sauveur crée une ligne qui traverse traverse centre de la Grande Croix Ankh.

L'Oeil de l'Aigle qui regarde le n° 11, quai Paul Doumer crée un axe qui passe sur l'église Saint-François d'Assise représentant le créateur de la crèche de Noël.

Messages de la crèche - La ligne rue de la Crèche - rue de la Nativité passe sur le sommet de l'Ankh !

La clef de la Communication (Maison de Radio-France) alignée sur la rue de la crèche, crée une ligne qui traverse la Place d'Israël et... l'Arc de Triomphe!

Crèche vivante à Paris - L'Eglise Notre-Dame de la Croix, place de Ménilmontant, fut construite vers 1865. Elle accueille chaque année pour Noël une crèche vivante, où les familles viennent se relayer. Seul l'âne est permanent. L'Eglise Notre-Dame de la Croix se trouve exactement dans l'alignement Nord de la rue de la Nativité.

De plus cette église sur l'axe formé par le centre des deux Croix du Code : la Grande Croix de Christ (Bellator) et l'Ankh.

Un dernier alignement-message spectaculaire regroupant la naissance et la mort du Christ : la Clef de la Mise au Monde est le Parvis du Trocadéro.

Relions ce point à l'Eglise Notre-Dame de la Croix (Ménilmontant) évoquant la mort du Christ. Nous obtenons une ligne sur laquelle nous trouvons la Place des Victoires, la rue Saint-Sauveur et la rue Notre-Dame de Nazareth.

Cette droite passe sur le bassin octogonal des Tuileries. L'octogone est un symbole de l'Eglise !

Lors de son ouverture, la rue Saint-Sauveur se retrouva en plein cœur de la Cour des Miracles... A l'époque elle incluait l'actuelle rue Léopold Bellan.

L'église Saint-Sauveur a une particularité : elle n'existe pas ! Et pourtant il en est fait mention dès le tout début du XIII° siècle, et l'on sait qu'elle fut rebâtie au XVI° siècle.

Enfin, démolie pour être agrandie en 1785, sa reconstruction fut entreprise par l'architecte Poyet mais le chantier sera interrompu par la Révolution et ne reprendra jamais... Les parties déjà construites seront abattues et les immeubles de rapport que nous voyons aujourd'hui seront édifiés.

Ce qu'il en reste ? Un nom de rue et cette petite statue symbolique au premier étage. (source : JPD)

SAINT- MICHEL

La Place, le Pont et la Fontaine Saint-Michel à Paris sont à la bonne place dans le Code.

En effet, il est dit dans la Bible que c'est Saint-Michel qui pèsera les âmes lors du Jugement dernier et qui emmènera les âmes des élus au Paradis.

Le Grand-Œil qui regarde tous les repères de Saint-Michel crée une ligne qui atteint l'entrée du Palais de Justice (île de la Cité).

Le nom Michel signifie *Qui est comme Dieu.*

Effectivement, dans le code, la droite joignant la Place Saint-Michel à la clef du plus haut, le Zénith traverse la rue Dieu !

Saint-Michel est connu comme celui qui terrasse le dragon (Satan).

La Clef de la Communication alignée sur l'Impasse Satan crée un axe qui passe par la rue du Dragon, le Pont Saint-Michel mais aussi sur le Passage Dieu !

SAINT-ELOI

Saint-Eloi (Eligius) serait né vers 588 dans la région de Limoges, centre de travaux artistiques qui possédait, au septième siècle, des ouvriers habiles à travailler les métaux. Il mourut le 1er décembre 659.

Excellent orfèvre, son talent lui vaut de travailler à Paris au service de Bobbon, orfèvre du roi des Francs, Clotaire II.

Un jour on confia à Saint-Eloi la réalisation d'un trône d'or orné de pierres précieuses. Saint Ouen, son biographe raconte : « *Éloi travailla avec ardeur, et termina en peu de temps.*

Avec l'or qu'on lui avait confié pour un seul ouvrage il réussit à en faire deux dont le poids fut tel qu'il parut incroyable qu'on les eût pu faire avec la même quantité d'or ».

A la suite de ce prodige, Clotaire II s'attacha les services d'Éloi qui deviendra progressivement son trésorier et le suivra dans ses nombreux déplacements.

Le palais de Clotaire II se trouvait exactement à l'emplacement du Jardin de Reuilly (12ème arr.). Saint-Eloi a effectivement vécu dans le quartier qui porte son nom (Square et Cour).

Saint-Eloi fut nommé monétaire à Marseille, où il rachètera de nombreux esclaves que l'on vendait sur le port.

En même temps, saint Eloi continuait ses travaux d'orfèvrerie, ornant des tombeaux de saints comme ceux de Saint-Germain, Saint-Séverin, Saint-Lucien, Sainte-Geneviève et surtout ceux de Saint-Martin et de Saint-Denis.

Il rechercha aussi et retrouva les corps de plusieurs martyrs, par exemple comme celui de Saint-Quentin, à Vermand.

Clotaire meurt en 629 ; Dagobert son fils qui lui succède, garde Saint Eloi à son service. Après la mort du bon roi Dagobert en 638, Éloi devint évêque de Noyon et son ami Saint-Ouen, évêque de Rouen.

Sa devise était : *Travail, Famille, Patrie* reprise plus tard par le parti communiste. On a retenu de lui la fameuse chanson populaire concernant la culotte à l'envers.

De nombreuses légendes ont couru sur Saint-Éloi : Afin de ferrer plus à l'aise un cheval rétif, Saint-Éloi lui aurait coupé une patte de devant, l'aurait placée sur son enclume et, après avoir ferré le sabot, l'aurait rajustée.

Une autre légende est liée à la fondation de Dunkerque : Allowyn, chef des guerriers qui terrorisaient la région, descendant de son bateau, s'était pris les pieds dans des cordages et dans sa chute, son épée lui avait transpercé la poitrine. Saint-Éloi fit transporter son corps dans sa demeure et lorsqu'il en sortit, au bout de quinze jours, Allowyn était guéri et converti.

Saint-Éloi le maria à la plus belle fille du pays. Allowyn devint ainsi le chef des habitants, fit construire des remparts, des tours et des bâtiments et s'installa sur le lieu qui est devenu aujourd'hui Dunkerque.

Saint-Éloi a été choisi comme saint Patron par de nombreuses corporations : les serruriers, les orfèvres, les maréchaux-ferrants, en général tous les métiers ayant trait aux chevaux.

Il est d'ailleurs souvent représenté avec des tenailles et un marteau surmonté d'une couronne, une enclume et un fer à cheval.

Peu de saints sont plus populaires que Saint-Éloi. Sa fête se célébrait deux fois par an : le 1 décembre (jour de sa mort) et le 21 Juin (pour la translation de ses reliques).

Dans le Parisis Code, plusieurs détails concernant la vie de Saint-Éloi sont interactifs. Ainsi concernant le trône de Clotaire II nous avons cet alignement :

La ligne qui passe par la rue Clotaire (quartier du Panthéon), rue Clovis (1er roi mérovingien) et Cour Saint-Éloi (12ème arr.), traverse la Place de la Nation, ancienne Place du Trône.

Concernant Dunkerque, il est saisissant de voir que l'axe Cour Saint-Éloi - rue de Dunkerque (dont-il fut à l'origine) passe par la rue de Marseille (ville où il était « monétaire » de la Trésorerie Royale), traverse la rue de Saint-Quentin (saint dont il retrouva la dépouille mortelle), et enfin atteint la Porte de Saint-Ouen (ville évoquant son grand ami et biographe). Au sud l'axe rejoint Vincennes et ses …chevaux.

Concernant ses fonctions de Saint-Patron, nous avons la Cour Saint-Éloi qui, alignée sur l'Opéra, passe par le Musée de la Serrurerie (aujourd'hui fermé) situé au n°1, rue de la Perle. Cet axe, au sud se dirige sur le bois de Vincennes et son fameux complexe hippique !

Le Square Saint-Éloi (12ème arr.) se trouve exactement sur l'Axe Solaire Historique. Sur cet axe dans la rue des Orfèvres, près de l'hôtel de la Monnaie, rue de la Monnaie (1er arr.) se trouvait une église (détruite en 1793) qui lui était dédiée.

La ligne traverse aussi l'Eglise Saint-Germain dédiée à ce saint dont Saint-Éloi retrouva également le corps.

BOURGOING

Le théologien français François Bourgoing (1585-1662) a introduit en France, avec l'aide du Cardinal de Bérulle, la Congrégation de l'Oratoire; il en fut le général en 1641.

Il existe bien dans le Code une rue Bourgoin (sans « g » final). Même s'il ne s'agit pas du même homme, force est de constater que la rue Bourgoin alignée sur la rue de l'Oratoire donne une droite qui passe par l'Oratoire du Louvre et atteint le plein centre de la boucle de l'Ankh !

On appelle Pères de l'Église les auteurs chrétiens des premiers siècles dont les écrits sont considérés comme déterminants dans l'élaboration de la doctrine.

Contrairement aux Docteurs de l'Église, qui peuvent du reste être postérieurs à l'époque patristique, la liste des Pères de l'Église n'est pas officiellement établie et tous n'ont pas été canonisés.

On peut distinguer les Pères de l'Église selon plusieurs catégories : apostoliques, apologistes, orientaux ou occidentaux, de l'école d'Alexandrie, de langue latine ou grecque, de l'empire chrétien, etc.

LE CHEMIN DE SAINT-JACQUES

Quelle est dans Paris, la part du Chemin de Saint-Jacques de Compostelle dévoilée ? Dans les rues et monuments religieux de Paris, cette part est capitale ; à commencer par la Tour Saint-Jacques vestige de ce qui fut une église au XVI ème siècle.

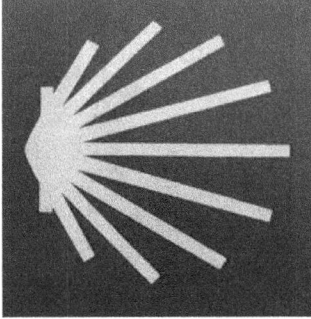

On compte aussi un boulevard, une rue, une place, une villa, une cour et deux églises au nom de ce saint.

Quant à la part du chemin, elle se dévoile en feuilletant les livres d'initiés et en regardant un plan de Paris. Point de départ : la Tour Saint-Jacques.

Du haut de la tour heureusement préservée en 1802, une statue de Saint -Jacques nous indique la direction à suivre : l'ouest, le Finistère (finis-terre), là ou le soleil (l'étoile) disparaît.

Comme tout pèlerin, nous avons besoin du bourdon. Le bourdon était la bonne à tout faire du pèlerin : un solide bâton sur lequel on peut s'appuyer et excellent moyen de défense.

Le Boulevard Bourdon est à l'est de la tour Saint-Jacques. Son centre est dans l'Axe Solaire parisien.

Remontons les Champs (Campo) Elysées, et nous arrivons Place de l'Etoile (Stella).

Le mot Compostelle vient de Campo (le champ) et Stella (étoile) ; il signifie donc champs de l'Etoile.

Ce nom fut donné à la suite de la découverte du tombeau de Saint-Jacques grâce à la présence d'une « étoile » statique, au dessus du champs où il se trouvait dissimulé depuis des siècles.

Certains « farfelus » pensent que c'était une soucoupe volante en sustentation…mais il vaut mieux croire en une étoile qui reste plusieurs jours à la même place ; c'est beaucoup plus réaliste, n'est-ce pas ?

Remontons les Champs (Campo) Elysées, et nous arrivons Place de l'Etoile (Stella). La fameuse coquille Saint-Jacques est elle aussi, bien visible...du ciel. Il faut aller la chercher à la Défense, à l'ouest, vers le soleil couchant.

Elle se trouve reproduite discrètement depuis 1958, dans la structure en voile de béton du **CNIT**, le Centre National des Industries et des Techniques, l'une des constructions les plus célèbres de la Défense et également la plus ancienne. Son toit représente un coquillage renversé.

Sur certaines archives photographiques, nous apercevons, comme un clin d'œil à « l'étoile » en sustentation au dessus du tombeau de Saint-Jacques : une soucoupe volante ! Que fait-elle là ? Vient-elle de Mars ou de Vénus ?

Il s'agit en fait de Futuro, une oeuvre de Matti Suuronen un architecte finnois ! Dimensions : 8 mètres de diamètres sur 3 m de haut. Mais pourquoi a-t-elle atterri ici, sur le parvis du C.N.I.T ?

C'est en fait une maison du futur, construite entre 1964 et 1968. Sur une carte postale nous voyons la Futuro et en premier plan un énorme globe terrestre qu'on pouvait semble t-il visiter ...

La Futuro emprunte la forme d'une soucoupe volante, dans laquelle le visiteur pénètre par une porte à abattant doublée d'un escalier, semblable à celle d'un avion. Le prototype est conservé au Centraal Museum d'Utrecht (Pays-Bas).

Enfin, plus récemment construite, la grande Arche de la Défense, encadre le soleil ; c'est la fin du voyage !

Le cube (symbole franc maçon) était la pierre symbolique qui était déposée dans les cathédrales lorsqu'elles étaient terminées.

On peut aussi en déduire qu'à présent l'Axe Solaire Historique est définitivement terminé ; aucun bâtiment ne devrait plus être construit sur cet axe...

Au Moyen-âge, pas d'étoile matérialisée place Charles de Gaulle, pas de coquille à la Défense. Mais déjà l'essentiel : Saint-Jacques de la Boucherie, deux collines et un soleil qui se couche à l'ouest.

Les choses sont en place pour une initiation symbolique dont la capitale a gardé et le souvenir et accentué la matérialisation.

Ce voyage initiatique qui durait des mois était l'œuvre d'une vie...

Faire le voyage initiatique vers Compostelle en restant à Paris est-il idiot ? On a le droit de le penser. Nous avons fait de façon symbolique et beaucoup plus rapidement, le chemin de Compostelle. Celui dont parlent les alchimistes.

Il s'agit d'un voyage à l'intérieur de soi pour y découvrir l'univers qui nous habite. *(Source : Thierry Namur, pour tout ce chapitre).*

C'est de la Tour Saint-Jacques que les pèlerins se dirigeaient vers le chemin de Saint-Jacques de Compostelle, en empruntant la rue Saint-Jacques, croisant l'Avenue de Saint-Jacques sur la place Saint-Jacques.

Ce que l'on sait moins, c'est que ces points précis suivent une ligne très précise qui prend naissance entre les Portes Saint-Denis et Saint-Martin.

Cette ligne de 4,2 km qui relie ce point à la Place Saint-Jacques, au sud de Paris passe sur la Tour Saint-Jacques ; elle est dirigée sur la première étape importante du pèlerinage : la ville de Chartres.

Les rues Saint-Denis et Saint-Martin accompagnent cette ligne de part et d'autres, en parallèle sur 1,33 km, jusqu'à la Tour Saint-Jacques.

On remarquera qu'à son départ, cette ligne croise la rue Sainte-Apolline (d'Apollo) dont la longueur est scrupuleusement égale à l'écartement entre les arcs des 2 portes.

SAINT- GERMAIN

C'est au centre de l'ancien village de Charonne, dans l'actuel 11ème arrondissement de Paris que Saint-Germain d'Auxerre aurait rencontré en l'an 429 la future sainte patronne de Paris : Sainte Geneviève.

A cet endroit fut bâtie l'Eglise Saint-Germain de Charonne. Cette légende est gravée dans le Code :

Si nous traçons une droite partant de l'Eglise Saint-Germain de Charonne et reliant l'Eglise Saint Germain l'Auxerrois, celle-ci atteint le centre du symbole de Paris : la Tour Eiffel.

Si nous relions l'Eglise Saint-Germain de Charonne au Panthéon (ancienne église Sainte-Geneviève), la ligne passe par le centre de l'Opéra de Paris-Bastille.

LE REFUS DE LA MISERE

Née en 1987 de l'initiative du père Joseph Wresinski (1917-1988) fondateur du Mouvement ATD Quart Monde, le 17 octobre (jour de la Saint-Baudouin) est désormais la Journée Mondiale du Refus de la Misère. Elle est officiellement reconnue par les Nations Unies depuis 1992.

La droite reliant le centre de la boucle de l'Ankh à la rue Baudouin (13ème arr.), passe exactement sur l'entrée de Notre Dame de Paris !

L'Esplanade Joseph Wresinski (16ème arr.) se trouve au Palais de Chaillot ; de ce fait, l'axe reliant cette esplanade à la rue Baudouin traverse automatiquement le Parvis des Droits de l'Homme et du Citoyen sur lequel une dalle a été gravée, affirmant que « les plus pauvres sont les créateurs d'une humanité fraternelle ».

Le message délivré le 17 octobre est le suivant : *Là où des hommes sont condamnés à vivre dans la misère, les Droits de l'Homme sont violés. S'unir pour les faire respecter est un devoir sacré.*

On remarquera, pour finir, que la droite reliant le centre de la Grande Croix du Christ à la rue Baudouin traverse l'Ambassade du Vatican et le bassin octogonal (symbole de l'Eglise) du Jardin du Luxembourg.

Cette droite traverse étrangement l'endroit exact où se tenait le Pape Benoît 16 lors de sa messe aux Invalides en septembre 2008.

SAINT-VINCENT-DE-PAUL

Saint-Vincent-de-Paul (1581-1660) fut un prêtre français, aumônier des galères ; il fonda de nombreuses œuvres (enfants trouvés, filles de la charité etc...). Il fonda également les Prêtres de la Mission appelés *Lazaristes*.

Sur le maître autel de l'église Saint-Vincent-de-Paul (Place Franz Litszt) se trouve un superbe calvaire en bronze, œuvre du sculpteur François Rude, auteur du fameux bas relief *La Marseillaise* de l'Arc de Triomphe.

La droite partant de la pupille de l'œil de l'Aigle des Buttes-Chaumont et atteignant la rue Rude traverse effectivement l'église Saint-Vincent-de-Paul; de plus elle traverse la Gare Saint-Lazare !

Saint-Vincent-de-Paul est né à Pouy ; aujourd'hui cette ville porte son nom. Une rue de Pouy (13ème arr.), existe au sud de Paris, et il est amusant d'ailleurs de constater que cette rue, même s'il ne s'agit pas de la même ville, est située dans l'alignement sud de l'église et de la rue Saint-Vincent-de-Paul.

A Paris, entre 1827 et 1861, pour éviter les infanticides, il existait rue d'Enfer (l'actuel boulevard Denfert-Rochereau), un système ingénieux d'origine italienne qui garantissait le secret de l'abandon

Il s'agissait d'un *tour à enfants* ; une espèce d'armoire en bois, installée dans l'épaisseur du mur de l'Hospice des enfants trouvés et des orphelins (aujourd'hui Hôpital Saint-Vincent-de-Paul).

La mère qui voulait abandonner son enfant déposait le nourrisson côté rue dans le *tour à enfants* et le faisait pivoter.

L'enfant était alors recueilli à l'intérieur. Ce système fut généralisé en France par un décret napoléonien...

La dépouille du saint ne se trouve pas comme on pouvait s'y attendre dans l'église Saint Vincent de Paul, elle est conservée à 4 kilomètres, dans la petite église des Lazaristes *Saint-Vincent-de-Paul*, au n° 95 rue de Sèvres.

Son cœur est conservé dans la Chapelle de la Médaille Miraculeuse, au n° 140, rue du Bac (7ème arr.). Ces 3 endroits, pour une raison inconnue, sont scrupuleusement alignés sur la pyramide inversée (Tuileries) !

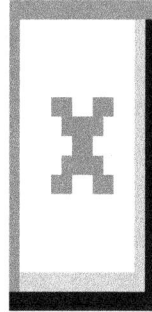

Le cœur de Saint-Vincent de Paul exposé rue du Bac

On remarquera enfin que l'axe Grand Œil (Observatoire) - Chapelle de la Médaille Miraculeuse atteint au Nord la Cité Odiot (8ème arr.). Pourquoi ?

Jean Baptiste Odiot (1760-1850) fut le prestigieux Maître-Orfèvre qui réalisa vers 1830, la châsse en argent de Saint-Vincent-de-Paul.

L'orfèvre Odiot reconnu comme l'un des meilleurs orfèvres de son temps, créa également le sceptre et l'épée de Napoléon 1er, ainsi que le berceau du Roi de Rome.

La maison Odiot (fondée en 1690), qui se trouve encore au n°7, Place de la Madeleine, fait partie du patrimoine artistique français ; elle se trouve d'ailleurs sur une des lignes les plus prestigieuses du Code, joignant la Clef de la Communication à l'entrée de l'Opéra de Paris, en passant sur la Tour Eiffel et… l'église Saint-Vincent-de-Paul.

Le Code nous indique où vivait le meilleur orfèvre de Paris : l'axe reliant l'entrée de L'Hôtel de Ville de Paris à la rue des orfèvres (1er arr.), atteint la Cité Odiot, où se trouvait, au n°26, le somptueux hôtel particulier de Jean Baptiste Odiot.

Il n'en reste aujourd'hui que les écuries.

Antoine-Frédéric Ozanam (né à Milan en 1813, mort à Marseille en 1853, historien et essayiste catholique français, fut fondateur de la Société de Saint-Vincent-de-Paul.

Il fit ses études à la Sorbonne. Il était alors logé par le physicien Ampère.

Il fonda en 1833 une petite société vouée au soulagement des pauvres, (Conférence de la charité) qui se plaça sous le patronage de Saint-Vincent-de-Paul.

Antoine-Frédéric Ozanam a été béatifié par le pape Jean-Paul II le 22 août 1997, en la cathédrale Notre-Dame de Paris.

La Place et le Square Ozanam (6ème arr.) sont dans l'alignement Sud de la rue de Milan (son père était médecin dans cette ville italienne où il est né).

L'œil de l'Aigle qui regarde la Place Ozanam forme une ligne qui passe sur la Sainte Chapelle ; tout un symbole !

Enfin, la droite partant de l'Observatoire de Paris (le Grand Œil) passant sur la Place et le Square Ozanam nous mène directement au centre de la Grande Croix du Christ (Bellator).

Childebert fils de Clovis rapporta à Paris en 542 la tunique de Saint-Vincent (et un fragment de la vraie Croix). Pour abriter ces reliques il construira un monastère au milieu des champs qui deviendra plus tard Saint-Germain-des-Prés.

C'est là que furent inhumés les rois mérovingiens jusqu'à Dagobert (enterré à Saint Denis).

La droite joignant l'Impasse Saint-Vincent à l'église de Saint-Germain-des-Prés (ci-dessous) passe sur la pointe du bec de l'Aigle.

EMMAUS ET L'ABBE PIERRE

Henri Grouès dit l'*Abbé Pierre* (1912-2007) Prêtre catholique français (Capucin), est le fondateur, en 1954, du mouvement Emmaüs, association d'aide aux sans logis et aux déshérités. Il fut député à l'Assemblée Nationale.

Grand Résistant qui a participé à la création du Maquis du Vercors, il est détenteur de la Grande Croix de la Légion d'Honneur.

Il fut 17 fois consécutives élu *Personnalité préférée des Français* de 1989 à 2003.

L'Abbé Pierre est mort à 94 ans, à l'hôpital du Val de Grâce, à Paris. Il est enterré à Esteville.

Beaucoup de Français demandent sa canonisation et le transfert de ses cendres au Panthéon...

Son action dans le domaine de l'aide aux sans abri a débuté lors de l'hiver 1954, particulièrement rude et meurtrier pour ces personnes vulnérables.

Le 1er février il lance sur les ondes de Radio Luxembourg (futur R.T.L) un appel solennel désormais célèbre sous le nom de l'*Appel de l'Abbé Pierre* : *Mes amis, au secours, une femme vient de mourir à 3 heures du matin*...

Suite à cet appel, un demi milliards de francs soit l'équivalent de 80 millions d'euros seront collectés. L'abbé fonde alors le 23 mars 1954, les *Compagnons d'Emmaüs*, qui prennent le du nom d'une petite ville de Palestine.

Ce premier siège historique se trouve au n°32, rue des Bourbonnais (1er arr.) ancien entrepôt de grand magasin. Il est encore aujourd'hui propriété des Compagnons d'Emmaüs ; c'est le siège de l'*Agora*.

En 2007, à l'occasion du premier anniversaire de la mort de l'Abbé Pierre, une plaque commémorative fut dévoilée sur la façade de cette adresse par le maire de Paris.

Ce même jour, il annonça que l'Abbé Pierre n'aurait pas de rue mais un « beau jardin dans le 13ème arrondissement de Paris ».

En 2007, malgré les efforts de l'Abbé Pierre et ses nombreux collaborateurs, Paris comptait encore 10.000 personnes *sans domicile fixe* ; 200 déshérités meurent chaque année dans ses rues...La Fondation Abbé Pierre se trouve au n° 3, rue de Romainville (19ème arr.).

L'Abbé dans le Code... - Après ce long préambule, passons à présent en revue les alignements symboliques concoctés pour l'Abbé Pierre, par le Parisis Code.

En effet, par l'apposition de la plaque commémorative Abbé Pierre au n°32, rue des Bourbonnais, l'abbé bénéficiait d'un point géographique officiel utilisable dans le Code, en attendant l'inauguration du futur *Jardin de l'Abbé Pierre* promis par le Maire.

Les alignements générés par ce point sont très troublants puisqu'ils laissent supposer que le destin de l'Abbé Pierre était déjà tout tracé dans les rues de Paris.

Ainsi, il existe une première droite impressionnante, mettant en scène Saint-Vincent-de-Paul, le saint patron des œuvres charitables et des déshérités, qui possède une église et une rue dans Paris (10ème arr.).

Le Grand Œil du Code, l'Observatoire de Paris qui regarde cette église, crée un axe qui traverse le n° 32, rue des Bourbonnais.

Cette adresse, nous la retrouvons également sur la droite reliant le bec de l'Aigle à la Chapelle Saint-Vincent-de-Paul, rue de Sèvres.

On voit mal l'Abbé Pierre choisir dans l'urgence de l'hiver 54, cet emplacement dans Paris, en fonction de ces divers paramètres symboliques.

Pourtant le fait est bien là, dérangeant...incompréhensible !

Que dire aussi de l'existence de cette adresse sur la droite Sacré-Cœur de Montmartre - Panthéon ?

Sainte-Rita est la sainte patronne des cas désespérés. L'église Sainte Rita se trouve près du Moulin Rouge. Si nous relions cette église n° 32, rue des Bourbonnais, la ligne générée atteint l'entrée du symbole de l'Eglise : Notre-Dame de Paris.

L'Abbé Pierre est né un 5 août 1912, jour de la Saint-Abel, à Lyon.

Est-il né pour bousculer la Mairie de Paris ? Pourtant la droite reliant la rue Abel (12ème arr.) au n°32, rue des Bourbonnais passe bel et bien sur l'entrée de l'Hôtel de Ville de Paris !

N'est-il pas aussi sidérant de voir la ligne sortant par l'entrée centrale de la Gare de Lyon pour rejoindre le n° 32, rue des Bourbonnais, passer elle aussi sur cet Hôtel de Ville ?

Ce combat contre la misère, cette véritable révolution déclenchée par l'Abbé Pierre transparaît aussi à travers la droite reliant la Place de la Bastille (symbole de la Révolution) à l'Arc de Triomphe.

Le Parisis Code nous précise à sa façon que Emmaüs est bien en Palestine : La droite joignant le n°3 rue de Romainville (Fondation Abbé Pierre) à l'Arc de Triomphe, passe sur la rue de Palestine (19ème arr.).

Même l'Appel de l'Abbé Pierre à Radio Luxembourg (R.T.L), lié à la charité chrétienne est d'une certaine façon évoqué : le siège de R.T.L se trouve au n° 22, rue Bayard (8ème arr.).

L'axe formé par cette adresse et le n° 32, rue des Bourbonnais (évoquant l'hiver 1954) atteint le centre de la Grande Croix du Christ, symbole chrétien du Code, mais aussi symbole de souffrance endurée par le Christ.

Restons dans le domaine de l'Eglise, avec ce rapport étonnant révélé par l'axe Zénith - n° 32, rue des Bourbonnais qui passe sur l'Institut Catholique de Paris.

L'Abbé Pierre est mort le jour de la Saint-Vincent, le 22 janvier 2007.

La rue Saint-Vincent est mise en scène en rapport avec le siège historique d'Emmaüs. Cet axe traverse le Sacré Cœur, la Place Saint-Pierre (!) et le Panthéon (pour l'instant virtuel).

Nous avons vu que beaucoup de chrétiens souhaitaient que l'Abbé devienne un nouveau Saint-Pierre.

La Cour Saint-Pierre (17ème arr.) alignée sur le chœur de Notre Dame de Paris donne une droite étonnante passant sur le n° 32, rue des Bourbonnais !

Egalement très fort ce message évoqué par la ligne Impasse Saint-Pierre (20ème arr.) - pyramide du Louvre traversant également cette même adresse !

Pour finir penchons nous sur le problème que pose l'existence de cette dernière ligne mettant en scène de manière subtilement caché le lieu où repose l'Abbé : Esteville, autrement dit Ville de l'Est ou encore Villa d'Este, rue qui figure dans le 13ème arrondissement, sud de la Capitale.

Par curiosité relions par une ligne virtuelle cette Villa d'Est au siège historique d'Emmaüs.

Le résultat est fort troublant : elle passe sur le portail principal de Notre-Dame de Paris, symbole de l'Eglise dans le Parisis Code, mais aussi lieu des funérailles de l'Abbé Pierre, le 26 janvier 2007.

Où le Jardin de l'Abbé Pierre (13ème arr.) va t-il se trouver ; sur quel alignement symbolique ?

En 2007, j'ai personnellement sélectionné 6 possibilités dont 4 utilisent l'adresse du n° 32, rue des Bourbonnais :

- Eglise Saint Vincent de Paul - « n° 32 » - Observatoire de Paris.

- Sacré Cœur - « n° 32 »- Panthéon.

- « n° 32 » - Entrée Notre-Dame de Paris - Grande Galerie de l'Evolution.

- Boucle de l'Ankh - « n° 32 » - Arc de Triomphe - siège d'R.T.L - Assemblée Nationale - Panthéon.

Ce *Jardin de l'Abbé Pierre* pourrait enfin se trouver dans l'Axe Sud de l'Ankh, récompense suprême ; de plus cet axe touche le Val de Grâce où il lança son dernier soupir...

La moitié de ces alignements possèdent 3 points, et n'ont dors et déjà pas besoin du *Jardin de l'Abbé Pierre* pour exister.

Trois mois après sa mort, une cinquantaine de villes françaises ont baptisé une rue au nom de l'Abbé Pierre …

Les jardins de l'Abbé-Pierre (12 000 m^2 de « vert ») ont été inaugurés au pied de l'université Paris-Diderot, le Jeudi 1er octobre 2009…sur l'axe Boucle de l'Ankh - 32, rue des Bourbonnais, mais aussi sur l'axe Arc de Triomphe – Siège d'R.T.L (22, rue Bayard) - Assemblée Nationale - Grande Galerie de l'Evolution. Le maximum de paramètres a été réuni pour déterminer cet emplacement !

A Paris, il y a un Square de l'Aide Sociale. L'œil de l'Aigle qui regarde ce square, crée une ligne qui traverse l'entrée principale de l'Hôtel de Ville de Paris…- Boucle de l'Ankh - « n° 32 ».

LA SŒUR EMMANUELLE

Madeleine Cinquin dite Sœur Emmanuelle (1908-2008), la *Petite sœur des chiffonniers du Caire*, est une religieuse de la communauté de Notre-Dame de Sion connue pour ses œuvres caritatives en Égypte.

De nationalité belge (née à Bruxelles), française et égyptienne, elle fait partie des personnalités préférées des français.

Elle est morte dans sa maison de retraite à Callian, dans le Var, le 20 octobre 2008, jour de la Saint-Vital.

Comme l'abbé Pierre, Sœur Emmanuelle est une icône. Ils ont dédié leur vie à l'amour des autres.

En attendant une voie à son nom dans la capitale, promise par le Maire de Paris, Sœur Emmanuelle a sa place dans le Parisis Code, grâce à son association *ASMAE - Association Sœur Emmanuelle*, domiciliée à Paris au n°15, rue Chapon (3ème arr.).

Ce n'est pas un hasard si le Grand Œil qui regarde cette adresse forme une droite qui traverse l'entrée de Notre-Dame de Paris.

L'axe Square du Var (20ème arr.) - Association ASMAE nous entraine au centre de l'Ankh, signe de Vie.

L'axe Square du Var - rue Vital (16ème arr.) passe sur Notre-Dame de Paris.

L'axe rue Vital - Association ASMAE traverse la Place René Cassin (Droits de l'Homme et du Citoyen).

L'axe pointe du bec de l'Aigle - Association ASMAE nous entraine sur l'Institut Catholique de Paris.

Le code nous montre que Sœur Emmanuelle est la plus célèbre religieuse de Notre-Dame de Sion :

L'axe formé par le Groupe scolaire Notre-Dame de Sion (au n°61, rue Notre-Dame des Champs- 6ème arr.) et Association ASMAE, atteint la Couronne de l'Aigle. En Belgique elle devint Grand Officier dans l'Ordre de la Couronne…

En 2008, à Paris, elle fut élevée au rang de Grand Officier de la Légion d'Honneur. ASMAE est sur l'axe Tour Eiffel - Palais de la Légion d'Honneur.

LES PETITES SŒURS DES PAUVRES : Sainte Jeanne Jugan, (en religion sœur Marie de la Croix) 1792-1879, est la fondatrice à Saint-Servan, en Bretagne, de la congrégation des Petites Sœurs des Pauvres.

Elle fut canonisée en 2009. L'axe rue Servan - rue Jeanne Jugan (12ème arr.) atteint l'église Saint-Vincent-de-Paul. Pourquoi ?

Saint-Vincent-de-Paul est le saint patron des œuvres charitable ! L'axe rue de Bretagne - rue Jeanne Jugan mène au centre de la boucle de l'Ankh (tête du Christ) !

L'ARMEE DU SALUT

L'Armée du Salut est un mouvement religieux fondé en 1865 par l'anglais William Booth. C'est aujourd'hui une association humanitaire de lutte contre l'exclusion. Son siège est en Angleterre.

Membre de la Fédération Protestante de France, sa mission est d'annoncer l'Evangile de Jésus Christ.

Le siège parisien de l'Armée du Salut se trouve au n°76, rue de Rome (8ème arr.), sur la droite (logique) joignant la rue de l'Evangile (18ème arr.) à l'Arc de Triomphe !

La pointe du bec de l'Aigle alignée sur le siège parisien, forme un axe qui traverse la Fédération Protestante de France (rue de Clichy).

La Cité du Refuge de l'Armée du Salut fut construite en 1933 par le célèbre architecte Le Corbusier, au n° 12, rue Cantagrel (13ème arr.). Elle n'est pas implantée au hasard, et trouve sa place dans le Code.

L'axe reliant le centre de la Grande Croix du Christ (Bellator) à la Place Le Corbusier nous amène là cette Cité du Refuge.

La Cité est aussi exactement sur l'axe qui joint le siège de l'Armée du Salut au centre de la croix de l'Opéra. Une ligne qui coupe d'ailleurs la

Clef de l'Eglise (Notre-Dame de Paris) et l'Hôpital Pitié - Salpêtrière (1650) dont la vocation était de recueillir les mendiants, les pauvres, marginaux et vagabonds.

Créé par Louis XIV autant par charité que par crainte du désordre, cet hospice pouvait admettre jusqu'à 10 000 personnes !

On retrouve la Cité du Refuge sur l'axe symbolique rue de l'Evangile - rue Dieu ! On remarquera que le fondateur des Restos du Cœur, notre ami Coluche, a sa Place juste dans l'alignement Ouest de la Cité du Refuge.

Le Musée du Service de Santé des Armées se trouve au sein de l'hôpital du Val de Grâce. Dans le Parisis Code, il est en connexion avec l'humaniste Suisse Henry **Dunant**, fondateur de la Croix Rouge. Idée qui lui est venue pour aider les 38 000 blessés abandonnés sans soins lors de la bataille de Solférino. L'axe formé par ce Musée et la Place Henry Dunant traverse l'Arc de Triomphe et le Pont des Invalides.

SAINT- GEORGES, SAINTE-ANNE

Saint-Georges est fêté le 23 avril ; il est le saint-patron des soldats et de l'Angleterre. Dans le Code, c'est prouvé !

Si nous relions l'œil de l'Aigle des Buttes-Chaumont à la Place Saint-Georges, cette ligne virtuelle traverse la rue de Londres en plein milieu !Le Parisis Code n'a pas oublié Sainte-Anne (d'Auray), la Sainte patronne de la Bretagne :

L'axe qui relie la rue Sainte-Anne (1er arr.) à la rue de Bretagne (3ème arr.) passe par...l'Arc de Triomphe.

Sainte-Anne n'est autre que la mère de la Vierge Marie. Le code le confirme : Partant du Pont Marie, l'axe passant par l'embranchement rue et passage Sainte-Anne touche la Place de l'Opéra, le centre de la Croix ! La Cité Marie, alignée sur l'extrémité Nord de la rue Sainte-Anne donne un axe atteignant la Sainte-Chapelle. Même la Villa et l'Avenue Sainte-Marie situées à l'Est de Paris (20ème, 12ème arrondissement et Saint-Mandé) alignées sur l'extrémité Nord de la rue Sainte-Anne amène au centre de la Croix !

La tour Saint-Jacques faisait partie d'une église consacrée à Saint-Jacques mais aussi à Sainte-Anne.

On peut en obtenir la preuve en créant un axe Passage Sainte-Anne - Entrée de l'Opéra ; il traverse la tour !

JONAS ET LA BALEINE

D'après la Bible (Livre de Jonas), **Jonas**, l'un des 12 petits prophètes fut rendu à la vie après avoir séjourné 3 jours dans le ventre d'un gros poisson (fiction didactique du Vème siècle avant J.C).

Histoire étrange et fantaisiste quand on sait que cet animal, à cause de ses fanons, ne peut avaler que du plancton !

De toute manière aucun homme ne pourrait vivre dans un poisson aussi gros fut-il. Mais le Code prend l'histoire brute et naïve telle qu'elle nous est parvenue ; laissons le parler.

Dans le Parisis Code il est fait mention de cet épisode à travers un alignement qui sent le poisson ! En effet la rue Jonas (13ème arr.) est dans l'alignement sud de la villa poissonnière ; cette ligne passe par Notre-Dame de Paris.

De même, chaque point de la rue du faubourg Poissonnière aligné sur la rue Jonas passe par cette cathédrale.

Il faut dire que le chrétien est symbolisé par le poisson ; L'eau du baptême étant l'élément naturel et l'instrument de leur régénération. Le Christ étant le pêcheur.

Il est à noter que la rue Jonas est exactement dans l'axe de la Croix, signe de Vie comme le sont les mers et les océans pour l'Humanité.

Signe de vie également présenté par Jonas malgré ce temps passé dans l'estomac du poisson ! Ce poisson était il une Baleine ?

Si nous traçons une ligne joignant la rue Jonas à l'Impasse de la Baleine (11ème arr.) elle passe par le Musée National d'Histoire Naturelle où l'on peut effectivement admirer, naturalisés, dans la Grande Galerie de l'Evolution, une Baleine australe avec ses fanons, datant de 1818, un baleinoptère boréal et un baléinoptère commun!

L'Impasse de la Baleine est dans l'alignement Est de l'Hôtel de la Marine situé Place de la Concorde.

En temps qu'espèce vivante la plus grosse de notre planète, la baleine bénéficie de l'alignement suprême : Impasse de la Baleine - Arc de Triomphe qui passe par le centre de la Croix.

Dans la symbolique, le mythe de Jonas et de la Baleine, représente la mort et la renaissance. La Baleine représente le trésor caché.

Aussi n'est-il pas étonnant de voir cet animal en relation avec la croix, qui représente lui-même le code caché de la Capitale.

La fin de cet animal marin est-il programmé dans le Parisis Code ? C'est ce que laisse penser la droite qui part du centre de la boucle de l'Ankh (symbole de Vie éternelle), et qui passe par cette Impasse de la Baleine.

En effet, cet axe atteint quelques kilomètres plus loin les rues des plus grands exterminateurs de Cétacés de la planète : la rue du Japon et la rue de la Chine.

La baleine dans le Code... La baleine est le plus gros mammifère de la planète... C'est une espèce menacée.

A Paris, il y a 102.000 ans, ces cétacés coulaient des jours paisibles dans ce qui sera plus tard, notre Paname. Nous en avons des preuves ! En effet, en 1891, des ossements de baleine furent découvert au niveau du n°36, rue Dauphine (6ème arr.).

La baleine est indirectement honorée dans Paris grâce à l'Impasse de la baleine (11ème arr.). Cette impasse n'a pas été baptisée ainsi en l'honneur du plus grand mammifère marin, mais parce que le propriétaire de l'endroit était également aussi fabricant de baleines... pour corsets !

On peut admirer un squelette entier de baleine au Muséum National d'Histoire Naturelle de Paris où nous trouvons aussi, au n° 47 rue Cuvier (5ème arr.) le restaurant *La Baleine* dont les murs sont couverts d'informations sur l'univers de la baleine et le livret de jeux pour les enfants porte sur ce thème.

A l'Aquaboulevard, au n°4, rue Louis Armand (15e), depuis 1993, suspendue au-dessus du bassin d'eau à 29°, on peut également admirer la Baleine Jonas initialement conçue par le commandant Cousteau. C'est une reproduction de 30 m de long, sa taille réelle. A l'intérieur, on découvre un baleineau, son cœur et beaucoup d'autres merveilles...

Si nous relions l'entrée de l'*Aquaboulevard* à l'Impasse de la baleine, nous obtenons une ligne de 8,3 kilomètres qui touche avec une précision stupéfiante le n°36, rue Dauphine, où fut découvert la baleine parisienne !

Dans le Parisis Code il existe deux clefs du superlatif. Le Zenith (le plus haut), matérialisée par la fameuse salle de spectacle, et la Tour Maine-Montparnasse représentant le plus haut building de Paris (intra-muros). Pourquoi, si nous relions ces deux clefs, tombons nous miraculeusement sur le n°36, rue Dauphine, où fut découvert les restes du plus gros être vivant de la planète ?

Petit détail, sur cette ligne, dans le hall de la gare Montparnasse fut exposé pendant un an une sculpture de baleine de 6 mètre de long réalisé avec des Meccano.

Dans certaines traductions de la Bible, le *grand poisson* qui avale Jonas est présenté comme une baleine. Il existe à Paris, une rue Jonas (13ème arr.). Suite à sa désobéissance à Dieu, Jonas ayant pris la mer, sera jeté par ses compagnons de voyage, dans le ventre d'une baleine. Il y restera trois jours et trois nuits, avant d'être recraché sur le rivage et d'accomplir finalement la tâche qui lui incombait... Dans la Parisis Code, le paranormal n'est jamais bien loin...

Etrangement, on remarquera que la rue Jonas est placée exactement dans l'axe de l'Ankh.

Mais le plus extraordinaire est que l'emplacement où furent découverts les ossements de la baleine parisienne s'y trouvent aussi ! Autrement dit n°36, rue Dauphine se trouve sur la ligne reliant le centre de la boucle de l'Ankh à la rue Jonas !

Et que dire de cette petite boutique spécialisée dans les faire-part de mariage et de naissance située au n° 5 Rue Littré (6ème arr.) baptisée *La Petite Baleine* ? L'œil de l'Aigle des Buttes-Chaumont qui regarde cette boutique crée une ligne qui passe sur le n°36, rue Dauphine !

Située au centre du Square Saint-Eloi depuis 1982, une fontaine en forme de baleine bleue, a été exécutée en résine de polyester et recouverte de mosaïques par Michel Le Corre. L'œuvre rappelle que l'espèce est menacée de disparition...

Cette fontaine est en fait un message qui invite un éventuel décodeur du Parisis Code à visiter les endroits de Paris où il est encore possible de les admirer... en chair (reconstituée) et en os (squelette).

Il suffit de relier la fontaine-baleine du Square Saint-Eloi à l'Aquaboulevard qui expose une maquette en grandeur nature. Cette ligne passe sur la Grande Galerie de l'Evolution du Muséum National d'Histoire Naturelle où sont exposés des squelettes entiers de baleines (australe et boréale).

MOBY est un béluga (baleine blanche) de l'océan Arctique qui est célèbre pour avoir remonté le Rhin sur 400 kilomètres pendant un mois exactement, en été 1966.
Repéré à Rotterdam le 15 mai, il est à Duisbourg, puis à Cologne.
Pendant un mois, il va ainsi remonter tranquillement le Rhin, sans manger, dans une eau très polluée. Il va résister aux personnes qui, pour son bien, veulent l'attraper pour le remettre dans la mer du Nord. Mystérieusement, le 13 juin, jour de la Saint-Antoine de Padoue (Saint-Patron des Marins!), il arrête net son périple à Bonn, devant le Bundestag, interrompant une conférence de presse. Des milliers de personnes massés au bord du Rhin assistent à ce spectacle insolite. La baleine fit alors demi-tour et retourna dans la mer du Nord en 2 jours seulement.
Ce fait divers exceptionnel a permis une prise de conscience générale de la pollution fluviale et de la nécessaire protection des animaux marins. Une évolution était en marche...
Il est stupéfiant de voir que dans le Parisis Code, l'alignement Impasse de la Baleine - Eglise Saint-Antoine de Padoue (n°52, Boulevard Lefebvre), traverse la Clef de l'Evolution, la Tour Montparnasse ; ce "monolithe noir" de la Prise de Conscience (2001, l'Odyssée de l'Espace) ! Le Grand-Œil (Observatoire) qui regarde l'Eglise Saint-Antoine de Padoue, crée un axe qui traverse le Square Saint-Eloi, où se trouve la statue en céramique d'une belle baleine bleue... L'œil de l'Aigle qui regarde cette statue, crée un axe qui atteint la rue du Rhin!

LA NATIVITE : Rue de la Nativité (12ème arr.) : dans une pulsion de logique, relions par curiosité cette petite rue à l'extrémité du Bassin-phallus du Trocadéro, clef de la Création.

Curiosité récompensée ; cette ligne traverse en plein centre deux endroits où reposent des personnages *bien nés*. Jugez-en !

Il s'agit du dôme des Invalides et du Panthéon. Important : la ligne qui relie la Grande Arche de la Défense à la Pyramide de Kheops (la véritable ; celle d'Egypte) passe par cette rue de la Nativité !

L'église de l'Immaculée Conception (consacrée à celle qui a été conçue sans péché) est sur une ligne passant par Notre-Dame de Paris, la rue du Rendez-vous (12ème arr.) et...le bout de la Fontaine de Varsovie au Trocadéro (Clef de la Création, de la Conception).

L'angle de la rue Notre-Dame de Nazareth et de la rue du Temple

L'œil de l'Aigle des Buttes-Chaumont qui regarde l'église Notre-Dame de Nazareth, rue de Lourmel (15ème arr.), crée une droite de 8,8 kilomètres qui traverse la rue Notre-Dame de Nazareth (3ème arr.).

ALIGNEMENTS CIRCULAIRES

A ma connaissance, il n'existe à Paris qu'un seul exemple d'alignement sur des cercles.

L'église parisienne de **SAINT-GERVAIS, SAINT-PROTAIS** (7ème siècle) dédiée aux frères jumeaux Gervais et Protais cache un étrange rayonnement (relevé par Gérard de Sède).

Elle est le point central de cercles où figurent un nombre conséquent d'églises de Paris.

Sur un premier cercle se placent exactement cinq églises. Saint-Louis, Notre-Dame, Saint-Meri, Les Blancs-Manteaux et Saint-Paul.

On peut tracer un pentacle. Sur un second cercle on peut relier quatre églises. Saint-Nicolas, Sainte-chapelle, Saint-Séverin et la cathédrale Sainte-Croix.

Sur un quatrième, on en compte trois : Saints archanges, Saint-Leu, Saint-Denis. Sur un cinquième, pas moins de cinq maisons de Dieu ! Saint-Germain l'Auxerrois, Saint-Eustache, Saint-Nicolas de champs, Saint-Etienne, et l'église de la Sorbonne.

Il ne peut en aucun cas s'agir de coïncidences ; alors, pour quelle raison les églises tournent-elles comme des planètes autour de ce point ?

A quelques mètres de Saint-Gervais, Saint-Protais s'élevait au moyen-âge, le quartier général des Templiers. Doit-on chercher une explication de ce côté là ?

A Gisors, forteresse des Templiers, on trouve également une église qui porte ce nom. A cet endroit précis se trouve aujourd'hui, derrière une façade bleue, une antenne des Compagnons. Serait-ce le début d'une piste ?

L'église Saint-Gervais, Saint-Protais, alignée sur la Cour du Sphinx du Louvre nous mène droit sur la Grande Croix du Christ...

Cette église Saint-Gervais Saint-Protais, point central de cercles où figurent les églises de Paris fut le théâtre d'un drame terrible : le vendredi Saint du 29 mars 1918, exactement sur ce *point central*, un obus allemand descendu du ciel creva la voûte tuant et blessant 160 fidèles.

L'Archange **SAINT-MICHEL**, bras droit de Dieu est suivant la tradition catholique, le protecteur de la France.

François 1er était le Grand-Maître de l'Ordre Royal de Saint-Michel dont le quartier général se trouvait au Mont Saint-Michel.

Quand on trace une ligne joignant l'église Saint-Michel des Batignolles, voir même le Passage Saint-Michel à la Place François 1er, celle-ci traverse le Rond-point des Champs-Elysées symbole de notoriété.

Saint-Michel est le saint protecteur de la France, aussi la Place Saint Michel se trouve telle sur la ligne joignant le chœur de Notre-Dame de Paris à la Tour Eiffel, ou encore sur la droite Observatoire de Paris – rue Française (2ème arr.) sur laquelle on trouve aussi la rue de Compiègne, forêt où furent signés les deux armistices (qui protégèrent la France).

Louis XI créa à Amboise le 1er août 1469, l'Ordre de Saint-Michel. Ce détail figure dans le Code : le 1er août est la Saint-Alphonse. L'Impasse Saint-Alphonse alignée sur la rue d'Amboise donne une ligne passant par la Pyramide du Louvre.

La rue d'Amboise, la Place Saint-Michel et le Panthéon (symbole d'immortalité et d'importance) sont alignés.

Sur cette même ligne figure la rue d'Aumale, Pourquoi ? Le duc d'Aumale fut propriétaire du château d'Amboise vers 1873…

Il est, rappelons-le responsable en 1848, de la prise de la smalla de l'Emir Abdel Kader qui défendait l'Algérie.

L'Emir Abdel Kader et sa suite furent prisonniers dans le château d'Amboise de 1848 à 1852. Dans le Code, la rue d'Aumale alignée sur la rue d'Alger passe par l'Opéra Garnier.

La statue de Saint-Michel terrassant le dragon se trouve au point culminant du célèbre Mont Saint-Michel.

Cette image figurant dans de nombreux tableaux figure aussi sous forme d'alignements, grande spécialité du Parisis Code.

La ligne spectaculairement parlante imaginée par nos faiseurs de lignes est la suivante : partant de la Statue d'Isis (Statue de la Liberté du pont de Grenelle) elle atteint l'Impasse Satan et le Passage Dieu en traversant la rue du Dragon, la Place et le Quai Saint-Michel et le parvis de Notre-Dame.

La rue du Dragon alignée sur l'entrée principale du Père Lachaise (Clef de la Mort) traverse le Pont Saint-Michel.

LES DEUX MONTS SACRES

Le Mont Saint-Michel et le Mont Sainte-Odile offrent d'étranges similitudes : si l'on trace une droite reliant l'Avenue de Sainte-Odile à Courbevoie (La Défense) à l'église Sainte-Odile, celle ci atteint devant la gare du Nord, la Place Napoléon III.

Quel est le lien existant entre Sainte-Odile et Napoléon III ? Ce lien est justement la date la plus importante de notre Sainte alsacienne.

En effet, c'est la fameuse date du 20 octobre 1863 que Napoléon III a choisit pour faire classer aux Monuments Historiques le mont-frère du Mont Sainte-Odile : le Mont Saint-Michel. Agissant ainsi, il sauva ce mont sacré de la dégradation et de la destruction…

On remarquera que plus tard, dans les années 1920, 1930, c'est le même architecte Robert Danis, qui réhabilitera et modernisera les deux monts ! Ils se trouvent tous deux alignés sur l'axe Est-Ouest de la France (même latitude) !

Le Mont Saint-Michel présente une forme pyramidale étonnamment proportionnée à l'image d'une pyramide égyptienne comme Khéops.

Le Mont Saint-Michel est magnifiquement représenté sur une fresque de la Chapelle des Anges du Mont Sainte-Odile.

Ils furent créés vers l'an 708, presque en même temps que le Dôme du Rocher à Jérusalem, le lieu le plus sacré de la chrétienté et de l'Islam.

L'Avenue de Sainte-Odile à Courbevoie, alignée sur la Place, le Pont (et le début de l'Avenue) Saint-Michel donne une ligne passant par l'Arc de Triomphe !

La droite traversant à la fois l'église Saint-Michel (Batignoles) et l'église Sainte-Odile passe par le Zénith et... l'église Saint-Jean-Baptiste (saint qui se présenta lors du grand miracle de Sainte-Odile).

TEILHARD de CHARDIN

Le Père jésuite, théologien et paléontologue Pierre Teilhard de Chardin (1881-1955) a tenté d'adapter le catholicisme à la science moderne par une conception originale de l'évolution.

L'œil de l'Aigle aligné sur la Grande Galerie de l'Evolution donne une ligne passant par la Place du père Teilhard de Chardin (4ème arr.).

L'œil de l'Aigle aligné sur la rue du père Teilhard de Chardin (20ème arr.) donne une droite partant du Zénith. Teilhard de Chardin, un homme qui regardait très haut !

LETELLIER

Les jésuites Michel Letellier (1643-1719) et le fameux Père Lachaise (François d'Aix, seigneur de La Chaise) 1624-1709, furent les confesseurs du roi Louis XIV.

Lachaise, le principal, exerça cette fonction pendant 34 ans ; à sa mort, Le tellier le remplaça.

L'œil de l'Aigle, la clef qui nous guide avec efficacité dans Paris, alignée sur la rue Letellier (15ème arr.), crée un axe qui passe sur la statue équestre de Louis XIV, au Louvre

Michel Letellier obtint du roi la destruction de Port-Royal des Champs en 1710. Effectivement un rapport apparaît en traçant une droite partant de la rue Letellier et joignant l'Eglise Port-Royal (Boulevard Arago).

Cette ligne traverse la Maternité de Port-Royal et la Villa Port-Royal (13ème arr.) et en amont, la clef de la communication, la Maison de Radio-France.

Où, à Paris est enterré Michel Letellier ? Pour cela, nul n'est besoin de consulter le guide Michelin ou Madame Soleil.

Traçons simplement une ligne joignant la Clef de la Mort du Code (l'entrée principale du cimetière du Père Lachaise) à la jonction rue Letellier - Villa Letellier.

Celle-ci traverse l'église Saint-Gervais Saint-Protais où effectivement, il repose pour l'éternité.

PORT ROYAL

Port-Royal était une abbaye cistercienne (de femme) fondée en 1204 dans la vallée de Chevreuse. En 1625 elle fut dédoublée en Port-Royal de Paris.

Ce détail apparaît dans le code grâce à la ligne Tour Eiffel - Square Port-Royal qui traverse la petite rue de Chevreuse (6ème arr.) et le Boulevard de Port-Royal.

SAINTE-CECILE

Sainte-Cécile est la patronne des musiciens. Paradoxalement, l'église Sainte-Cécile (partagée avec Saint-Eugène) est la seule église de Paris qui ne fasse pas de *musique*. En effet, elle ne possède pas de clocher !

La raison vient de sa situation géographique. Située en face du Conservatoire National Supérieur d'Art Dramatique, les cloches pourraient perturber les cours !

La ligne partant du Parvis du Trocadéro, symbole de création et passant par la Place de l'Opéra, centre de l'Ankh, atteint la rue Sainte-Cécile (9ème arr.).

SAINT- SEBASTIEN

Saint-Sébastien est le saint patron des archers. On le retrouve dans le Code associé au héros légendaire de l'indépendance helvétique : Guillaume Tell (14ème siècle), célèbre archer (arbalétrier) suisse.

La rue Guillaume Tell (17ème arr.) alignée sur la rue Saint-Sébastien donne une droite passant par le centre de la boucle de l'Ankh (l'Opéra Garnier), point donnant un sens aux alignements.

SAINT- AMBROISE : le dogme de la *Virginité Perpétuelle* fut fondé par l'évêque de Milan, Saint-Ambroise (340-397).

L'intersection entre la rue et le Passage Saint-Ambroise (11ème arr.) se trouve exactement dans l'alignement Est du Parvis des Droits de l'Homme et de la Fontaine de Varsovie, autrement dit des « sexes » féminin et masculin du Parisis Code !

La droite qui unie la rue Saint-Ambroise à l'Arc de Triomphe, en passant sur l'église de la Madeleine, semble nous laisser un message. Marie-Madeleine, au passé sulfureux, était en effet tout le contraire d'une vierge !

Saint-Ambroise baptisa Saint-Augustin. Le Parisis Code nous montre qu'il y a effectivement un fort lien entre ces deux saints : la droite reliant l'église Saint-Ambroise à la Place Saint-Augustin passe par le centre de la Croix, place de l'Opéra, autre grand centre de liaison donnant du sens aux alignements.

SAINT-THOMAS-D'AQUIN

Saint-Thomas d'Aquin (1225-1274) théologien italien est Docteur de l'Eglise. Il est fêté le 28 janvier en même temps que la Saint-Charlemagne.

L'axe qui unie la rue Charlemagne à l'église Saint-Thomas d'Aquin (7ème arr.), passe par la Sainte-Chapelle (île de la Cité) et la Tour Eiffel.

La droite qui unie la rue Saint-Thomas d'Aquin (la Place et l'église) à la Place d'Italie passe par l'entrée de l'Eglise Saint-Sulpice. Message ?

L'église Saint-Thomas d'Aquin se trouve également sur la flatteuse ligne Arc de Triomphe - Panthéon...

Saint-Thomas d'Aquin est mort le 7 mars 1274, jour de la Saint-Félicité.

La droite reliant l'Observatoire de Paris, le Grand Œil, à la rue de la félicité (17ème arr.), passe par la rue Saint-Thomas d'Aquin !

On se demande pourquoi le Code décide de coder la mort d'un personnage plutôt que sa naissance. Il ne semble pas faire de différence entre les deux états !

MONT DE PIETE

Le Mont de Piété (Crédit Municipal) familièrement appelé *ma tante*, est un organisme de prêt mis au point à l'origine par l'Eglise en 1515. Elle en possédait plus de 80 en Europe.

Le Code nous précise ce fait par une droite qui relie l'œil de l'Aigle au Mont de Piété, rue des Francs Bourgeois (3ème arr.) ; celle-ci atteint l'entrée de Notre-Dame de Paris symbole de l'Eglise.

SAINT- JOSEPH et NOEL

Dans le Parisis Code, la fête de Noël est représentée par la Cité Noël (3ème arr.). Noël vient du latin Natale qui veut dire jour de naissance.

Le 25 décembre, une étoile indiquait le lieu de naissance de Jésus ; était-ce une comète… téléguidée ?

Posons la question au Sphinx en créant un axe Cour du Sphinx - Cité Noël. Celui-ci atteint la rue de la Comète !

Noël fut apparemment une naissance triomphale si l'on en croît l'alignement Cité Noël - Notre-Dame de Nazareth (3ème arr.) qui passe par l'Arc de Triomphe du Carrousel !

La Cité Noël nous indique où eut lieu cette naissance ; en effet si nous l'alignons sur la boucle de l'Ankh (signe de Vie), cet axe passe par la Place d'Israël.

Les rue Saint-Joseph (2ème arr.) et Notre-Dame de Nazareth sont orientées en direction de la boucle de l'Ankh. On peut en outre aligner ces deux rues sur l'Arc de Triomphe (honneur suprême).

La Cité Noël est dans l'alignement Nord-Sud de la rue Notre-Dame de Nazareth.

La rue Saint-Joseph (époux de Marie) alignée sur l'Impasse de l'Enfant Jésus (15ème arr.) donne un axe passant sur la Pyramide du Louvre.

De même, on retrouve cette rue dans l'alignement Cour du Nom de Jésus (11ème arr.) - rue de la Crèche (17ème arr.) !

Restons dans le mystère de Noël avec la rue de la Crèche qui nous donne une ligne qui atteint le symbole de naissance (Parvis du Trocadéro) et la Place d'Israël en passant par la Place de l'Etoile !

Cette ligne est perpendiculaire à l'Axe Solaire Historique (Avenue des Champs Elysées). Il est troublant de voir un alignement mettant en scène le bout du Bassin Phallus du Trocadéro, symbole de procréation dans un axe partant de la rue de la Crèche et passant par la Place de l'Etoile !

L'Impasse de l'Enfant Jésus alignée sur la Place du Trocadéro (Fœtus) et Parvis des Droits de l'Homme (enfantement) passe par le bout du Bassin Phallus (Création).

De même on retrouve ce Bassin Phallus du Trocadéro qui, aligné sur la Cité Noël passe par la Pyramide du Louvre, alors qu'en principe dans l'histoire de la naissance de Jésus il n'est pas question de procréation !

La rue de la Nativité orientée sur l'Arc de Triomphe de l'Etoile passe par le centre du bâtiment octogonal du Palais Omnisport de Bercy (pyramide octogonale tronquée).

L'octogone symbolise la résurrection ; il évoque aussi la vie éternelle.

La ligne Passage Dieu - Place d'Israël passe sur l'Eglise de la Sainte-Trinité.

Il est à noter que cette ligne est très précise car elle réussit à éviter l'Impasse Satan pourtant située à quelques mètres du Passage Dieu !

La Place d'Israël possède bien entendu un rapport avec la Grande Croix du Christ (Bellator). La clef de cet alignement de 3 km est l'Arc de Triomphe (extrémité du bras-est de la Croix).

Dans Paris, la Cité Noël se trouve sur la ligne joignant la clef de la Mort à la clef de la Naissance, sur laquelle on trouve aussi la pyramide inversée.

Le 25 Décembre correspondait à une fête païenne célébrant le Renouveau, autour du solstice d'hiver.

SAINT- GILLES

L'ermite Saint-Gilles est un saint chrétien né à Athènes qui a vécu en Provence au VIIe siècle et mourut à l'âge de 80 ans, en l'an 720. L'axe rue d'Athènes – Avenue de Provence nous mène directement sur l'Eglise Saint-Gilles.

Cet axe atteint vers le sud, comme par miracle, un restaurant (spécialité gibier) qui s'appelle *A la Biche au Bois* au n°45, Avenue Ledru-Rollin (12ème arr.). Cet établissement existe depuis 1925, et c'est le seul point dans paris qui évoque la biche. En quoi est-ce miraculeux ?

La biche occupe une place très importante dans l'iconographie de Saint-Gilles. Il est représenté avec une biche, car selon une légende du Xe siècle, lors d'une campagne de chasse du roi Wisigoth Wamba, une biche poursuivie par la meute du roi, se réfugia auprès du saint ermite, et vint se coucher à ses pieds…

Ainsi, ce fut Saint-Gilles qui fut blessé par la flèche du roi. L'histoire veut que cette petite biche le nourrissait de son lait…

Au n° 35, rue Geoffroy-Saint-Hilaire (5ème arr.), se trouvait au début du siècle dernier (vers 1908) un cabaret à l'enseigne de la biche.

L'œil de l'Aigle qui regarde cette adresse fantôme crée une ligne qui traverse bel et bien la rue Saint-Gilles !

Saint-Gilles est aussi le Saint-patron d'Edimbourg : la ligne rue d'Edimbourg - Eglise Saint-Gilles passe exactement sur le sommet de la croix Ankh.

L'œil de l'Aigle qui regarde l'extrémité de la rue Saint-Gilles crée un axe qui traverse de part en part le Lycée Charlemagne et la rue Charlemagne. Ce n'est pas pour rien !

Un jour, Charlemagne demanda à Saint-Gilles, conseiller des papes et des rois, l'absolution pour un très grand péché d'inceste qu'il avait commis.

Alors que Saint-Gilles célébrait la messe, un ange plaça sur l'autel un parchemin où était consignée la faute.

Au fur et à mesure du déroulement de l'office, les traces écrites du péché s'effacèrent sur le parchemin...

Cette scène est reproduite sur la châsse de Charlemagne, dans la Cathédrale d'Aix-la-Chapelle.

Saint-Gilles était un ermite et le code nous le confirme : l'œil de l'Aigle qui regarde l'extrémité de la rue du Puits de l'Ermite traverse la rue Saint-Gilles.

SAINT- JEAN-BAPTISTE DE LA SALLE

Saint-Jean-Baptiste-de-la-Salle (mort en 1719), docteur en théologie est le patron des éducateurs. Il étudia à Saint-Sulpice et à la Sorbonne et se voua à la formation des prêtres.

C'est le précurseur de la pédagogie moderne. Sa rue est sur la ligne Clef de la Communication – centre de l'Octogone (symbole de l'Eglise) du Palais Omnisport de Bercy, sur laquelle se trouve greffées l'Ecole Saint-Sulpice et la Grande Galerie de l'Evolution.

La rue Saint-Jean-Baptiste-de-la-Salle est dans l'alignement Ouest de la Sorbonne. La droite reliant la rue Saint-Jean-Baptiste-de-la-Salle au Sacré-Cœur passe par le mystérieux bassin rond des Tuileries.

C'est le sculpteur Alexandre Falguiere (1831-1900) élève de François Jouffroy, qui a sculpté en 1875 la fameuse statue de Saint-Jean-Baptiste-de-la-Salle de Rouen.

La Place Falguière alignée sur le Passage Jouffroy donne une droite passant sur la rue Saint-Jean-Baptiste-de-la-Salle.

Chasse contenant les reliques de Saint-Jean-Baptiste-de-la-Salle (Rome 1937)

L'ANNONCIATION

Si, concernant Jésus Christ, il n'y a pas eu de procréation, il y a par contre dans Paris, une rue de l'Annonciation, très parlante :

- Le Pont Marie (4ème arr.), pont qui mène à l'île Saint-Louis, aligné sur cette rue traverse précisément la cathédrale Notre-Dame !

- La Cité Marie (17ème arr.), alignée sur la rue de l'Annonciation donne un axe traversant la rue du Printemps (puisque l'Annonciation est fêtée le 25 mars) et surtout par l'Arc de Triomphe ! Qui oserait prétendre que le Code n'existe pas ?

- L'avenue Sainte-Marie de Saint-Mandé (banlieue Est) et la Villa Sainte-Marie (20ème arr.) alignées sur la rue de l'Annonciation donnent un axe qui traverse le centre des Arènes de Lutèce (référence aux Romains), le Panthéon et l'Institut Catholique de Paris.

- Pour finir, sur la droite joignant la rue de l'Annonciation à la cathédrale Notre-Dame, on remarquera le discret petit Passage de la Vierge (7ème arr.)! Tous ces alignements atteignent l'église Notre-Dame des Grâces de Passy.

LA VISITATION

Dans la tradition chrétienne, la Visitation est une fête célébrée le 31 mai, deux mois après l'Annonciation (25 mars). Elle correspond à la visite de la Sainte Marie, alors enceinte de Jésus, à sa cousine Sainte

Elisabeth, elle-même enceinte de Saint-Jean-Baptiste, qui baptisera plus tard Jésus dans le Jourdain.

Dans Paris, le Passage de la Visitation (7ème arr.) célèbre cet événement rapporté par Saint-Luc.

Dans le Parisis Code, c'est le Sphinx qui nous parle de cette visite :

- La droite reliant le Passage de la Visitation à la Cour du Sphinx du Louvre nous amène sur la rue Sainte Elisabeth.

- L'axe rue Saint-Jean-Baptiste - Passage de la Visitation passe dans la boucle de l'Ankh.

C'est le 31 mai 1980, jour de la Visitation que le Pape Jean-Paul II célébra une messe sur le Parvis de Notre-Dame de Paris et entonna le *Magnificat* ou cantique de Marie, parles que la Vierge prononça justement le jour de sa visite à Sainte Elisabeth.

Depuis le 3 septembre 1980, ce Parvis a été rebaptisé Place Jean-Paul II, et ceci malgré de vives protestations de la population laïque. Il y avait ce jour là autant de policiers que de manifestants hostiles à cette inauguration.

En règle générale, dans Paris, un délai de 5 ans doit être respecté entre la mort d'une personnalité et l'attribution d'une voie à son nom. Le maire de Paris a fait une exception en baptisant cette place seulement un an et 5 mois après la mort du Souverain Pontife.

On remarquera que la ligne joignant la Place Jean-Paul II au Parc Jean Paul II à Issy-les-Moulineaux (banlieue sud de Paris) traverse la Tour Maine-Montparnasse !

Un alignement nous laisse entendre que la création de la Place Jean Paul II s'est décidée le jour de sa messe du Magnificat à Notre Dame du 31 mai 1980 (jour de la Visitation). En effet, la droite reliant le bout du Bassin-Phallus, clef de la création au Passage de la Visitation, passe sur l'actuelle Place Jean Paul II.

Rappelons nous aussi que l'endroit où se trouve cette clef de la création, était occupé dés le milieu du 17ème siècle par le Couvent de la Visitation ! Le « hasard » fait vraiment bien les choses, avouons le…

SAINT-FRANCOIS DE SALES

C'est François de Sales (1567–1622) qui fonda l'ordre religieux de la Visitation.

Le Grand-Œil (Observatoire) qui regarde les deux églises Saint-François de Sales (rue Ampère), crée une ligne de 5,9 kms qui traverse comme par miracle le petit Passage de la Visitation. Cet axe atteint l'église d'un autre Docteur de l'Eglise : Saint-Albert-le-Grand (rue de la Glacière). La ligne reliant les églises Saint-François de Sales et le Temple de la Visitation (17 rue Saint-Antoine) passe exactement sur le centre de la Croix-Ankh !

François de Sales exerça une influence marquante au sein de l'Eglise et envers Louis XIII.

La ligne reliant le Square Louis XIII (Place des Vosges) aux églises Saint-François de Sales traverse la boucle de l'Ankh en plein centre ! Cette boucle (Opéra Garnier) est la marque du Destin…

Saint-François de Sales est aussi le Saint-patron des journalistes et des écrivains.

L'Institut Français de Journalisme se trouve au n°201, rue Saint-Martin, juste sur l'axe sommet de l'Ankh - églises Saint-François de Sales.

SAINTE-JEANNE-DE-CHANTAL

Jeanne Françoise Frémyot de Chantal (1572-1641) native de Dijon, grand- mère de Madame de Sévigné est devenue Sainte-Jeanne-de-Chantal. Elle fonda avec Saint–François-de-Sales, l'Ordre de la Visitation.

L'église Notre-Dame Sainte-Jeanne-de-Chantal se trouve Place de la Porte de Saint- Cloud (16ème arr.).

Elle est utilisée dans le Code pour nous raconter son histoire abrégée.

Le Code nous indique qu'elle a créé quelque chose avec Saint-François :

- Sainte-Jeanne-de-Chantal – Maison de Radio-France (clef de la Communication) – Bassin phallus (création) - Impasse Saint-François (18ème arr.).

Si l'on interroge le Sphinx il nous montre qu'elle a un rapport avec la Visitation : Sainte-Jeanne-de-Chantal - Cour du Sphinx du Louvre (révélation) - Passage de la Visitation (7me arr.).

Le code nous montre où elle est née : Sainte-Jeanne-de-Chantal – Observatoire de Paris (clef qui montre) - rue de Dijon (12ème arr.)

Le Code laisse entendre que la Sainte a un rapport de parenté avec Madame de Sévigné : Sainte-Jeanne-de-Chantal – entrée de Saint-Sulpice – entrée de Notre-Dame-de-Paris - rue de Sévigné (3ème arr.) – centre du cimetière du Père Lachaise.

Une droite qui se termine sur un cimetière peut en effet aussi indiquer une hérédité en montrant le cycle de la Vie.

LES APPARITIONS MARIALES

L'église de l'Apparition de la Sainte-Vierge se trouve au n° 90, Boulevard Exelmans (16ème arr.).

L'Œil de l'Aigle qui regarde cette église génère une ligne qui passe sur la statue d'ISIS.

L'église Apparition de la Sainte-Vierge alignée sur la rue Sainte-Marie (à Saint-Mandé, banlieue Est) donne un axe traversant la pyramide octogonale (symbole de l'Eglise) de Bercy.

En reliant le Passage de la Vierge (7ème arr.) et le Passage de la Vérité (1er arr.), on tombe sur cette véritable église-message.

La droite joignant le Zénith à l'église de l'Apparition de la Sainte-Vierge traverse l'ankh au niveau de l'entrée de l'Opéra Garnier, boucle de l'Ankh.

A **LA SALETTE**- Fallavaux (Isère), le 19 septembre 1846, la Vierge Marie est apparut devant deux enfants illettrés.

A Paris, l'église Notre-Dame de La Salette se trouve au Sud, entre les rues de Dantzig et Kronstadt (15ème arr.).

Différents alignements en rapport avec ce lieu de culte prouvent que cet événement est vraiment majeur.

La pointe du bec de l'Aigle alignée sur cette église donne une ligne qui traverse l'Institut Catholique de Paris et l'extrémité Sud de la rue de Seine (6ème arr.).

Pourquoi la Seine ? Parce que la Saint-Seine est fêtée le 19 septembre, jour de cette apparition mariale !

La ligne qui joint Notre-Dame de La Salette à l'entrée du Sacré-Cœur de Montmartre passe sur le centre de la boucle de l'Ankh.

En joignant l'Eglise Notre-Dame de Lourdes, rue Pelleporte (20ème arr.) à l'église Notre-Dame de La Salette on constate que la ligne traverse la Tour Maine-Montparnasse (Clef du Code évoquant la Grandeur et l'Intelligence) et le chœur de Notre-Dame de Paris.

Qui oserait affirmer que l'Eglise ne participe pas, elle aussi à l'élaboration du Parisis Code ?

A **LOURDES** la Vierge est apparue 18 fois à la jeune bergère Bernadette Soubirous (1844-1879) ; pour la première fois le 11 février 1858. Les visions se succédèrent jusqu'au 16 Juillet. Le 25 mai au cours d'une des apparitions elle se déclara être l'Immaculée Conception.

L'axe reliant l'Eglise de l'Apparition de la Sainte-Vierge à la Chapelle Sainte-Bernadette (n° 4, rue d'Auteuil, Porte d'Auteuil) atteint le centre de la boucle de l'Ankh.

La ligne Chapelle Sainte-Bernadette - Eglise Notre-Dame de Lourdes croise la Galerie d'Apollon, point de naissance de l'axe de l'Ankh. La ligne Chapelle Sainte-Bernadette - Eglise de l'Immaculée Conception, croise le Panthéon ! Pourquoi un Panthéon virtuel ? Elle fut canonisée le 8 décembre 1933, jour de l'Immaculée Conception !

L'Eglise Notre-Dame de Lourdes alignée sur la Place des Victoires donne un axe passant sur le Grand Bassin octogonal (symbole de l'Eglise) du Jardin des Tuileries.

La première apparition de Bernadette est datée dans le code. En effet, le 11 février est la Saint-Séverin d'Agaune.

L'axe formé par la Chapelle Sainte-Bernadette et la rue Saint-Séverin (5ème arr.) mène directement sur l'entrée de Notre-Dame de Paris. Cet axe traverse aussi le Jardin Catherine Labouré (7ème arr.), évoquant un autre témoin célèbre d'apparition mariale à Paris ; apparition connue sous le nom de Notre-Dame de la Médaille Miraculeuse.

De même si l'on trace une ligne reliant l'Eglise Notre-Dame de Lourdes et l'Eglise Saint-Séverin, elle touche l'entrée de Notre-Dame ! Coïncidence ? Soyons sérieux ! Qui oserait prétendre une chose aussi absurde ?

L'APPARITION DE PONTMAIN

En 1871, lors de la guerre contre la Prusse, l'armée française est défaite et l'armée prussienne pénètre sur le territoire français.

Les populations effrayées qui n'ont plus de nouvelles de leurs hommes tartis au combat, commencent à prier avec ferveur…

A **Pontmain** (Mayenne), au soir, vers 18h, le 17 janvier 1871, jour de la Saint-Sabin et de la Saint-Sulpice, au-dessus et au milieu d'un toit, la Vierge Marie est apparue devant le petit Eugène Barbedette accompagné de 6 autres enfants.

Cette belle dame le regarde avec un air de bonté, délicate et tendre. Elle est revêtue d'une robe bleue sombre constellée d'étoiles d'or, un crucifix dans ses mains. Un voile de deuil couvre son visage. Sa tête est couverte d'une couronne ressemblant à une toque.

Comme on a pu souvent le constater lors d'autres apparitions, la Sainte Vierge s'adapte souvent au contexte dans lequel elle apparait. C'est pourquoi sa robe rappelait fortement le plafond étoilé de l'église de Pontmain, tandis que le voile noir évoque le deuil engendré par cette guerre engendrée par Napoléon III. Des mots se sont "affichés" par la suite au-dessous d'elle: *Mais priez mes enfants, Dieu vous exaucera en peu de temps; mon fils se laisse toucher.*

La Vierge Marie, qui ne cesse de sourire, restera 3 heures, immobile et silencieuse, de sorte que les enfants et les paroissiens accourus en nombre, assisteront à l'apparition.

Les combats cesseront dès le lendemain de l'apparition, les prussiens quittent la Mayenne, et les 38 hommes de Pontmain rentreront sains et saufs. Enfin l'Armistice interviendra 11 jours plus tard.

Les Voyants et les Témoins devant la Grange Barbedette, le 17 Janvier 1871 -
1. Eugène Barbedette - 2. Joseph Barbedette - 3. Jeanne-Marie Lebossé - 4. François Richer
5. Sœur Marie Edouard - 6. La Mère Barbedette - 7. Jeannette - 8. Augustine Dolan
9. Le Père Barbedette - 10. La femme d'Augustine - 11. Jean Guidecoq - 12. Sœur Vitaline
13. Eugène Friteau - 14. M. le Curé - 15. Jeannette Détais - 16. Louise, domestique - 17. Augustin Guidecoq

Le 2 février 1872, Fête de la Présentation de Jésus, l'évêque de Laval, reconnaît officiellement l'apparition.

Une imposante basilique est édifiée en 1888 à Pontmain; en 1908, l'église est proclamée solennellement *Basilique Notre Dame de l'Espérance de Pontmain*. Ce lieu attire 200 000 fidèles chaque année. Des cierges y brulent jour et nuit…

En 1946, les cérémonies du 75ème anniversaire de l'apparition sont présidées par le futur Pape Jean XXIII...

La trace dans le Code:

Il existe à Paris (Bagnolet), l'église Notre-Dame de Pontmain, inaugurée en 1931, détruite en 1944 et enfin reconstruite en 1947.
Cette église génère une multitude d'alignements des plus incroyables, en rapport avec l'apparition mariale de 1871. La statue représentant l'apparition figure au-dessus de l'entrée principale.
La droite de 12 kilomètres reliant cette église à l'église de l'Apparition de la Sainte-Vierge (au n° 90, Boulevard Exelmans) passe sur l'église Notre-Dame de l'Espérance (nom de l'apparition), située au n°47, rue de la Roquette, sur la rue et le passage Saint-Sabin (11 e arr. - datation du miracle), sur la Cathédrale Notre-Dame de Paris, et sur la rue Saint-Sulpice (deuxième datation du miracle !).
Que nous faut-il de plus pour croire en la réalité du Code ?

Le Grand-Œil qui regarde l'église Notre-Dame de Pontmain, traverse la Grande Galerie de l'Evolution, et le Passage Dieu.

La ligne reliant l'église Notre-Dame de Pontmain à la rue Dieu crée un axe passant sur l'Eglise de la Sainte Trinité.

La grange du miracle

Plus étrange encore: l'apparition de Pontmain s'est déroulée le jour de la Saint- Sulpice et de la Saint-Sabin, au-dessus d'une grange, qui se trouve rue de la grange...

A Paris, la ligne reliant l'église N.D de Pontmain à la Place Saint-Sulpice et l'église du même nom passe *miraculeusement* sur l'extrémité nord de la rue... Lagrange (5e arr.) ! Cette ligne touche également la rue et le passage Saint-Sabin !

Insolite : les voyants dans la Grange !

Aux fêtes de l'anniversaire de l'apparition, c'est une coutume à Pontmain de représenter les voyants par des mannequins ; ils sont rassemblés dans la Grange.

Avec les enfants, il y a les deux religieuses présentes lors de l'apparition du 17 janvier 1871.

Une deuxième apparition, au Liban !

La ligne de 9,4 kilomètres reliant le Square de Mayenne à l'église Notre-Dame de Pontmain, traverse la rue de la Présentation (représentant la date de la reconnaissance officielle de l'apparition, par l'Eglise).

Cette ligne passe exactement sur la petite rue du Liban (20 e arr.). Savez-vous pourquoi ? Tout simplement parce que la Vierge de Pontmain, sous l'apparence exacte qu'elle avait lors de sa première apparition en 1871, est apparue de nouveau au Liban le 21 août 2004 (jour de la Saint-Christophe) à Deir-el-Amhar, dans le sanctuaire de Notre-Dame de Béchouate (à 100 kilomètres de Beyrouth).

Le témoin était un jeune jordanien de confession musulmane. La statue représentant la Vierge de Pontmain s'est mise à ouvrir les yeux, ses pupilles se déplaçant horizontalement et verticalement. Ce phénomène qui dura plusieurs jours fut constaté par de nombreux témoins.

La ligne de plus de 10 kilomètres joignant l'église Notre-Dame de Pontmain (Bagnolet), à la rue Saint-Christophe (15 e arr - datant la 2ème apparition de 2004) passe devant l'église Notre-Dame de l'Espérance (nom de la Basilique de Pontmain), sur Notre-Dame de Paris, et traverse sur toute sa longueur l'église Saint-Sulpice (datant la 1ère apparition de 1871).

Notre-Dame de Pontmain est invoqué également sous le vocable de Notre-Dame de l'Espérance. ***La Basilique Notre-Dame de l'Espérance, de Pontmain est particulièrement visée par le Code*** :

La ligne reliant l'église Notre-Dame de Pontmain à la Chapelle de la Médaille miraculeuse (lieu de l'unique apparition mariale de Paris) traverse l'église Notre-Dame de l'Espérance, l'extrémité Nord de la rue Saint-Sabin (datation du miracle) et l'entrée principale Notre-Dame de Paris.

L'œil de l'Aigle qui regarde la rue de l'Espérance (13 e arr.) forme une ligne qui passe sur l'extrémité Nord de la rue Saint-Sabin (datation du miracle).

FATIMA, LE TRESOR DE L'EGLISE

A Fatima, au Portugal, sur la *Cova de Iria*, la Sainte-Vierge Marie est apparue à six reprises à trois jeunes bergers (Lucia Dos Santos, 10 ans, Francisco 9 ans et Jacinta 7 ans), du 13 mai au 13 octobre 1817.

La 6ème et dernière apparition mariale, le 13 octobre appelée la *Danse du Soleil* ou *Miracle du Soleil*, fut doublée d'un véritable phénomène Ovni ; ceci devant 50 000 témoins ! Ce miracle dura une dizaine de minutes.

La droite partant de l'Eglise Notre-Dame de Fatima, (au Nord-Est de Paris) passant par l'œil de l'Aigle, atteint la « Clef Ovni- apparition mariale » du Parisis Code, le Nord de la Porte Champerret.

Le Grand-Œil (Observatoire) qui regarde l'Eglise Notre-Dame de Fatima crée une ligne qui traverse la rue du Soleil !

Le secret de Fatima fut révélé à la petite Lucia lors de l'apparition du 13 juillet 1917.

Ce secret fut en partie révélé au monde en 1942 et en l'an 2000. Le 3ème secret n'a pas encore été révélé… La sœur Lucia de Fatima est morte le 13 février 2005, à l'âge de 97 ans.

Elle sera béatifiée vers 2013.

Les apparitions de Fatima, le plus grand phénomène surnaturel de l'histoire, sont considérées par le Paris Code comme le *Trésor de l'Eglise*.

En effet, si l'on crée un axe reliant l'entrée de l'Eglise Notre-Dame de Fatima à l'entrée de la rue du Trésor, on s'aperçoit qu'il passe sur la rue du Soleil, rejoint l'entrée de Notre-Dame de Paris, pour finir sur la statue d'Isis (statue de la Liberté) du Jardin du Luxembourg !

La ligne reliant l'Eglise Notre-Dame de Fatima à la Statue d'Isis (celle de l'Ile aux cygnes) traverse la rue Dieu et le pied de l'Ankh. Confirmation d'un message divin.

Lors de l'apparition de la Vierge à Fatima, les milliers de témoins ont vu le soleil danser dans le ciel avant de se précipiter sur elles, leur donnant l'impression qu'il allait se précipiter dur terre.

Ce miracle, annoncé à l'avance par la Vierge, a été vu par 200 000 autres témoins dans un rayon de 60 kilomètres autour de Fatima.

Pourquoi la Vierge a-t-elle désiré montrer le soleil tombant sur la Terre ?

On sait que le Vatican a menti sur le 3ème secret donné à Lucie le principal témoin survivant.

Pourquoi en février 2005, à la mort de la sœur Lucia, le Cardinal Ratzinger, futur pape Benoît XVI, a-t-il fait poser des scellés sur la porte de sa cellule au Carmel de Coïmbra avant d'en confier à des théologiens, le passage au peigne fin ?

Avait-on peur de retrouver le 3ème secret écrit imprudemment par la sœur sur un bout de papier ?

Pour le Parisis Code, il s'agit d'un message important en rapport avec Dieu :

La ligne reliant la pointe du bec de l'Aigle (message important) à la rue Sainte-Lucie, traverse la rue Dieu, la rue du Jour et la Pyramide du Louvre (autre notion d'importance).

Le Parisis Code ferait-il partie de ce 3ème grand secret de Fatima ?

Aussi incroyable que cela puisse paraître, un alignement tout simple semble l'attester :

- Le Grand-Œil (Observatoire de Paris) qui regarde la rue Sainte-Lucie crée un axe qui atteint une adresse parisienne qui symbolise à elle seule la révélation du Parisis Code, celle de la Librairie Primatice, n°10, rue Primatice qui appartenait à mon éditeur Dualpha qui publia le Tome 1 du Parisis Code dans lequel je révèle pour la première fois le système, découvert l'année de la mort de la Sœur Lucia, future Sainte-Lucie.

Que ce soit les apparitions à répétitions de Lourdes comme celles de Fatima, il était toujours question d'un mystérieux rendez-vous au même endroit avec la Vierge (l'Immaculée Conception).

Etrangement, dans Paris, la Cité du Rendez-vous et la rue du Rendez-vous (12ème arr.), sont situées autour de l'église de l'Immaculée Conception.

La droite joignant le centre de la Grande Croix du Christ à la rue du Rendez-vous traverse la pyramide du Louvre, symbole de mystère et d'importance.

On notera enfin un clin d'œil fait au phénomène Ovni qui montre l'extrême importance d'un futur Rendez-vous entre humain et extra-terrestre : l'axe rue du Rendez-vous - sommet de l'Ankh atteint la Porte de Champerret, notre clef « OVNI ».

Le Pèlerinage de la **SAINTE-BAUME** (Var) célébrant Sainte-Marie-Madeleine, patronne de la Provence a lieu le 22 juillet (fête de Sainte-Marie-Madeleine) et à... Noël.

La ligne joignant la Cité Noël (seule référence à la fête de Noël dans Paris), au chœur de l'église de la Madeleine forme un axe atteignant la rue de la Baume.

ILLUSION

Les 18 apparitions mariales de Lourdes, en 1858 ne seraient-elles que des illusions ? Message étrange : à l'Est, sur la ligne de l'Illusion reliant les deux hôpitaux ophtalmologiques parisiens (symboles de Vision) et la rue Robert Houdin (symbole d'illusion), nous trouvons l'église Notre-Dame de Lourdes.

A Boulogne Billancourt, on trouve une rue de la Grande Illusion, en hommage au célèbre film de Jean Renoir (1937).

Cette rue génère une ligne-message déroutante que je vous soumets : partant de l'Eglise Notre-Dame de Lourdes, elle traverse l'Eglise Notre-Dame de la Médaille Miraculeuse (autre apparition mariale du 18 juillet 1830) passe par la rue de la Grande Illusion (qui n'en est pas une) et se termine sur l'Eglise de l'Immaculée Conception (un miracle d'une autre sorte) à Boulogne-Billancourt.

L'église Notre-Dame de La Salette se trouve dans l'alignement précis de rue de la Grande Illusion ! Si l'on en croit le Code, toutes ces apparitions ne seraient que des illusions d'optique !

Autre remarque (que je dois à Raymond Terrasse, qui, lui aussi s'est prit au jeu du « Parisis Code »...) : Notre-Dame de Lourdes et l'Eglise de l'Immaculée Conception font référence à Lourdes, dont la 4ème apparition eut lieu le vendredi 19 février date de la Saint-Gabin. Comme on le sait, le comédien Jean Gabin est une des principales vedettes du film La Grande Illusion !

Une ligne semble néanmoins contredire ce chapitre : la réunion de l'Eglise de l'Apparition de la Sainte-Vierge et la rue Robert Houdin (illusionniste) croise la Pyramide Inversée, clef du Contraire dans notre Parisis Code... Je vous laisse cogiter !

Restons dans le domaine de l'illusion en incluant un paramètre important et révélateur : Jean Bosco prêtre italien (1815-1888) Saint-Patron des illusionnistes.

La droite partant de l'Eglise Saint-Jean-Bosco située rue Alexandre Dumas, traverse le Musée de la Magie, l'église Notre-Dame de la Médaille Miraculeuse et termine son périple sur l'église Sainte Bernadette (de Lourdes) !

La droite Eglise Jean Bosco- chœur de Notre-Dame de Paris traverse le Musée de la Magie !

Une autre ligne troublante est celle reliant l'Eglise Saint-Jean-Bosco à l'Eglise Notre-Dame de la Médaille miraculeuse (autre apparition mariale). En effet, celle-ci passe carrément sur le Musée de la Magie !

Autre cas de figure ; si nous alignons l'église Notre-Dame de Lourdes sur l'œil de l'Aigle, symbole de vision, la ligne passe par le Cours du 7ème Art, façon de dire : *tout cela est du cinéma !*

LA MEDAILLE MIRACULEUSE

Le soir du 19 juillet 1830, jour de la Saint-Vincent, à Paris, chez les Filles de la Charité, au n°140, rue du Bac (7ème arr.), la religieuse novice Catherine Labouré, 24 ans assista à un miracle : l'apparition de la Vierge à la Médaille Miraculeuse.

Elle s'était entretenue avec elle pendant plus de 2 heures ! Cas rarissime ; les apparitions ne durent que quelques minutes en général.

Elle lui montra les deux faces d'une médaille qu'elle désirait voir frappée à son effigie, et lui annonça une série d'évènements tragiques qui devaient s'avérer exactes 40 années plus tard (caractère unique dans les annales des apparitions mariales).

La droite reliant la rue Saint-Vincent au 140, rue du Bac passe sur le centre de la boucle de l'Ankh.

Reconstitutions du miracle visibles rue du Bac

La Médaille Miraculeuse exécutée d'après les indications de la Vierge

Il existe à Paris la Chapelle Notre-Dame de la Médaille Miraculeuse bâtie rue du Bac à l'endroit même de l'apparition mariale. Cet endroit est devenu un haut lieu de la Spiritualité ; il reçoit 3000 visiteurs par jour !

Une autre église portant ce nom se trouve à Malakoff, rue Pierre Larousse. Etrangement, c'est cette Eglise Notre-Dame de la Médaille Miracu-leuse qui permet de dater le jour de la sainte apparition: la ligne joignant le bec de l'Aigle à cette église crée un axe qui traverse le chœur de Notre-Dame de Paris et l'Impasse Saint-Vincent.

Alignée sur la rue Saint-Vincent, cette église fournit une ligne qui traverse la boucle de l'Ankh et le Jardin Catherine Labouré !

La droite joignant la Cathédrale Notre-Dame de Paris et l'église de l'Apparition de la Sainte-Vierge (90, Boulevard Exelmans) passe par l'église Notre-Dame de la Médaille Miraculeuse (rue du Bac).

La Chapelle de la Médaille Miraculeuse a miraculeusement été épar-gnée par le grand incendie qui ravagea en octobre 1915 le célèbre grand magasin Au Bon Marché, qui jouxte ce sanctuaire…

On trouve aussi au n°40, rue Gassendi le Lycée Technique Catherine Labouré. L'axe formé par ce lycée et l'Eglise Notre-Dame de la Médaille Miraculeuse de Malakof mène à l'entrée du Panthéon.

Au Bois de Vincennes existe une autre rue du Bac qui, alignée sur celle du 7ème arrondissement (endroit exact du miracle) forme une droite atteignant la Tour Eiffel, symbole de Paris. Il faut dire qu'il s'agit de l'unique miracle marial qui se produisit à Paris...

LE MIRACLE DU DRAPEAU EUROPEEN

Peu de gens savent que la création du drapeau européen, les 12 étoiles d'or à 5 branches sur fond bleu, tient d'une origine quasi mystique.

L'idée vient d'Arsène Heitz, un artiste alsacien, domicilié au n° 25, rue de l'Yser, à Strasbourg, employé du Conseil de l'Europe, qui a présenté son dessin au concours organisé, en 1950, par le Conseil de l'Europe.

Son idée fut retenue parmi les 101 présentés, car l'image ne paraissait pas religieuse. Mais qu'est-ce qui inspira réellement cet artiste ?

Il ne l'a certes jamais révélé, mais en 1989, on retrouva dans les dossiers qui lui servirent à construire son projet, un fait divers dont il s'est indéniablement inspiré.

Il s'agit de la fameuse apparition de la *Vierge à la Médaille Miraculeuse* survenue à Paris chez les Filles de la charité au °140, rue du Bac, en 1830 devant la religieuse Catherine Labouré.

Présentée par son ange gardien, la Vierge était apparue à Catherine Labouré toute vêtue de bleu et coiffée d'une couronne à 12 étoiles (les 12 tribus d'Israël ?).

Voici l'origine du drapeau de l'Europe !

Fort impressionné par ce récit, Arsène Heitz lut un peu plus tard le chapitre 12 de l'*Apocalypse de Saint-Jean* : *Un grand signal apparut dans le ciel : une Mère vêtue de soleil, avec la lune à ses pieds, et une couronne de 12 étoiles sur la tête.*

Tout ceci forma dans l'esprit de Heitz, l'image des 12 lumières sur un manteau bleu céleste.

Arsène Heitz a t-il été téléguidé pour devenir celui qui devait créer le drapeau de l'Europe ? Assurément ! En effet la nuit de l'apparition de la rue du Bac, 18 juillet 1830, est la nuit qui amène à la Saint-Arsène … le 19 juillet !

Le 8 octobre 1955, le dessin d'Arsène Heitz fut officiellement adopté comme symbole de l'Europe. Ce drapeau fut baptisé *Plénitude*.

Bien entendu, le récit de la création du drapeau tel qu'il est présenté ici n'est pas du tout la version retenue par le Conseil de l'Europe.

Mais l'année suivante, comme par hasard (et surtout comme un aveu) le Conseil de l'Europe offrit à la Cathédrale Notre-Dame de Strasbourg un vitrail, œuvre de Max Ingrand, où est représentée la Vierge (Notre-Dame d'Hellkenheim) vêtue de bleu et couronnée par les 12 étoiles à 5 branches ! Ce vitrail de l'Europe est visible au fond de l'abside.

Pourtant, personne n'était censé savoir ce qui avait inspiré l'auteur du drapeau !

Le grand vitrail de la Cathédrale de Strasbourg

Remarque : Max Ingrand a réalisé les vitraux de la chapelle où est inhumé Léonard de Vinci, à Amboise…

La date d'adoption du symbole de l'Europe est inscrite dans le Parisis Code. La date codable la plus proche du 8 octobre est le 7, la Saint-Serge dans le calendrier et utilisable grâce à l'église Saint-Serge, rue de Crimée.

Sur la droite joignant cette église au bout du Bassin-phallus, clef de la création, on trouve la gare de l'Est (Embarcadère de Strasbourg), le centre de l'Ankh et le milieu de l'Avenue Wilson Churchill (un des principaux fondateurs de l'Europe).

La droite joignant l'église Saint-Serge à la rue Saint-Benoît le confirme : elle passe sur la couronne de l'Aigle !

Il existe dans le Bois de Vincennes une autre rue du Bac qui, alignée sur celle du 7ème arrondissement (endroit exact du miracle), forme une droite atteignant carrément la Tour Eiffel et le centre du bassin octogonal (symbole de l'Eglise) du Jardin du Luxembourg.

Le corps de Catherine Labouré (1806-1876) a été exhumé en 1933, 56 ans après sa mort. Le corps était incorrompu, parfaitement intact et souple...

Le Miracle du 27 novembre 1830

Le 27 novembre 1830, jour de la Saint-Séverin de Paris, la Sainte-Vierge revint lors de la méditation du soir.
La Vierge se tenait debout sur un globe, piétinant un serpent et portant des anneaux de différentes couleurs d'où jaillissaient des rayons de lumière sur le globe. C'est à cette occasion qu'elle demanda de graver

la fameuse Médaille Miraculeuse, donnant tous les détails pour l'exécuter.

Cet épisode primordial est inscrit de la façon la plus spectaculaire possible dans le Parisis Code grâce à la ligne de 6,66 kilomètres joignant l'Eglise (orthodoxe russe) de l'Apparition de la Sainte-Vierge (87, Boulevard Exelmans) à la Cathédrale Notre-Dame de Paris.

Cette droite traverse la Chapelle de la Médaille Miraculeuse et, pour dater cet évènement, passe sur l'extrémité de la rue Saint-Séverin (saint fêté le 27 novembre).

Cette ligne traverse le P.C de campagne de François Hollande qui se trouvait au n°59, Avenue de Ségur.

C'est à se demander même si le futur président, en choisissant ce point dans Paris, n'a pas voulu ainsi s'attirer les bienfaits de la Médaille Miraculeuse, sur laquelle est inscrite cette phrase : « *Ô Marie conçue sans péché, priez pour nous qui avons recours à vous — 1830* ».

L'Oeil de l'Aigle des Buttes-Chaumont qui regarde l'Eglise Notre-Dame de la Médaille Miraculeuse (de Malakoff) traverse comme par miracle l'Eglise Saint-Séverin, confirmant ainsi la date de l'Apparition.

La Chapelle de la Médaille Miraculeuse regorge d'ex-votos remerciant la très Sainte-Vierge.

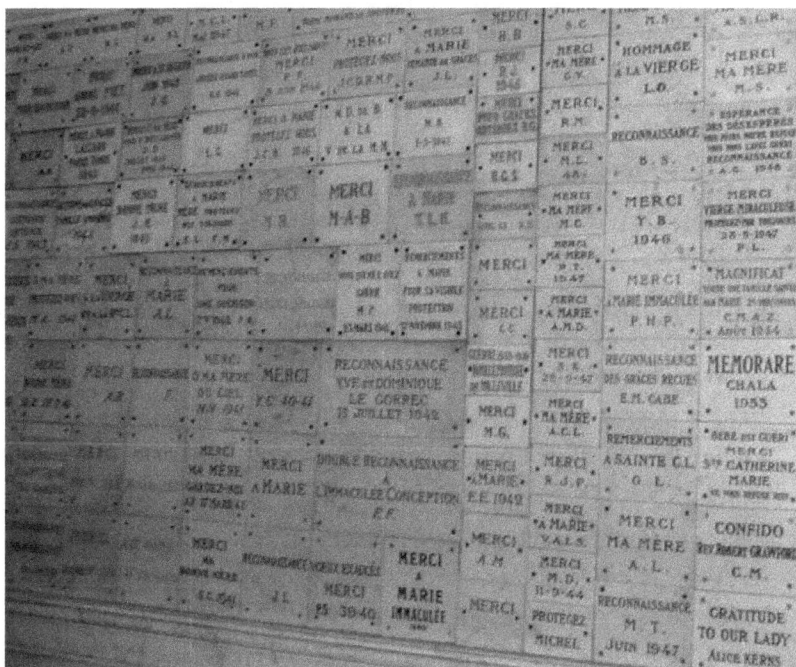

Le corps incorrompu de Catherine Labouré est visible rue du Bac

C'est un phénomène extrêmement rare. A Paris, en 1786, lors du déménagement du cimetière des Innocents, plus de 11 millions de cadavres ont été déplacés. Aucun corps incorrompu n'a été retrouvé !

Entre 1400 et 1900, on estime à 42 seulement le nombre de saints et de saintes dont le corps est resté incorrompu.

Certains ont les membres encore souples et le regard vivant. Sainte-Rita exhale du parfum et à plusieurs reprises ses yeux se sont ouverts...

Quatre corps de Saints sont visibles à Paris : Sainte Madeleine-Sophie Barat en l'Eglise Saint-François-Xavier (Place du Président-Mithouard) ; Sainte Catherine Labouré et Sainte Louise de Marillac au 140 rue du Bac, et Saint Vincent de Paul dans la chapelle des

Lazaristes, au n° 95 rue de Sèvres. Les corps sont placés dans des châsses qui sont des reliquaires.

Dans la Chapelle Notre-Dame de la Médaille Miraculeuse, côté gauche, dans son cercueil de verre, repose le corps incorrompu de **Sainte-Louise de Marillac** (1591-1660), fondatrice des Sœurs de la Charité, et bras droit de Saint-Vincent de Paul.
Le Lycée privé Louise de Marillac se trouve au n°32 Rue Geoffroy-Saint-Hilaire (5e).
La droite reliant ce lycée au Lycée Technique Catherine Labouré passe miraculeusement sur le Grand-Œil (Observatoire).
Le Square Louise de Marillac se trouve au n°1, Place de la Chapelle (18e).
La droite reliant ce square à la Clef de la Communication traverse la rue Saint-Vincent de Paul.
La droite reliant ce square au Jardin Catherine Labouré touche l'Eglise Saint-Vincent de Paul.
La ligne reliant ce Square au Lycée Louise de Marillac traverse la Grande Galerie de l'Evolution.

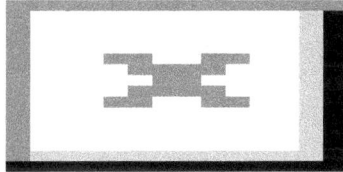

Le corps incorrompu de Sainte-Louise de Marillac

Notre-Dame de Guadalupe - L'une des plus célèbres apparitions de la Vierge s'est déroulée le 9 juillet 1531, au Mexique ; c'est celle de Notre-Dame de **GUADALUPE** dont l'image s'est imprimée par miracle sur le manteau (la tilma) d'un modeste paysan indien.

Cette image sainte, miraculeuse à de nombreux points de vue, est exposée depuis bientôt 5 siècles dans la Basilique de Notre-Dame de Guadalupe.

Elle figure bien entendu dans le Code : la droite joignant la rue de la Guadeloupe à l'église de l'Apparition de la Sainte Vierge traverse la clef de la Communication !

En effet, avec ses 20 millions de visiteurs par an, on peut dire qu'il y a communication. C'est le plus important lieu de pèlerinage de la planète !

L'Eglise d'Ecosse - Dans le Quartier Latin, le Collège des Escossois, au n°65, rue du Cardinal Lemoine (5ème arr.), premier Collège de l'Université de Paris est toujours la propriété de l'Eglise Catholique d'Ecosse depuis le 14ème siècle.

Aucun doute là-dessus ! nous affirme le Code. En effet, ce Collège est sur l'axe formé par l'Arc de Triomphe et la minuscule rue d'Ecosse (5ème arr.).

LA REINE ASTRID (1905-1935) de Suède, née à Stockholm, fille du Prince Charles de Suède, devint reine des Belges en épousant le roi Léopold III (1934).

Femme très généreuse et libre, elle est honorée par une place dans Paris, à côté de la Place de l'Alma.

Vibrant hommage de la France à cette reine si populaire, morte accidentellement en Suisse, et devenue un mythe.

La Place de la Reine-Astrid (8ème arr.), la rue de Stockholm et la rue de Bruxelles sont alignées sur la Tour Eiffel, la Statue de la Liberté et le Rond-point des Champs-Elysées (clef de la célébrité).

Cette ligne très parlante traverse le début de la rue de Londres ; pourquoi ?

En épousant Léopold III, la Reine-Astrid intégra la dynastie des Saxe Cobourg-Gotha connue actuellement sous le nom des Windsor, famille régnant actuellement sur l'Angleterre.

BOUDDHISME

Le **BOUDDHISME** est la deuxième religion en importance. Elle est pratiquée par environ 16 % de la population mondiale (250 à 500 millions d'adeptes).

Cette religion ou plutôt cette philosophie est surtout présente dans les régions montagneuses du pays et dans la vallée de Katmandou. Paris est aujourd'hui le haut-lieu spirituel du bouddhisme en France.

La nuit de la pleine lune de mai, alors qu'il était assis en méditation profonde, un homme devint Bouddha en atteignant un état de tranquillité parfaite, où son esprit était devenu totalement imperturbable, surmontant ainsi toutes les causes de la souffrance humaine.

Par compassion, il passa le reste de sa vie à enseigner les moyens, ce qui est appelé maintenant le bouddhisme

Au cœur du Bois de Vincennes, proche du Lac Daumesnil, se trouve le Temple Bouddhique de Paris (inauguré par Jacques Chirac le 28 octobre 1977). Cette Pagode qui héberge l'Institut Bouddhiste International de Paris et depuis 1984, un temple tibétain.

A cet endroit s'élève le **BOUDDAH** de Paris, une magnifique statue haute de 9 mètres recouverte d'or.

Alignement inattendu : si l'on trace une ligne partant de l'Arc de Triomphe, symbole solaire, rejoignant ce Bouddha, celle-ci comme un clin d'œil, passe sur Notre-Dame de Paris sa « concurrente » !

L'institut Bouddhiste International de Paris se trouve dans les anciens bâtiments du pavillon du Cameroun (lors de l'exposition coloniale de 1931).

Au n°19 de l'Avenue d'Iéna se trouve le Panthéon Bouddhiste de Paris, inspiré de ceux qui existent au Japon.

Si l'on trace une ligne joignant ce Panthéon au Temple Bouddhiste du Bois de Vincennes, on est étonné de constater qu'elle est parfaitement parallèle à l'Axe Solaire Historique (axe des Champs-Elysées).

Temple Bouddhique de Paris

Le Népal - Le Bouddha *(Gautama Siddhartha ou encore Sakyamouni)* serait né au royaume de Kapilavastu, village dont la localisation traditionnelle serait Lumbinî au Népal.

Voyons dans le Parisis Code, quelle est la relation entre le Bouddha et le Népal.

L'Ambassade Royale du Népal se trouve au n°45 rue des Acacias (17ème arr.).

Choix géographique délibéré sachant que symboliquement, l'acacia est lié à des valeurs religieuses, comme une sorte de support divin. Il rejoint l'idée d'initiation et de connaissances des choses secrètes…

Traçons une ligne joignant l'adresse de l'ambassade du Népal au Temple Bouddhiste de Paris, (où se trouvent les reliques de Bouddha) et admirons le résultat :

Cette ligne de 10,500 kilomètres passe avec précision sur la Pyramide du Louvre.

Le **Centre Bouddhiste de l'Ile de France** a son siège au n°25 rue Condorcet (9ème arr.).

Incroyable ! L'œil de l'Aigle qui regarde l'ambassade royale du Népal crée une ligne de 6,55 kilomètres qui traverse ce Centre Bouddhiste ! Par quel miracle ? Ce centre offre un cheminement progressif d'enseignement et de pratique de la méditation et du bouddhisme.

L'**Institut Bouddhiste International** a son siège au n° 20 cité Moynet (12ème arr.). L'axe formé par cette adresse et le Temple Bouddhique de Paris atteint le sommet de l'Ankh.

Autre étrangeté. Il existe depuis 1988, dans le 12ème arrondissement de Paris, une *coulée verte*, un endroit zen, exempt de toute construction qui mesure 4,7 kilomètres de longueur : c'est la Promenade Plantée. Elle présente une partie rectiligne de 1300 mètres dont l'axe mène avec une précision surprenante sur le Temple Bouddhiste de Paris. Le « hasard » fait bien les choses !

On connaît les problèmes graves qui existent entre le gouvernement Chinois et celui (en exil) du Tibet…

Lorsque l'on trace un axe reliant le Temple Bouddhique de Paris et l'Ambassade de Chine, qui se trouve au n° 18, rue de Washington (8ème arr.), on est stupéfait de le voir atteindre la rue des Acacias.

Cet axe traverse la Cour du Sphinx, au Louvre, le Grand Révélateur !

Le **Bureau du Tibet**, genre d'Ambassade du Tibet, du Dalaï-Lama à Paris (depuis 1992) se trouve au n°84 Boulevard Adolphe Pinard (14ème arr.), dans l'alignement Sud de la rue de la Félicité, synonyme d'extase, d'allégresse, de béatitude, de bien-être, de bonheur et de salut.

La ligne reliant le Bureau du Tibet à l'Ambassade de Chine traverse la cour d'honneur de l'Ecole Militaire…

La ligne reliant le Bureau du Tibet à la rue de la Paix atteint le centre de la boucle de l'Ankh...

En 2009, le Dalaï-Lama a donné une conférence publique à Paris, au Palais-Omnisports de Bercy.

La droite joignant le Bureau du Tibet à l'entrée principale du Palais-Omnisports passe exactement sur l'adresse de mon éditeur, au n°10 rue Primatice ! Le rapport ? Je ne le connais pas encore... mais il existe !

Affaiblit, le Bouddha (Gautama Siddhartha ou encore Sakyamouni) reprend des forces en se baignant dans les eaux de la rivière Nairanjana et accepte un plat de riz d'une jeune villageoise du nom de Sunatta.

Sa vigueur retrouvée, il s'installe sous un arbre aux alentours du village de Gaya et entre en méditation.

C'est sous cette arbre qu'il atteint l'Illumination et devient le Bouddha, l'Eveillé.

En son honneur, le lieu s'appellera plus tard Bodh-Gaya et l'arbre portera le nom d'arbre Bodhi.

Le retour du Bouddha - Ram Bahadur Bomjon, un jeune Népalais de 15 ans que certains présentent comme la réincarnation du Bouddha, a demeuré pendant 10 mois, immobile, les yeux clos, niché dans la position du lotus, apparemment sans boire ni manger, au creux des racines d'un arbre de la jungle de Bara depuis le 17 mai 2005.

Depuis le début de sa méditation, plusieurs milliers de personnes sont venues l'observer.

Précisons que le Bouddha est né aux environs de 500 avant Jésus-Christ justement dans le sud-ouest du Népal, non loin de là. Il fut vénéré ensuite comme Bouddha (l'Eveillé).

Le jeune Népalais surnommé *Little Bouddah*, a soudainement disparu le 11 mars 2006.

Il a été retrouvé dans l'est du Népal le 26 décembre 2006. Il observe une période de piété qui se poursuivra durant six ans.

Selon certaines sources, il ne devrait donc sortir de sa méditation qu'en décembre **2012** (21 décembre 2012 ?)

Les reliques du Bouddha - En quoi cet hypothétique retour du Bouddha peut-il intéresser le Parisis Code ?

Le 17 mai, date de l'apparition de ce jeune Népalais est la Saint-Pascal et la Saint-Hyppolyte.

Ces 2 saints sont présents dans Paris grâce à la rue Pascal d'une part, l'église et la rue Saint-Hyppolyte d'autre Part.

Savez-vous ce qui se passe dans le code lorsque nous créons un axe reliant l'entrée de l'église Saint-Hyppolyte et l'extrémité de la rue Saint-Hyppolyte ?

Cet axe traverse la rue Pascal et atteint au Nord l'ambassade royale du Népal (45, rue des Acacias) qui représente la naissance de Bouddha !

Curieusement, cette date du 17 mai correspond à une date très importante pour la communauté bouddhiste de Paris.

C'est en effet le dimanche 17 mai 2009, au terme de 3 jours de cérémonies à l'occasion du Vesak (pleine lune du mois de mai, jour anniversaire de la Naissance, de l'Eveil et de la Mort du Bouddha) que les vénérables reliques du Bouddha historique Sakyamouni, acheminées en France le 15 au matin en direct de Thaïlande, ont été installées définitivement dans la Grande Pagode du Bois de Vincennes .Celle-ci devient ainsi le haut-lieu spirituel du bouddhisme en France.

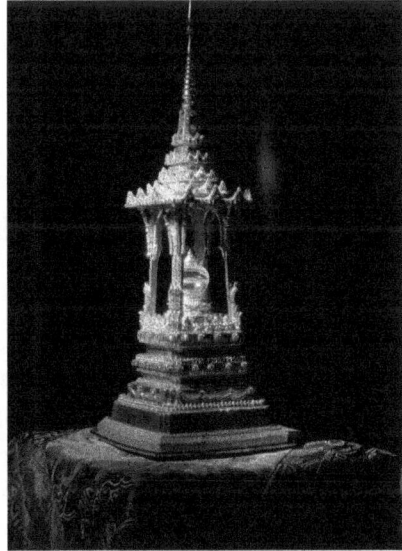

Le grand Bouddha de Paris et le reliquaire (photos Guy Gruais)

L'installation en Occident des reliques a fait l'objet d'une prédiction et symbolise un passage de relais du bouddhisme entre l'Orient et l'Occident.

Dans le Code, il est clairement indiqué que le Temple Bouddhiste du lac Daumesnil devait un jour être convertit en Panthéon (Monument consacré à la mémoire des hommes illustres).

La ligne reliant la clef de la Création (extrémité arrondie de la Fontaine de Varsovie) au Temple Bouddhiste traverse le Panthéon de Paris !

Historique des cendres du Bouddha - Il se trouve qu'une partie des cendres de cet illustre personnage reposait sous un stûpa situé dans le nord de l'Inde, appartenant à sa famille, les Sakya.

 L'écroulement de ce stûpa, à la fin du XIXe s. fit découvrir les reliques du Bouddha historique, qui étaient conservées depuis plus de 2500 ans.

Le gouverneur britannique de l'Inde décide de confier les saints restes à la Thaïlande, qui est alors le seul pays bouddhiste à ne pas être colonisé.

Les reliques (restes du corps du Bouddha après sa crémation) sont installées le 23 mai 1898 (année bouddhique 2442) par le roi Rama V dans le Temple de la Montagne d'Or (Wat Saket) à Bangkok.

Une prophétie est alors faite par un Grand Maître, qui précise que les reliques quitteront l'Asie pour aller en Occident, 111 ans plus tard.

Le choix de Paris - Par respect pour cette prophétie, le Patriarche de Thaïlande, Somdej Phra Buddhacharn a donc décidé, avec l'approbation des bouddhistes d'Asie, d'offrir ces reliques à l'Occident et a choisi la France pour les accueillir.

Deux raisons sont intervenues dans ce choix : la France symbolise les Droits de l'Homme, mais elle accueille aussi la plus forte et la plus diversifiée des communautés bouddhistes occidentales.

En France, entre 600.000 et 800.000 personnes se réclament du bouddhisme, mais on en dénombre près d'un demi-milliard dans le monde !

Les reliques arrivées en avion spécial provenant du Temple de la Montagne d'Or, ont été remises à la Porte Dorée d'où une procession de 200 moines s'est chargée de les acheminer un kilomètre plus loin, jusqu'à la Grande Pagode du Bois de Vincennes.

 Une autre partie des reliques du Bouddha Sakyamouni se trouvent au siège de l'ONU à New-York.

Dans le Code ... Il est surprenant de constater que l'axe joignant les reliques du Bouddha historique et celles de Jésus (à Notre-Dame) atteint l'Arc de Triomphe !

A Paris, nous avons la rue de Siam. Le Siam était l'ancien nom de la Thaïlande, avant 1939.

En traçant une ligne joignant la rue de Siam à la Grande Pagode du Bois de Vincennes, retraçant virtuellement le voyage des cendres de Bouddha, on a la surprise de la voir toucher le pied Sud de la Tour Eiffel.

Cette ligne passe devant le cinéma "La Pagode" au n°57 rue de Babylone, véritable pagode construite en 1896, à l'époque où les cendres de Bouddha furent transférées au Siam !

L'oeil de l'Aigle qui regarde la rue de Siam crée un axe qui passe dans la boucle de l'Ankh et par le n°8, rue Greuze, où se trouve l'Ambassade Royale de Thaïlande !...

Le diamant - Dans la symbolique bouddhiste, le diamant est intimement lié à Bouddha. Son trône est en diamant.

Cette reine des pierres, pour les tibétains, symbolise la clarté, le rayonnement et le tranchant de l'illumination.

Aussi ne soyons pas trop étonné de voir le Temple Bouddhique de Paris dans l'alignement Est de la seule rue de Paris évoquant cette pierre précieuse : la *rue des 5 diamants* (13ème arr.) !

Le Dragon - Le Dragon tient une grande place dans la symbolique bouddhique ; il est le gardien des trésors cachés, et comme tel, l'adversaire qui doit être vaincu pour y avoir accès.

La Danse du Dragon est la manifestation la plus spectaculaire du Nouvel An chinois (en février).

Il est là pour chasser les mauvais esprits. A Paris, il existe une Rue du Dragon ayant un rapport avec nos amis asiatiques de Paris !

En effet l'axe joignant le Bouddha de Paris à la Rue du Dragon nous mène au Palais de Tokyo ! Le Bouddhisme est une des principales religions au Japon...

La plus gigantesque représentation du Dragon se trouve Place Augusta Holmes : c'est *la Danse de la Fontaine Emergente*, œuvre de Chen Zhen, un artiste asiatique.

Pour chasser les mauvais esprits de Paris, il semble que cet endroit ne fut pas choisi au hasard. En effet, il se trouve exactement sur la droite reliant le symbole de Paris (la Tour Eiffel) au Temple Bouddhique.

Chez les asiatiques, le dragon, puissance céleste, créatrice et ordonnatrice est tout naturellement le symbole de l'Empereur. On le compare à un Empereur sur son trône.

Aussi est-il amusant de voir que si l'on trace une ligne joignant le tombeau de l'Empereur Napoléon 1er à l'ancienne Place du Trône (Place des Nations), celle-ci traverse la Rue du Dragon.

En temps que gardien des trésors, le dragon dans Paris, nous montre ce que les chrétiens ont de plus précieux.

En effet, en reliant d'un trait la Rue du Dragon à la rue du Trésor on s'aperçoit qu'il passe sur la Sainte-Chapelle (13ème s.) qui hébergeait les plus importantes reliques du Christ (Couronne d'Epine, Saint-Clou, fragments de la Sainte-croix). Ces reliques sont à présent à Notre-Dame.

La rue de la Chine alignée sur le Bouddha de Paris passe malheureusement par l'Impasse Satan ; je n'invente rien ! Est-ce un message concernant le fameux *péril jaune* ?

Cette rue alignée sur l'Obélisque de la Concorde donne un axe passant sur le Palais de Tokyo et finissant au pied de la Grande Croix du Christ.

Autre remarque : le Bouddha de Paris est exactement dans l'alignement Est du quartier chinois du 13ème arr. (Le triangle Ivry-Choisy-Masséna).

Pour trouver où se trouve le Bouddha de Paris, tracez un axe passant par le centre des deux opéras de Paris (Garnier et Bastille) !

En ce qui concerne le **Japon**, la ligne qui joint la rue du Japon (20ème arr.) à la Place de Kyoto dans le 15ème arrondissement, ancienne capitale et grand centre religieux japonais) passe par la Cour du Sphinx.

Autrement dit, à l'inverse, si nous avions demandé au Sphinx où se trouve Kyoto, il nous aurait indiqué : le Japon.

C'est un autre exemple qui prouve bien que le Parisis Code n'est pas une question d'interprétation ou une coïncidence.

Le **musée Guimet** se trouve Place d'Iéna, il regroupe des milliers d'objets principalement d'art chinois et japonais collectionnés et cédés à l'Etat par Emile Guimet (1836-1918).

Ce musée, véritable Temple de l'Asie est dans l'alignement Ouest des rues du Cambodge, de la Chine et du Japon.

D'autre part, si l'on trace une droite reliant le grand Bouddha de Paris au musée Guimet, celle-ci passe par le Palais de Tokyo.

Pali-Kao fut une victoire franco-anglaise sur les chinois (1860). Dans Paris, la rue de Pali-Kao (20ème arr.) est sur une droite qui joint l'Arc de Triomphe à la rue de la Chine !

A Paris, nous trouvons une rue d'**Annam** (20ème arr.). L'Annam est en fait l'ancien nom du Viêtnam. Nom donné pendant la Dynastie des Tang (618-907).

Plus tard, en 1859, les Français donnèrent ce nom aux 3 régions de l'Indochine française : le Cambodge, le Laos et le Viêtnam.

Le rapport entre ses différents états est clairement indiqué, et cela, grâce à l'incontournable boucle de l'Ankh.

Sur une ligne de plusieurs kilomètres, nous trouvons : la rue de Saïgon, Capitale du Cambodge, l'Arc de Triomphe, la boucle de l'Ankh, la rue d'Annam, la rue du Cambodge et, en plein centre de la Pyramide Tenon, la rue du Japon et la rue de la Chine.

JUDAISME

Preuve formelle que le Parisis Code sévit encore dans la capitale, le Musée d'Art et d'Histoire du judaïsme fut installé en 1986 par décision du maire de Paris, Jacques Chirac dans les murs de l'Hôtel Saint-Aignan, au n°71 de la rue du Temple (3ème arr.) ; il fut inauguré en 1994.

En effet cette adresse n'est pas due au hasard mais répond au critère typique du Parisis Code, à savoir un alignement très précis avec la clef maîtresse : le centre de la boucle de l'Ankh (Opéra Garnier).

La référence ? La Place d'Israël comme il se doit.

De même la fameuse rue des Rosiers dans le Marais, le *Pletzl* en yiddisch, rue caractéristique du quartier juif bénéficie d'une orientation spéciale sur la Place d'Israël.

La droite rue des Rosiers - Place d'Israël traverse le centre de l'Ankh. La rue des Rosiers est coupée en son milieu par la rue Ferdinand Duval, anciennement rue des Juifs, jusqu'en 1900.

De nombreuses Synagogues ont été construites dans Paris. Dans le Parisis Code, plusieurs ont un rapport logique avec la Place d'Israël.

La première, construite en 1852, se situe au n°15, rue Notre-Dame de Nazareth.

La Grande Synagogue de Paris ou Synagogue de la Victoire (la plus importante), se trouve depuis 1865 au n°44 de la rue de la Victoire.

En 1867, une autre fut édifiée au n° 21, rue des Tournelles. Cette dernière, alignée sur la Place d'Israël donne une ligne passant par l'Opéra (en plein centre). Sur cette ligne nous retrouvons, bien entendu le Musée d'Art et d'Histoire du judaïsme !

Les Synagogues de Nazareth et de la Victoire ainsi que la Place d'Israël sont presque sur une même ligne.

La droite qui relie la Synagogue de la Victoire à la Place d'Israël est rigoureusement parallèle à l'Axe Solaire Historique.

Cela sous-entendrait une parfaite connaissance du Code de la part de certains hauts dirigeants des principales communautés religieuses.

Sur une même ligne dans un alignement Est-Ouest nous trouvons :

La synagogue de la rue des Tournelles, le Mémorial du Martyr Juif Inconnu et la Place des Martyrs (Juifs) du Vèlodrome d'Hiver (le Veldhiv) !

Le premier cimetière juif de Paris (25 tombes) date de 1780. Il est situé rue de Flandres et on y accède par une porte fermée à clé.

Il fait partie d'un alignement *juif* sur lequel on trouve aussi le début de rue des Rosiers, le Mémorial du Martyr Juif Inconnu et le Séminaire israélite de France.

Yitzhak Rabin (1922-1995) Général et homme politique israélien fut assassiné le 4 novembre 1995. Le Jardin Yitzhak Rabin (12ème arr.) se trouve à Bercy.

Si nous traçons une ligne joignant ce jardin au centre de l'Opéra Garnier, elle traverse le centre de la pyramide tronquée (Palais Omnisport) et le Mémorial du Martyr Juif Inconnu...

L'indépendance d'Israël fut proclamée le 14 mai 1948. Ce jour de la Saint-Gilles est gravé dans le Parisis Code : la droite joignant la Place d'Israël à la rue Saint-Gilles (3ème arr.) passe sur le sommet de la grande croix Ankh. Quoi de plus explicite ?

Le 7 octobre 3761 av. J.-C marque la Naissance mythique du Monde selon les religieux juifs. Cette date importante est fondée en référence au règne du roi David. C'est aussi le Nouvel An juif ou *Rosh Hashannah*.

Dans Paris on la retrouve codée grâce à la Basilique Notre-Dame des Victoires. En effet, le 7 octobre est aussi la fête de Notre-Dame de la Victoire aujourd'hui appelée Notre-Dame du Rosaire.

La droite reliant la Place d'Israël à la Basilique Notre-Dame des Victoires passe sur le centre de l'Ankh (Place de l'Opéra) et suit la rue des Rosiers (rue juive ashkénaze par excellence) sur toute sa longueur. Cette rue possède 2 synagogues…

Etrangement la Grande Synagogue de Paris est aussi dénommée *de la Victoire*. L'axe reliant la Place d'Israël à cette synagogue nous amène droit sur la clef de la Mort…

JACOB KAPLAN

Jacob Kaplan (1895-1994) fut Grand Rabbin de Paris et de France de 1950 à 1980. Il est né au n°21, rue des Ecouffes (Pletzl).

Il fut rabbin Synagogue Notre-Dame de Nazareth (la plus ancienne de Paris) et de la Grande Synagogue de la Victoire.

Dans le code, la ligne joignant son lieu de naissance à la Grande Synagogue de la Victoire traverse la Place Jacob Kaplan (9ème arr.).

La ligne joignant la Place d'Israël à la Synagogue Notre-Dame de Nazareth (15, rue N.D de Nazareth) traverse la Place Jacob Kaplan.

En 2009, à Lyon où il fut réfugié pendant la guerre, fut inauguré un Parc Jacob Kaplan.

La ligne reliant la Place Jacob Kaplan à l'entrée de la Gare de Lyon traverse avec précision son adresse de naissance !

Le Parc Jacob Kaplan se trouve au n°76, Avenue Félix Faure, à Lyon. En transposant cette adresse à Paris, la droite joignant la Place Jacob Kaplan à cette adresse passe exactement sur le centre de l'Ankh (Place de l'Opéra) !

Devenu une autorité morale incontestée, Jacob Kaplan fut élu en 1967 membre de l'Académie des sciences morales et politiques (l'une des 5 académies de l'Institut de France).

Le Grand Œil qui regarde la Place Jacob Kaplan passe effectivement sur l'entrée de l'Institut de France.

En 1947, le Grand Rabbin Kaplan élabora avec Juifs et Chrétiens, dix points pour éradiquer les préjugés contre les Juifs. Ce texte reste un document essentiel du dialogue judéo-chrétien.

Dans le Code, la ligne joignant la Grande Galerie de l'Evolution à la Place Jacob Kaplan, passe sur le chœur de Notre-Dame.

LA MENORAH CACHEE

La Ménorah est le chandelier en or à sept branches des Hébreux, dont la construction fut prescrite par Dieu à Moïse pour devenir un des outils du Temple de Jérusalem.

Elle se trouvait dans le sanctuaire de la **Tente du Rendez-Vous** avec les Tables de la Loi et l'Arche d'Alliance (où la Présence Divine se déployait), et resta allumée plus de 15 siècles, avec toutefois 2 interruptions.

La Ménorah a physiquement disparue lors de la destruction du deuxième Temple par les romains.

Les 7 branches représentent les 7 planètes du système solaire.

Ce chandelier devait rester allumé en permanence, et, d'après la Tradition, il sera de nouveau allumé dans le troisième Temple, celui des temps messianiques.

Menorah signifie *qui provient de la Flamme* ; cette flamme, selon la Kabbale, n'est autre que la présence de Dieu.

La forme de la Ménorah, est inspirée d'une variété de sauge (la sauge d'Israël) qui pousse en Judée.

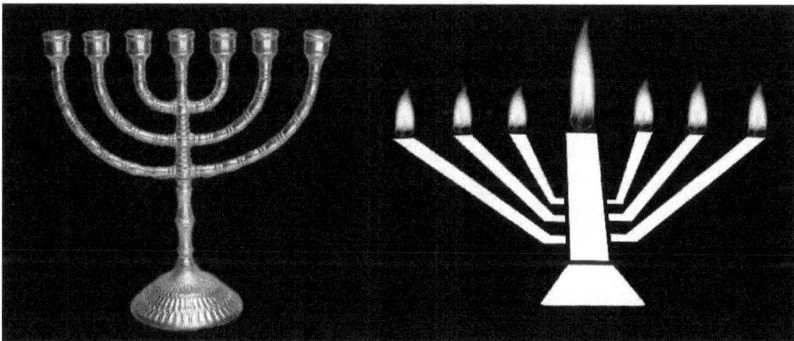

Le chandelier à sept branches est l'équivalent de la croix du Christ, c'est aussi depuis 1948, l'emblème spécifiquement biblique de l'état d'Israël et, tout comme l'étoile de David, le symbole de l'identité juive.

C'est un arbre de Feu et de Lumière.

Blason de l'Etat d'Israël. Il reproduit la plus fidèle image de la Ménorah, qui est sculptée sur l'Arc de Titus, à Rome.

Savez-vous que la Ménorah est représentée de façon monumentale depuis des décennies à la barbe des parisiens sans que personne ne l'ai remarqué. Elle est tellement grosse que personne ne la voit !

C'est d'ailleurs la meilleure façon de dissimuler quelque chose sans que personne ne puisse vous accuser de vouloir le cacher.

Oui, la Ménorah se trouve devant la façade principale de l'un des monuments les plus emblématiques de Paris : l'Hôtel de Ville !

Lorsque vous êtes sur le parvis, au sol, face à la Mairie, vous pouvez voir le symbole de la ville : un bateau sur l'eau. Faites maintenant le tour du bateau, vous pouvez clairement voir une Ménorah.

Ce symbole est placé juste devant le sigle « Égalité » sur la façade principale de la Mairie de Paris.

L'étonnante Ménorah cachée devant l'Hotel de Ville de Paris...Même les 3 rectanglesde la base sont représentés!

Le Grand Œil du Code (l'Observatoire de Paris) qui regarde cette grande Ménorah cachée, crée un axe qui amène sur le Musée d'Art et d'Histoire du Judaïsme.

Cette ligne traverse malicieusement l'entrée de Notre-Dame de Paris, notre clef de l'Eglise…

L'axe Clef de la Création – Ménorah nous amène sur… la rue des Rosiers, le quartier juif le plus emblématique de Paris !

La ligne reliant la rue de l'Etoile à la Ménorah passe sur l'Ambassade d'Israël (3, rue Rabelais). Sur cet axe on trouve le Mémorial du Martyr Juif Inconnu.

Cette Ambassade d'Israël se trouve d'ailleurs sur une ligne spectaculaire : Le Grand Œil qui regarde la Place d'Israël…

La ligne reliant la rue du Rendez-Vous (représentant la tente sacrée) à la Ménorah cachée passe sur la Cour de l'Etoile d'Or! (l'étoile de David, symbole du judaïsme?). Cette cour est une voie privée.

Il existe un restaurant "Etoile de David" au n° 57,rue de Turenne. Il se trouve comme par miracle sur l'axe Place de l'Etoile (Arc de Triomphe) - Musée d'Art du Judaïsme.

Il est également surprenant de constater que la droite reliant ce restaurant à la Place d'Israël passe précisément sur le sommet de l'Ankh (Place Diaghilev).

Etonnant aussi de le trouver sur la ligne reliant la Grande Synagogue de la Victoire à la Cour de l'Etoile d'Or!

Tout est parfaitement pensé, puisque le Grand Œil qui regarde ce restaurant crée une ligne qui touche l'extrémité de la rue des Rosiers (la rue la plus juive de Paris).

Autre alignement symbolique n'incluant pas la Ménorah cachée : Rue du Rendez-Vous (symbolisant la Tente où se trouvait la Ménorah) - Square du Temple - Synagogue de la Victoire.

Est-ce une simple coïncidence si, à Paris, l'axe de la rue du Rendez-Vous (12ème arr.) mène à la Place d'Israël, à plus de 8 kilomètres de distance ? Cette rue mesure 550 mètres.

Il serait intéressant de savoir à quelle date fut refait le pavage stylisé et moderne de l'Hotel de Ville en forme de Ménorah...

Le blason de Paris figurait-il dans l'ancien pavage ? En tout cas ce nouveau design ne correspond à aucun blason officiel et actuel de la ville...

Par contre, il semble évident que l'artiste qui a dessiné le nouveau pavage, s'est inspiré du Sceau de la "Marchandise de l'eau" qui date de 1210.

On reconnaît en effet le grand mât tenu par 6 cordes et les nombreux cercles sur la coque. Mais la discrète transformation en Ménorah n'en est pas moins flagrante!

Une première mention d'armoiries de Paris est apparue dès 1190 lors du départ de Philippe Auguste pour la Terre Sainte...

Depuis de nombreuses années, de grands allumages des bougies de Hannoucah ont lieu sur la voie publique dans plusieurs villes.

Le 17 Décembre 2006 à 20h30, au Champ de Mars, au pied de la Tour Eiffel, eu lieu un Grand Allumage intercontinental d'une Ménorah géante avec liaison satellite aux quatre coins du globe retransmis en direct. Simultanément avec Jérusalem et New-York.

Pour la première fois, à l'occasion de Noël 2011, on a vu des voitures circuler dans Paris avec de grandes ménorahs métalliques à neuf branches, fixées sur le toit. Message?

A New York, sur la Grand Army Plaza à Manhattan, à l'intersection de la Cinquième Avenue et de la 59ème rue près de Central Park, on allume les huit jours de la fête de Hannoucca la plus grande Ménorah du monde.

Le 31 mai 1999 (Jour de la Visitation pour les Chrétiens) est apparut dans un champ de Barbury Castel (Wiltshire - Angleterre) un crop circle (vrai ou faux ?) représentant une Ménorah à 7 branches.

Image © 1999 Steve Alexander

On remarquera simplement que la Ménorah de l'Hôtel de Ville est exactement dans l'alignement du Passage de la Visitation...

Autre remarque : Notre-Dame de l'Arche d'Alliance et la rue du Rendez-Vous sont à égale distance de la Ménorah cachée.

La Ménorah cachée ne semble pas être le seul symbole dissimulé à la vue de ceux qui ne regardent pas.

Un exemple croustillant se trouve en Iran, au sein de l'aéroport Mehrabad de Téhéran, sur le toit du siège de la compagnie aérienne officielle de la République islamique d'Iran: Iran Air.

Il s'agit d'une grande étoile de Salomon, construite en 1977! C'est grâce à Google Earth que ce symbole a été découvert.

Il est étonnant que 32 ans après la victoire de la Révolution islamique, la figure de l'étoile de David, le symbole officiel d'Israël, subsiste et n'ait pas été touché...

Certains pensent voir la Ménorah dans la disposition des bâtiments de l'Université de Bad Ezzouar, en Algérie (20.000 étudiants).

Etrange tout de même !

LE DEMINEUR DE LA MAIRIE DE PARIS

Oui, l'Hôtel de ville de Paris emploie bien ce qu'on appelle un démineur...

Bien sûr, il ne s'agit pas d'un militaire dont la tâche est de désamorcer une hypothétique mine, mais d'un conseiller au cabinet du maire, chargé de la politique de la mémoire.

Lorsqu'il est question de baptiser une nouvelle voie de Paris, il doit préparer les dossiers en les déminant, c'est-à-dire en anticipant une "explosion" impromptue au moment du dévoilement de la plaque.

Ce moment peut en effet prendre un tour violent, notamment lorsque l'on touche au conflit du Proche-Orient et à la guerre d'Algérie.

La voie choisie et en particulier la plaque peuvent aussi devenir des symboles qui *sentent le souffre*, et à ce titre être l'objet d'agressions diverses.

Pour exemple, l'Esplanade Ben Gourion (fondateur de l'état d'Israël) est taguée en permanence. Le 15 mai 2010, des pro-palestiniens ont rebaptisé symboliquement cet endroit *Place de la Nakba* (un mot arabe qui signifie *Catastrophe*) en collant sur la plaque officielle une nouvelle plaque expliquant que Ben Gourion est un criminel de guerre responsable de la destruction de 530 villages arabes, de l'expulsion de 800.000 palestiniens (84% de la population) et de la mort de 10 à 15 000 d'entre eux.

En passant, rappelons que l'Ambassade d'Israël à Paris, qui se trouve au n° 3, rue Rabelais (8e), respecte totalement le Parisis Code. Le Grand Œil (Observatoire de Paris) qui regarde la Place d'Israël, crée une ligne qui passe exactement sur cette adresse…

L'Ambassade de Palestine à Paris, se trouve au n°14, rue du Commandant Léandri (15e). En reliant cette adresse à la Place d'Israël, on tombe sur… l'Esplanade Ben Gourion !

Et en reliant ces deux ambassades on obtient une ligne qui passe avec précision sur… l'Américan Church in Paris, et juste devant le Mur pour la Paix du Champs de Mars, qui se veut une transposition, à Paris, du Mur des Lamentations de Jérusalem !

La Clef de la Création (extrémité de la Fontaine de Varsovie, du Trocadéro) alignée sur la rue Dieu, crée un axe qui traverse l'Esplanade Ben Gourion et rejoint la rue de Jourdain (qui donne sur la rue de Palestine). Jourdain, en hébreu, veut dire *la Rivière de la Peine*, du Jugement...

Le 5 juillet 2008, des militants d'Euro-Palestine ont débaptisé la rue de la colonie (13ème arr.)
et l'ont renommée *Rue de Sabra et Chatila*, afin de perpétuer la mémoire du terrible massacre des réfugiés de ces deux camps palestiniens de la banlieue de Beyrouth en septembre 1982.

Un beau clin d'œil du Code : la ligne joignant la rue de la colonie à la rue de la Palestine, passe en plein centre de la Place de la Bastille, théâtre de la Révolution Française de 1789 !

La librairie Résistances, située au n°4, Villa Compoint (17e), est spécialisée dans les livres sur la Palestine et sur Israël. Elle est surtout connue pour son engagement concernant le soutien au peuple palestinien et, au-delà, aux luttes des peuples du tiers-monde.

Elle a été attaquée, saccagée et menacée à de nombreuses reprises par les fascistes sionistes (LDJ- Ligue de Défense Juive), notamment le 3 juillet 2009. La ligne de 6,350 kilomètres reliant la rue où se situe cette librairie à la rue où se situe l'Ambassade de Palestine, traverse comme par miracle la rue où se situe l'Ambassade d'Israël, soit approximativement la même ligne citée précédemment!

La place Theodor Herzl (Père du sionisme) a été inaugurée le 5 juillet 2006, à Paris en présence de nombreux élus, et de dirigeants d'associations juives françaises.

Cette place se situe Place des Arts et Métiers, à l'angle des rues de Turbigo et Réaumur (3e). Un dispositif policier était déployé à proximité de cette place. Theodor Herzl (1860-1904), journaliste et écrivain, inspirateur du *Foyer national juif* fut aussi fondateur du Fonds pour l'implantation juive pour l'achat de terres en Palestine. C'est dire si la présence d'une telle place dans Paris peut en déranger certains...

Sur cette place, on peut admirer une sculpture de AntonicciVolti : Harmonie. Mais ne vous y trompez pas, cette statue n'est pas là au hasard. En effet, alignée sur la rue de l'Harmonie (15e), elle crée un axe qui rejoint la rue Dieu !

De manière générale, le mot harmonie signifie *bonnes relations, concordance , entente*, entre des personnes différentes. Symbole, toujours le symbole...

Le congrès sioniste adopta une résolution déclarant que le sionisme recherchait *à vivre en harmonie et respect mutuel avec le peuple arabe.*

Dans le Parisis Code, savez-vous où se situe cette place Theodor Herzl ? L'œil de l'Aigle qui regarde cette place, crée une ligne qui traverse sur toute sa longueur la rue... Dieu !

La ligne reliant cette place à l'Arc de Triomphe, passe sur la rue Rabelais (8e), où se situe l'Ambassade d'Israël !

L'axe formé par la place Theodor Herzl et la librairie Résistances (Villa Compoint) mène... à la Place de la Bastille, une nouvelle fois. La Guerre des Symboles est bien engagée dans le Parisis Code !

Enfin un alignement éminemment symbolique de la Création d'Israël (14 mai 1948) : l'axe formé par l'Esplanade Ben Gourion et la Place Theodor Herzl mène avec précision sur la Clef de la Création (à l'Ouest) et sur la rue de la Justice (à l'Est)......

La Place Theodor Herzl se trouve à 4,44 kilomètres de la Place d'Israël et de l'Esplanade Ben Gourion...

La ligne reliant la Place Theodor Herzl à la Place d'Israël passe sur la rue du Rocher. Le Dôme du Rocher est le lieu le plus sacré d'Israël.
La Mairie de Paris a inauguré le 14 juin 2010, une place Mahmoud Darwich (1941-2008), figure de proue de la poésie palestinienne, véritable chantre de son peuple, engagé jusqu'à sa mort dans la lutte pour sa libération. Où se trouve, dans le code cette place ?

Sur le Quai Malaquais, à l'angle avec l'Institut de France, soit... sur la ligne joignant la Grande Mosquée de Paris à la Place d'Israël.

Voici dix ans, était inauguré le jardin Itzhak Rabin (1922-1995), premier ministre israélien assassiné à Tel-Aviv en 1995, et lutteur pour la paix, signataire des accords d'Oslo et, à ce titre, Prix Nobel de la paix. La ligne joignant ce jardin à la Place d'Israël, passe sur l'extrémité Sud de la rue de... la Paix.

La ligne joignant ce jardin au Mur de la Paix (au Champs de Mars) traverse la Grande Galerie de l'Evolution. Cela ne s'invente pas !

La ligne joignant la rue de la Paix à l'Ambassade de Palestine, traverse l'Unesco... La ligne joignant la rue d'Oslo à l'Ambassade de Palestine, passe sur le Mur de la Paix.

Bref, la dénomination d'une rue ne va pas toujours de soi et l'on comprend que le conseil municipal par souci de déminer, préfère apposer des plaques commémoratives...plus facile à remplacer.

En devenant ainsi un lieu de mémoire, cela a plus de sens. La plaque commémorative apposée sur le pont Saint-Michel concernant les victimes du 17 octobre 1961, tués par la police ou jetés à la Seine, a été attaquée à l'acide, brisée à coups de masse ou dérobée. Désormais elle est en bronze !

Les empoignades furent vives lorsqu'il fut question de débaptiser la rue attribuée à Alexis-Carrel, qui fut rattrapé par son activisme eugéniste sous l'Occupation. Le piéton ne soupçonne pas toujours le lobbying à l'œuvre derrière certaines plaques.

Les partisans de Robespierre sont connus pour ne jamais lâcher la pression, tout comme ceux de Napoléon qui ne se contenteront jamais de la seule rue Bonaparte. Le CRAN, grâce à son insistance, a obtenu un Square Aimé Césaire, et même une station de Métro (ligne 12), qui sera mise en service en 2017.

Au Conseil de Paris, les communistes sont les plus vigilants pour honorer leur héros. Louis Aragon, qui appartient à l'histoire littéraire, échappe au Parti : on lui a trouvé une petite place dans l'île Saint-Louis.

Les " jardins" sont bien pratiques, car ils ne dérangent personne. Celui où personne ne va jamais car il est au centre de la porte Maillot est baptisé du nom de Soljénistsyne ce qui a évité de modifier de nom de la place, arrangement bienvenu après les vifs échanges en séances entre élus à la seule évocation du nom de l'écrivain russe.

Débaptiser pour rebaptiser promet un imbroglio. Les riverains se révoltent à la perspective d'avoir à changer de papier à lettres, de cartes de visite, d'identité administrative… Même pour un écrivain. Les femmes ne sont que 4% sur les murs des rues de Paris…

Depuis plusieurs années, on trouve dans Paris une rue portant le nom d'un personnage de roman : Lucien Leuwen.

Dernière précision : Même si le démineur de la Mairie de Paris semble avoir une certaine importance dans le choix de la dénomination des rues de Paris, il est absolument inconscient, tout comme le maire lui-même et ses collaborateurs, de la mise en place globale du système Parisis Code.

Pour eux, comme pour la majorité des gens, ce code reste une monumentale farce, qui ne mérite aucun intérêt. Mais n'est-ce pas préférable ainsi ? Les plus belles choses en ce monde sont dénaturées par l'être humain qui ne respecte plus rien. Tant que ce code restera confidentiel, la mairie de Paris n'interviendra pas pour influencer le message des rues de Paris, voulu par son mystérieux créateur…

ISLAM

Il existe dans le Parisis Code une ligne *islamique*. Celle-ci part de la Mosquée Ed Dawa, au Nord et atteint au Sud la Grande Mosquée de Paris. Accolés à cette ligne nous trouvons du Nord au Sud : Place et Impasse du Maroc, la rue de Tanger, la rue de Kabylie, l'Institut du Monde Arabe, la Place Mohamed V (roi du Maroc), l'Institut Musulman...

La ligne qui joint le milieu de l'œil de l'Aigle à l'Avenue de Tunisie passe par la Grande Mosquée de Paris. La droite rue de Tunis- rue d'Alger atteint l'Arc de Triomphe.

C'est au Père-Lachaise que fut érigée, sous Napoléon III, la première mosquée de Paris, quelque 70 ans avant celle du 5^{ème}arrondissement...

En temps que premier président de la République tunisienne, élu à vie en 1974, Habib **BOURGUIBA** (1903- 2000) possède le long de la Seine dans le 7ème arr. de Paris, l'Esplanade Habib Bourguiba.

De cette manière, nous obtenons le prestigieux alignement Arc de Triomphe - Esplanade Habib Bourguiba et Avenue de Tunisie.

Dans l'histoire de l'Islam, le prophète Mohammed entra pour la première fois à Médine, la ville du Prophète le 30 septembre 622. Cette date historique correspond à la Saint-Jérôme du calendrier chrétien.

On pourra remarquer que la rue Saint-Jérome est précisément dans l'alignement Nord de la Grande Mosquée de Paris. Merveilleux Parisis Code qui uni toutes les religions !

LE DIEU GREC

Zeus, le roi des Dieux dans la mythologie Grecque, se cache dans Paris ! Cette affirmation n'est pas gratuite, elle est bien entendu corroborée par des alignements symboliques que seul le Parisis Code est capable de produire.

En effet le nom Zeus est caché dans 2 voies distinctes : la rue de Suez et l'Impasse Suez.

En reliant ces deux voies, nous obtenons un axe qui rejoint le petit Passage Dieu. Vous l'aurez compris, Suez est le palindrome de Zeus !

La clef de la Création alignée sur la rue de Suez traverse le Rond-point des Champs Elysées, la clef de la Célébrité (en plein centre) et comme il fallait s'en douter, la rue d'Athènes !

Clin d'œil amusant : lorsque l'on joint l'Impasse Suez (Zeus) à l'Arc de Triomphe, la ligne passe exactement sur le Boulevard du Temple et l'entrée d'un temple grec bien connu : l'église de la Madeleine!

Zeus est aussi le nom d'un centre de conférence situé à Paris-Bercy. Son adresse: n°40, Avenue des Terroirs de France

. Si nous relions ce centre à la rue de Suez, que constatons-nous ?

Elle passe sur la rue Dieu. Décidément, le Parisis Code semble bien être le divertissement favori des Dieux!

L'astronomie moderne nous a démontré que le centre de notre galaxie se trouve précisément dans la constellation du Sagittaire que les astrologues nomment la *Maison Divine*.

La rue **MAISON-DIEU** (14ème arr.) évoque indiscutablement dans le Parisis Code, l'une des cartes du jeu de Tarot de Marseille, inspiré du tarot égyptien : la carte Maison-Dieu.

En langue des oiseaux tardive du 18ème siècle, *Maison-Dieu* pourrait se traduire par : *l'âme et son dieu*.

Aussi n'est-il pas étonnant de la rencontrer dans de mystérieux alignements sur la scène du Grand Code de Paris, poussant à la réflexion.

La 16ème carte de tarot appelée *Maison-Dieu* est un arcane majeure également appelée la *Tour* ou *château de Pluton* ; elle représente en effet une tour médiévale en feux dont le sommet s'éboule et d'où tombent de nombreux cercles de couleur bleu, blanc et rouge et 2 personnages, la tête en bas.

C'est une carte qui évoque la crise, la confusion, le chaos, la destruction, le combat, la violence, les larmes etc... et depuis le début du 3ème millénaire, la tragédie de la destruction des tours du **WORLD TRADE CENTER** de New-York le 11 septembre 2001.

Nous retrouvons ce drame d'une façon spectaculaire et prophétique dans le Parisis Code à travers un alignement d'une limpidité qui fait peur :

La droite qui unit la rue Maison-Dieu (14ème arr.) à la rue Dieu (10ème arr.) passe devant la Sainte-Chapelle construite pour recueillir les plus précieuses reliques du fils de Dieu, la couronne d'épines, symbole de violence et de larmes...

Cette ligne continue en traversant le Jardin du Luxembourg où elle atteint le Mémorial du drame du 11 septembre 2001, un arbre planté à proximité de la Statue de la Liberté de Bartholdi (symbolisant New-York).

La droite passe ensuite d'une façon très troublante sur une des tours les plus célèbres de Paris : la Tour Saint Jacques !

Après avoir croisé la rue Dieu, elle atteint la couronne de l'Aigle et termine sa course sur le « Zénith » symbole d'importance maximum.

Au Sud de Paris, cette ligne passe sur la rue de la Tour à Malakoff, histoire de bien nous confirmer que cet alignement n'a rien à voir avec une coïncidence.

Enfin dernière constatation extrêmement importante, la « rue Maison-Dieu » est précisément dans l'alignement Sud du plus haut Building de Paris intra-muros : la Tour Maine-Montparnasse !

Cet axe se termine au Nord de Paris sur la rue Fructidor (17ème arr.) évoquant également le **11 Septembre**.

Démonstration :

Fructidor était le 12ème mois du calendrier républicain il commençait le 18 août et se terminait le 17 septembre ! La chute du World Trade Center a donc bien eu lieu pendant Fructidor !

Petite parenthèse ici pour confirmer que la tragédie du World Trade Center est bien téléguidée à plus d'un titre.

Plusieurs preuves spectaculaires le prouvent à commencer par la série de nombres 11 qui accompagna cette journée.

Une tour encore plus haute va être reconstruite et l'inauguration est prévue pour le 11 septembre 2012, soit bel et bien 11 ans après (si le calendrier des charges est respecté).

Au sein même des Invalides, se dresse une fontaine intitulée *Parole portée* : c'est le **Mémorial aux Victimes du Terrorisme**. Cette statue possède un air de famille avec celle de Saint-Denis à Montmartre.

L'œil de l'Aigle regarde ce Mémorial et poursuit sa ligne sur l'Ecole de Guerre. Car le terrorisme est aussi une guerre, plus longue et plus sournoise !

On remarquera que la Place des Martyrs du Vélodrome d'hiver, le Mémorial du Martyr Juif Inconnu et le Mémorial aux Victimes du Terrorisme sont un même alignement d'Est en Ouest.

Maison-Dieu, un terme qu'on peut comprendre aussi comme désignant le Paradis, le Soleil ou l'Au-delà suivant ses croyances.

Mémorial aux Victimes du Terrorisme   *Saint-Denis*

LA CATHEDRALE SAINTE-CROIX

La Cathédrale arménienne Sainte-Croix, rue du Perche (3ème arr.) a dans le Code un rapport logique avec la crucifixion du Christ et le symbole qui en émane.

Elle est sur un alignement sur lequel on trouve la Sainte-Chapelle (qui conservait le plus grand morceau de la véritable croix du Christ) et l'Eglise Saint-Sulpice (évoquant le supplice de la Croix).

La droite partant de la Cathédrale Sainte-Croix en direction du centre de la croix ankh atteint la Porte de Champerret…

La droite partant de la Cathédrale Sainte-Croix en direction du centre de la Grande Croix Bellator traverse le milieu de la rue du Mont Thabor (Transfiguration du Christ) et le Rond-point des Champs Elysées (clef de la Célébrité).

Le message : *la Croix fait naître la Mort* traduite par la droite reliant le Parvis du Trocadéro à l'entrée du cimetière du Père Lachaise passant par la Cathédrale Sainte-Croix traverse la pyramide inversée, ce qui a pour effet d'inverser le message.

Message chrétien par excellence puisque le Christ est ressuscité, suite à la crucifixion.

On remarquera aussi que Notre-Dame-de-la-Croix (rue Jules Lacroix ! - 20ème) se trouve justement sur la droite qui unie le centre des deux saintes croix du Parisis Code : la Grande Croix Bellator et l'Ankh.

LA PORTE DOREE

Au sud-est de la Capitale, dans le 12ème arrondissement conduisant à Vincennes, se trouve la Porte Dorée, ancienne Porte Daumesnil dont l'étymologie proviendrait selon certains de la contraction de porte de l'orée du bois.

Une sculpture de femme, avec le sceau du fondeur Rudier, en justifie à présent le nom par sa couleur dorée.

En faîte, il n'en est rien, comme va nous le prouver une fois de plus le Parisis Code et ses implacables alignements symboliques. Car c'est bien de symbole religieux dont il s'agit.

En effet comme nous le fait remarquer le chercheur parisien Dominique Maguin, comme par hasard, cette Porte dorée se trouve au sud-est de Paris soit à la même position géographique que la fameuse Porte dorée d'une autre Capitale : Jérusalem.

La Porte Dorée de Jérusalem

Bien entendu ceci n'est pas officiellement admis, comme toute chose importante et occulte du Parisis Code.

La fameuse Porte Dorée de Jérusalem a une importance considérable puisque dans la Tradition juive c'est par cette porte précisément que le Messie doit revenir ! C'est aussi par cette porte que Jésus fit son entrée triomphale à Jérusalem, le jour des Rameaux.

C'est enfin à cet endroit précis que, le 3 mai de l'an 629, l'empereur Héraclius entra dans la ville, en portant sur ses épaules la vraie croix qu'il avait arrachée aux mains des Perses.

La Porte Dorée fait partie des 8 autres entrées prestigieuses qui subsistent dans la muraille de Jérusalem (Porte Neuve, de Damas, d'Hérode, de Saint Etienne (située à 100m de la Porte Dorée), Porte des Maghrébins, de Sion, de Jaffa). La ville est entourée d'un mur de 13 mètres de hauteur flanqué de 34 tours.

La Porte Dorée est la seule qui est murée. L'explication est simpliste et amusante : les musulmans l'ont murée pour empêcher le Christ de revenir !

Cette porte fut construite sous l'impulsion de l'impératrice Eudoxie, sur les fondations de la Porte de Suse, ancienne porte d'Orient de Jérusalem par laquelle, selon la tradition, est réellement passé le Christ.

Dans Paris, la Porte Dorée (qui arbore une statue monumentale dorée d'Athéna) est sur l'axe reliant la Galerie d'Apollon du Louvre (ou la Cour du Sphinx) à l'Arc de Triomphe. La Porte Dorée est l'entrée de la Foire du Trône...

L'axe Porte Dorée - Ambassade du Vatican nous amène à l'extrémité du bras Ouest de la Grande Croix du Christ. Preuve que cette porte a bel et bien un rapport avec l'Eglise.

Mais revenons à Paris où notre autre Porte dorée nous attend. Les deux principales preuves de l'implantation délibérée de la Porte Dorée à cet endroit de la capitale française nous sont fournies par deux alignements significatifs :

- La droite joignant la Place d'Israël à la Porte Dorée passe en toute logique sur la boucle de l'Ankh et qui plus est sur l'entrée principale de l'Opéra Garnier.

- La ligne qui unie la Porte dorée au centre de la Grande Croix du Christ (Bellator) passe sur Notre-Dame de Paris le centre religieux le plus important de la Capitale. L'axe ainsi créé détermine précisément l'axe de la cathédrale.

Si nous traçons un axe Porte dorée - Sainte Chapelle (reliques du Christ, notamment de la *vraie Croix*), celui-ci est parallèle à l'Axe Solaire Historique (Champs Elysées).

La *Porte Dorée* se trouve dans l'alignement Est de l'Observatoire de Paris !

La droite joignant le bout du Bassin-phallus (créateur) à la Porte Dorée passe sur le chœur de l'église de Saint-Sulpice (Sulpice = supplice =

croix du Christ), le Carrefour de la Croix Rouge et l'église Saint-Louis des Invalides.

Alignée sur l'Arc de Triomphe, la Porte Dorée forme une droite traversant allègrement la Galerie d'Apollon (naissance de l'axe de l'Ankh), la Cour du Sphinx et le Rond-point des Champs-Elysées (célébrité).

Traçons la droite joignant la la Porte Dorée à la rue Dieu : elle atteint le chœur du Sacré-Cœur de Montmartre !

La droite Passage Dieu - Porte Dorée passe sur la base de la pyramide virtuelle Tenon… Le Passage Dieu est pratiquement dans l'alignement Nord de la Porte Dorée.

L'axe Evêché de Paris - Clef de la Mise au Monde (Parvis des Droits de l'Homme du Trocadéro) nous amène aussi sur cette Porte.

En rapport avec le jour des Rameaux évoqué précédemment, on remarquera que la droite Porte Dorée - rue Rameau atteint le centre de l'Ankh.

Enfin, alignée sur la statue d'Isis (statue de la Liberté de Paris), la droite provenant de la Porte Dorée passe sur la pyramide octogonale tronquée de Bercy, symbole de l'Eglise.

La ligne Paris-Jérusalem mesure 3333 km de Paris (Porte Dorée) à Jérusalem (Porte Dorée).

Cette ligne passe par Payns, la localité qui a donné son nom au fondateur de l'Ordre du Temple : Hugues de Payns.

Mais elle passe aussi par une autre région remarquable : Éphèse, en Turquie, et Patmos, en Grèce.

Éphèse fut la ville où Saint-Paul, puis Saint-Jean-l'Évangéliste annoncèrent la Bonne Nouvelle.

Patmos est l'île de la mer Égée où Saint-Jean-l'Évangéliste eut la vision décrite dans l'Apocalypse (ou Révélation).

Ainsi, nous constatons que, par sa longueur et son tracé, la ligne Jérusalem-Paris semble en rapport avec l'Apocalypse. *(Source : Dominique Maguin).*

LA PORTE DES LIONS : La Porte des Lions est l'unique porte qui soit ouverte sur la façade Est de la muraille de la Vieille Ville de Jérusalem, face au Mont des Oliviers. Elle est aussi appelée porte Saint-Étienne ou Saint-Stéphane, du nom du premier martyr de la chrétienté.

Cette porte, l'une des huit qui entourent la Vieille Ville, est la plus importante pour les chrétiens, car c'est là que débute la Via Dolorosa.

Elle se trouve au nord de la Porte Dorée, à peu de distance. C'est à partir de cette porte que débuta le calvaire du Christ, appelé *le Chemin de Croix*.

Le nom Porte des Lions a été donné par Israël après l'Indépendance

A Paris, il existe aussi une Porte des Lions. Elle se situe sur le Pavillon de Flore.

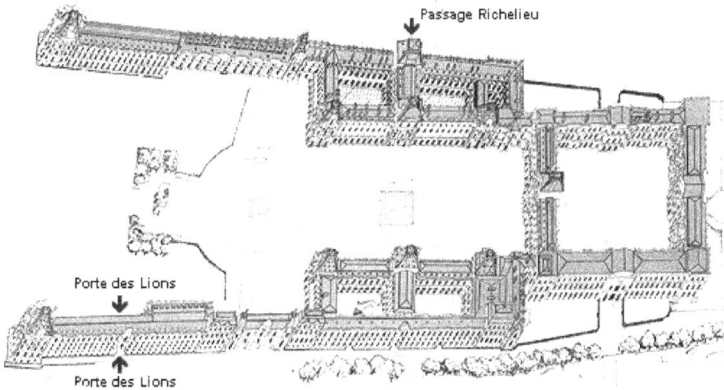

C'est à présent la deuxième entrée du Musée du Louvre après la pyramide de verre.

Cette porte, gardée par deux lions fait bien sûr partie des alignements symboliques concernant la Bible...

Pâques est la plus importante fête religieuse chrétienne.

Elle commémore la résurrection du Christ, le troisième jour après sa passion (ensemble des souffrances et supplices qui ont précédé et accompagné sa mort). Souffrances qui ont justement débutées à la Porte des Lions.

Parfois le Parisis Code est accompagné de messages, de clin d'oeil qui attestent de la réalité de certains points symboliques. C'est le cas pour la Porte des Lions !

Un indice évident évoquant Pâques se trouve juste derrière cette porte ; il s'agit d'une authentique tête de l'île de Pâques, d'1,70 mètre de hauteur ! (une autre tête se trouve au Musée du Quai Branly).

A présent voyons comment a été utilisée la Porte des Lions dans le Parisis Code.

La ligne joignant la Clef de la Création à la Clef de la Mort traverse la Porte des Lions mais aussi l'autre statue de l'île de Pâques du Musée du Quai Branly.

Le Grand-Oeil (Observatoire) qui regarde la Porte des Lions crée une ligne qui passe sur la Place Saint-Sulpice (Sulpice veut dire supplice) ; église qui expose une fidèle copie du Saint-Suaire (stigmates du chemin de croix et de la crucifixion).

L'axe Porte des Lions - rue des Martyrs amène au Sacré-Coeur de Montmartre.

La Clef de la Communication alignée sur l'Eglise Notre-Dame de la Croix crée une ligne qui traverse la Porte des Lions.

Le Grand-Oeil (Observatoire) qui regarde la Villa Sainte-Croix crée une ligne qui traverse la Porte des Lions.

La ligne qui joint la Place du Calvaire à la Porte des Lions touche l'église Saint-Roch dédiée aux cinq plaies du Christ. L'autel de cette église est un calvaire...

La couronne d'épine, est plus précisément le jonc sur lequel fut placé le buisson d'épines sur la tête de Jésus.

Celui-ci est conservé dans un reliquaire transparent en cristal de roche qui fut ouvert pour la première fois dans les années 30. On constata alors que le jonc était toujours vert !

Les cinq fragments de la Sainte-Croix - de Saint-Pierre de Rome, de Saint-Marc de Venise, de la Cathédrale Saint-Ambroise de Milan, de Notre-Dame de Paris précisément, et de Baugé (Maine et Loire) sont considérés comme authentiques.

Analysés par la NASA, il a été constaté que la couronne et le morceau de la vraie croix (ci-dessus dans son reliquaire) provenaient du même chêne d'Orient du premier siècle de notre ère !

Le Message des Portes - En créant dans le Code parisien un axe reliant la Porte des Lions (Jésus partant pour sa Mort) et la Porte Dorée (le retour du Messie) on obtient un fabuleux message.

Cet axe qui se dirige sur la Place de l'Etoile, passe sur la petite rue de la Colombe (symbole de Paix et du Saint-Esprit) et sur la Clef de l'Immortalité (toit du Grand-Palais).

La distance entre la Porte des Lions et la Porte Dorée est de 6,2 kilomètres.

SŒUR ROSALIE RENDU

Sœur Rosalie Rendu (1786-1856), Fille de la Charité et supérieure de la communauté de la rue de l'Épée-des-Bois (5ème arr.) est l'un des personnages les plus représentatifs de la charité chrétienne.

Elle a rejoint la Société de Saint-Vincent-de-Paul. En 1852, Napoléon III lui remet la Légion d'honneur.

Dans Paris, l'Avenue Sœur Rosalie (13ème arr.) est exactement dans l'alignement sud de la Place Napoléon III. Une conjonction qui dans le code signifie qu'il y a un rapport fort entre deux personnages. Sœur Rosalie fut béatifiée par Jean-Paul II le 9 novembre 2003.

L'Avenue Sœur Rosalie est sur la droite formée par le Sacré-Cœur de Montmartre, Notre Dame de Paris et… la rue de l'Épée-des-Bois. Elle est aussi dans l'alignement Sud de la rue Saint-Vincent-de-Paul.

Plus subtile, cette avenue est aussi sur la droite reliant le symbole de création (Fontaine de Varsovie (Bassin-phallus) à la Place Ozanam (le créateur de la Société de Saint-Vincent-de-Paul.

EGLISE POSITIVISTE

Auguste **COMTE** (1798-1857) Philosophe français, Positiviste, disciple de Saint-Simon est considéré par certains comme le fondateur de la sociologie.

Il est aussi le fondateur, en 1848, de l'Eglise Positiviste (culte des Morts), qu'il créa suite à la mort d'une femme dont il tomba éperdument amoureux et qui mourut malheureusement quelques mois plus tard.

Cette femme qui s'appelait Clotilde de Vaux, décédée le 5 avril 1845 possède une petite rue dans Paris.

Il subsiste encore à Paris une chapelle dédiée à ce culte Positiviste ; c'est la *Chapelle de l'Humanité*. Elle est située au 5, de la rue Payenne (3ème arr.).

Auguste Comte a sa statue sur la Place de la Sorbonne (5ème arr.). Le Ministre de l'Education, Claude Allègre fit pivoter cette statue de 90° pour mieux voir la Sorbonne vu du Boulevard Saint-Michel. En fait il caressait l'espoir de la voir déboulonnée.

La rue Clotilde de Vaux se trouve judicieusement placée dans l'alignement Est de cette Chapelle de l'Humanité dont elle fut l'inspiratrice.

Le 5 avril, jour de sa mort, qui fut le déclencheur de l'Eglise Positiviste, est la Sainte-Irène, qui est codée dans Paris grâce à la rue Saint-Irénée (son équivalent).

La ligne rue Auguste Comte - rue Saint-Irénée traverse la rue Clotilde de Vaux.

Concrètement, dans le Parisis Code, on peut constater divers alignements parlants concernant ce Philosophe :

- La rue Auguste Comte alignée sur la *Chapelle de l'Humanité*, crée une droite passant sur sa statue devant la Sorbonne.

Auguste Comte habita entre 1841 et 1857, rue Monsieur-le-Prince (6ème arr.). Cette rue, alignée sur la *Chapelle de l'Humanité*, crée un axe qui croise avec malice l'entrée de Notre-Dame.

SAINT-MALACHIE ET LA PROPHETIE DES PAPES

Personnellement, je soupçonne le Quai Malaquais de cacher derrière son nom, en langue des oiseaux, celui de Saint-Malachie (1094-1148), évêque d'Irlande auteur présumé de la fameuse *Prophétie des Papes*, publiée en 1595.

Malachie nom d'origine italienne se prononce Ma-la-ki, et signifie *Ange du Seigneur.*

Ce subterfuge en jeu de mot aurait été utilisé pour faire figurer en un lieu extrêmement symbolique le nom de celui qui a prédit clairement la fin de l'Eglise.

Malaquais est déjà à l'origine, une déformation de *mal acquis*, un nom donné à cet endroit à la suite d'une opération malhonnête orchestrée par Marguerite de Valois (reine Margot), première épouse d'Henri IV.

Celle-ci s'empara d'autorité d'une partie de l'Université pour y construire un vaste et magnifique hôtel particulier avec un beau jardin le long de la Seine ; un terrain « mal acquis » en quelque sorte !

Ce coup de théâtre est aussi à l'origine du nom du quartier Montparnasse (donné par les étudiants chassés de l'Université, qui se réfugièrent à cet endroit de Paris).

Peut-être est-ce une simple coïncidence, mais ce Quai Malaquais est étrangement bien placé dans le sens Parisis Code du terme. Jugez-en :

il est dans l'alignement sud de la partie principale de l'Ankh, de l'Arc de Triomphe du Carrousel, Pyramide du Louvre, Pyramide inversée, de la Cour du Sphinx ; bref de plus de la moitié du Louvre !

Le Quai Malaquais est précisément dans l'alignement Est de la Tour Eiffel (en son centre !).

Les prophéties de Saint-Malachie concernent uniquement les Papes. N'est-il pas étrange de trouver ce Quai Malaquais dans l'axe exact de Notre-Dame de Paris notre clef de l'Eglise ?

De plus l'axe qui passe par Notre-Dame et Quai Malaquais atteint la tête de la Grande Croix du Christ (symbole de la Tête de l'Eglise donc des Papes). Confirmation « triomphale » de mes doutes :

Saint-Malachie était l'ami intime de Saint-Bernard, il mourut d'ailleurs dans ses bras. Si nous traçons un axe passant par le Quai Malaquais et le Quai Saint-Bernard celui-ci atteint l'Arc de Triomphe ! Quelle réponse est plus éclatante ?

Les prophéties de Saint Malachie concernent Rome, la ville des Papes ; qu'à cela ne tienne ! La longue rue de Rome change 3 fois de direction ; la deuxième partie rectiligne sur 800 mètres est dans la direction du Quai Malaquais !

Le 28 octobre 1958, jour de la Saint-Simon, le cardinal Giuseppe Roncalli, devient pape sous le nom de Jean XXIII.

Il succède à Pie XII. Cette date historique est inscrite dans le code !

La droite reliant la Clef de la création (bout du bassin-phallus) Square Jean XXIII (derrière Notre-Dame), passe effectivement sur la rue de Saint-Simon !

LA FIN ANNONCEE DE L'EGLISE

Le 111è et dernier pape mentionné par la *Prophétie des Papes* de Saint-Malachie, porte la devise : De gloria olivae (De la Gloire de l'Olivier).

Cette formule est désormais attribuée depuis le 19 avril 2005 au Pape allemand Benoît XVI. (Cardinal Joseph Ratzinger).

Cette élection serait aussi la dernière étape avant la *fin du monde* ou l'arrivée d'un nouveau prophète.

Quel rapport le Pape Benoît XVI peut-il avoir avec l'Olivier ?

Dans l'histoire de la religion chrétienne, l'un des personnages qui a construit le culte catholique autour du symbole de l'Olivier est le berbère Saint-Augustin.

Saint-Augustin est né en l'an 354 d'un père berbère païen du nom de Patricius à Thagaste ; il est l'un des 33 Docteurs de l'Église catholique.

Ce philosophe et théologien chrétien est l'un des principaux pères de l'Église latine et se distingue par un symbole particulier, l'Olivier.

En effet, c'est dans l'ancienne Thagaste (Souk-Ahras actuelle) en Algérie, que les adeptes de la Doctrine du Saint Berbère venaient du monde entier se recueillir auprès d'un Olivier séculaire situé sur une colline dominant la cité antique aujourd'hui disparue, au pied duquel le saint méditait.

Quel est donc le lien entre le nouveau Pape Benoît XVI et Saint-Augustin ? Tout simplement parce que le Cardinal Joseph Ratzinger est un fidèle de la devise de Saint-Augustin. C'est par ailleurs lui, qui le 13 novembre 2004, a organisé un rassemblement solennel en mémoire du Saint de l'Olivier pour célébrer la 1. 650 ème année de sa naissance.

Par ailleurs, Benoît XVI, fut ordonné prêtre le 29 juin 1949, avec pour une première Thèse de Doctorat portant sur *Le peuple et la maison de Dieu dans la doctrine ecclésiale de Saint-Augustin.* En somme, Benoît XVI fait la gloire de Saint-Augustin !

Remarque : Comme un message, la ligne qui rejoint l'obélisque de la Place Saint-Pierre du Vatican à celui qui se dresse devant l'ancienne résidence des papes au Latran passe par l'église Saint-Augustin de Rome ! Message en l'honneur de la dernière devise ?

Trouve-t-on une trace de cette dernière devise dans le Parisis Code ? A Paris nous trouvons la rue de l'Olive dans le 18ème arrondissement.

Si nous traçons un axe à partir de cette rue passant par la Place Saint-Augustin dans le 8ème arrondissement, il atteint exactement le centre du Parvis des Droits de l'Homme au Trocadéro, signe de Naissance et de Vie.

L'Olive est le fruit de l'Olivier symbole de fécondité ! Dans l'Islam, c'est le symbole de l'Homme universel.

La rue Saint-Augustin est dans l'alignement nord du Louvre de telle sorte qu'elle en couvre presque la totalité. Cette rue prend naissance sur le corps même de l'Ankh (Avenue de l'Opéra).

Elle est dans l'alignement nord de l'ensemble du Quai Malaquais (Malachie ?). C'est pourquoi on peut s'autoriser à penser qu'elle est en rapport avec la dernière devise de Malachie.

Confirmation : si nous relions par une ligne la fin de la rue Saint-Augustin à l'Eglise Saint-Augustin, celle-ci passe par la boucle de l'Ankh !

Pour terminer, la ligne qui relie la rue de l'Olive au Quai Malaquais passe le révélateur de secret : la Cour du Sphinx.

Mais alors, le Pape Benoît XVI serait réellement le dernier Pape, la Gloire de l'Olivier ? Un dernier indice serait le bienvenu... le voici.

Pourquoi ce Pape s'est-il appelé Benoît XVI ?

Une question de mode ? On le sait, Saint-Benoît a été choisi pour être le Saint-Patron de l'Europe ; cela aurait pu intervenir dans son choix, certes, mais un autre « détail » beaucoup plus logique semble avoir dominé : l'ex Cardinal Josef Ratzinger est né le 16 avril, et ce jour là, c'est la Saint-Benoît » !!! En ce qui concerne le XVI, il s'agit bien entendu du 16ème jour du mois d'avril !

La rue Saint-Benoît se trouve à moins de 300 mètres du Quai Malaquais ; elle se trouve dans son alignement Sud et enfin son orientation forme un axe qui coupe ce Quai en plein milieu !

La rue Saint-Benoît est dans l'alignement ouest de la Sainte-Chapelle dans l'île de la Cité. On ne peut rêver plus fort symbole de l'Eglise de Saint-Pierre.

La Sainte-Chapelle il faut le savoir fut bâtie à cet endroit en 1248 par Saint-Louis pour accueillir les reliques du Christ et de la Vierge.

Etrangement, l'alignement traverse aussi à l'Est ... l'Impasse Satan.

Fin tragique de l'Eglise, règne du Mal ?

Cette démonstration d'alignement « parlant » du Parisis Code est particulièrement troublante car elle laisse entendre que ce Code serait d'origine quasi divine ou bénéficierait d'une vision du futur.

Un dernier exemple en rapport avec les Papes.

Le Pape Pie VII est le premier humain au monde à avoir été photographié !

Cette première photographie, sur verre, fut réalisée en 1822, par l'inventeur de la photographie : le français Joseph Nicéphore Niepce (1765-1833).

Précisons que le Pape Pie VII ne fut pas photographié directement, car, à l'époque, il fallait un temps de pause très long, de plus de 10 heures pour réaliser une photographie.

Nicéphore Niepce a tout simplement photographié un portrait le représentant (réalisation d'une copie de dessin par la seule action de la lumière sur une plaque de verre enduite de bitume de Judée)

Cette photo marque le véritable début de la photographie, qui a débouché sur la fantastique histoire du cinéma, de la télévision et enfin de la course à l'espace.

C'est pourquoi, je pense qu'il était primordial que cette invention majeure pour l'humanité, se retrouve symboliquement présente dans la 666ème année de la Prophétie des Papes de Malachie, à travers ce Pape dont le règne couvrit toute la période de la découverte de la photographie.

La devise de Malachie attribuée à Pie VII, l'Aigle ravisseur, bénéficie donc d'une deuxième lecture, si l'on considère que l'appareil photographique (à l'œil perçant, comme un Aigle) « capture » ou « ravit » l'image de quelqu'un !

Cette précieuse première plaque négative, en verre représentant Pie VII a malheureusement disparu ! (ne se trouverait-elle pas, par hasard dans les caves secrètes du Vatican ?).

On ne connaît l'existence de cette première photo historique, qu'à travers les mémoires de Nicéphore Niepce.

Dans le Parisis Code, si nous traçons une ligne joignant la rue Niepce à la Cour du Sphinx du Louvre (détenteur du secret), celle-ci traverse le Quai Malaquais, évoquant le secret des Papes !

SAINT-SEVERIN

Saint-Séverin, ermite parisien mort en l'an 555, a son église et sa rue dans le 5ème arrondissement.

Son corps n'est conservé que depuis 1848 dans une châsse placée dans la cathédrale Notre Dame de Paris. Un alignement nous le confirme :

La ligne unissant l'église Saint-Séverin au Square Séverine de la Porte de Bagnolet, (prénom dérivé de Séverin) traverse Notre-Dame Paris !

Un autre Saint-Séverin, moine mort en l'an 507, sauva Clovis d'une fièvre infectieuse.

Là encore, une intervention soulignée par le Code : la rue Saint-Séverin alignée sur la rue Clovis attire notre attention sur le centre de la boucle de l'Ankh.

SAINTE-HENRIETTE

Sainte-Henriette est une sœur carmélite de Compiègne, qui, avec 15 autres sœurs fut guillotinée le 17 juillet 1794 sur la Place du Trône (Place de la Nation). Elle est enterrée au cimetière de Picpus. Béatifiée, elle est fêtée le 17 juillet.

L'axe Impasse Sainte Henriette (18ème arr.) - Place de la Nation passe sur le cimetière de Picpus.

SAINTE-HELENE

Sainte-Hélène, mère de l'Empereur Constantin mourut en 329.

Sa dépouille fut un jour de 1791 déposée en l'église Saint-Leu, Saint Gilles, à Paris, par les Chevaliers du Saint-Sépulcre. Elle se trouve à présent au Musée du Vatican dans un sarcophage en porphyre rouge… (ci-dessous), comme Napoléon aux Invalides.

La droite joignant la rue de Constantinople (ville fondée par Constantin, où elle fut enterrée en premier) à l'église Saint Leu-Saint Gilles, passe sur le sommet exact de l'Ankh après avoir croisé la rue de Rome, ville où elle fut également enterrée… Ah le repos éternel !

L'axe formé par l'Eglise Sainte-Hélène (rue du Ruisseau) et Eglise Sainte-Hélène (rue Laferrière) passe sur la Pyramide du Louvre (Cour Napoléon du Louvre) et sur l'entrée de la rue Bonaparte. Cet axe coupe l'axe de l'Ankh au niveau de la Cour Napoléon.

L'axe formé par l'Eglise Sainte-Hélène (rue Laferrière) et la rue de Sainte-Hélène passe sur le centre du Panthéon.

SAINTE-THERESE DE L'ENFANT JESUS

La sœur carmélite Thérèse Martin, plus connue sous le nom de Sainte-Thérèse de Lisieux (1873-1897) a été béatifiée en 1923, puis proclamée en 1925, Sainte-Patronne secondaire de la France et Patronne de toutes les Missions.

Sainte-Thérèse de Lisieux est morte à 24 ans… pourtant, en 9 ans, sans rien faire d'extraordinaire, elle est devenue l'une des plus grandes saintes des temps moderne. On retrouve sa statue dans quasiment toutes les églises. Sa fête est le 1er octobre.

Son *Histoire d'une Ame* est lue dans le monde entier. Etrangement, ce manuscrit ne fut découvert dans sa chambre qu'après sa mort. C'est lui qui déclencha l'admiration pour cette jeune et discrète carmélite.

On remarquera qu'à Paris, le *Foyer de l'âme* (7, rue du pasteur Wagner) se trouve très précisément sur l'axe église Sainte-Thérèse de l'Enfant Jésus - rue Thérèse.

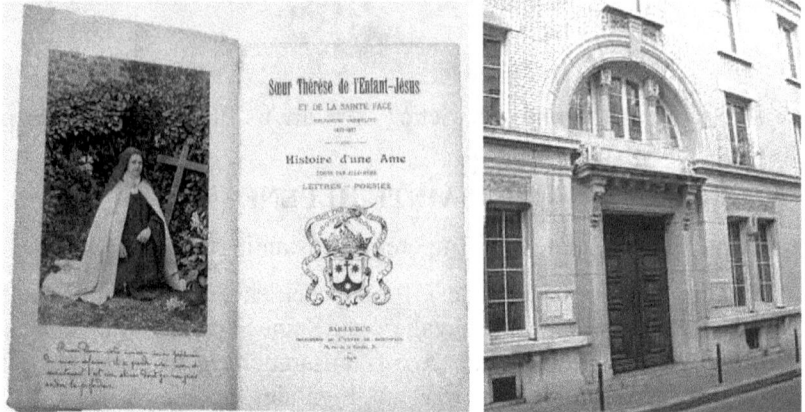

C'est le 9 avril 1888, jour de la Saint-Gauthier, que Thérèse Martin entre au Carmel de Lisieux et devient Sœur Thérèse de l'Enfant Jésus.

Canonisée 37 ans plus tard, le 17 mai 1925, elle deviendra Sainte-Thérèse de l'Enfant Jésus et de la Sainte-Face (ou Sainte-Thérèse de Lisieux).

Est-elle représentée dans la Capitale ? A-t-elle une voie ou un lieu de culte qui lui est propre ? Pour tenter de répondre à ces questions, prenons comme premier outil du Code, la rue Thérèse (1er arr.), seule indice visible en notre possession dans Paris, avec l'église Sainte-Thérèse de l'Enfant Jésus-Saint-Ferdinand, 27, rue d'Armaillé (17ème arr.).

Traçons un axe reliant le bec de l'Aigle (clef réservée aux points géographiques importants) à la rue Thérèse, et voyons où il nous mène.

Cette droite traverse le Passage Gauthier (9 avril) et atteint l'entrée de la vaste Fondation des Orphelins-apprentis d'Auteuil, située au n°40, rue Jean de la Fontaine (16ème arr.). Pourquoi, grand Dieu ?

Il se trouve qu'à cet endroit se trouve l'unique sanctuaire *thérésien* de Paris (consacré à Sainte-Thérèse de Lisieux). : la chapelle Sainte-Thérèse. On y conserve religieusement quelques reliques de la Sainte.

Est-elle vraiment Sainte patronne de la France ? Si nous avons la bonne idée de tracer une droite reliant cette chapelle à la Tour Eiffel (symbole de la France), celle-ci atteint la boucle de l'Ankh au niveau de l'entrée de l'Opéra. Son rapport avec la France est donc confirmé !

Le 6 novembre 2007, fut célébré le 120ème anniversaire de son pèlerinage au Sacré-Cœur de Montmartre. Agée alors de 14 ans, se rendant à Rome, elle était spécialement venue à la Basilique le 6 novembre 1887 à 9 heures du matin, devant l'autel Saint-Pierre (dans la crypte).

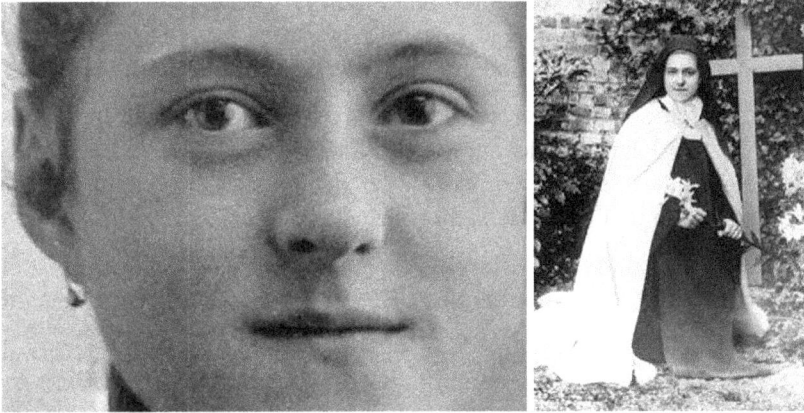

Elle y prononça sa consécration au Sacré-Cœur. Cet autel est devenu le lieu « thérésien » de la Basilique. Plus tard, Thérèse offrit son bracelet en or pour servir à la composition du grand ostensoir du Sacré-Cœur de Montmartre.

Cet épisode de la vie de Sainte-Thérèse est suffisamment important pour figurer dans le Parisis Code. D'ailleurs le style architectural de la Basilique Sainte-Thérèse, à Lisieux, consacrée en 1937, sera même inspiré du Sacré-Cœur de Montmartre.

Si nous traçons une ligne joignant la chapelle Sainte-Thérèse (Auteuil) au chœur du Sacré-Cœur de Montmartre, elle passe exactement sur le bout de la Fontaine de Varsovie, au Trocadéro, clef de la Création du Parisis Code et coupe la rue de Rome, la Place des Abbesses et l'église Saint-Pierre de Montmartre.

Thérèse Martin est née à Alençon le 2 janvier 1873, au n° 36, rue Saint-Blaise.

Il est sidérant de voir, à Paris que la droite joignant l'église Sainte-Thérèse de l'Enfant Jésus (27, rue d'Armaillé) au n° 36 de la rue Saint-Blaise (20ème arr.)- transposition de cette adresse d'Alençon dans Paris - passe avec précision sur la boucle de l'Ankh (Opéra Garnier) qui représente la tête du Christ!

Tout aussi étonnante la droite de 4,3 kilomètres joignant cette même église à la rue d'Alençon : elle passe sur l'Arc de Triomphe !

De plus, elle nous indique sa naissance, puisqu'elle coupe en plein milieu la rue de l'Arrivée ! L'arrivée dans notre monde !...

Le détail qui tue… Sainte-Thérèse de l'Enfant Jésus est morte de la tuberculose le jour de la Saint-Jérôme, le 30 septembre 1897.

Ce que je vais vous démontrer à présent est l'aspect le plus fascinant du Parisis Code ; une découverte qui vous laisse béat d'admiration pour ce merveilleux Code, d'une précision véritablement miraculeuse.

En effet, si nous recréons le nom Thérèse de l'Enfant Jésus avec les voies de Paris, soit les mots-clefs *Thérèse* et *Enfant Jésus* et que nous traçons une ligne avec, le résultat dépasse l'entendement : elle nous indique le jour exact de la mort de cette Sainte !

Démonstration : l'axe Impasse de l'Enfant Jésus - rue Thérèse atteint la toute petite rue Saint-Jérôme (18ème arr.) représentant le 30 septembre.

Nous avons là une ligne de plus de 5,5 kilomètres de longueur, qui va chercher une rue qui mesure moins de 40 mètres de long ! Cerise sur le gâteau : cet axe, vers le Nord atteint l'Eglise Sainte-Jeanne d'Arc, l'autre Sainte Patronne de la France et se termine sur la rue des roses (18ème arr.).

Thérèse écrivit le scénario et la musique de deux pièces, les *Récréations Pieuses* centrées sur Jeanne d'Arc : la *Mission de Jeanne d'Arc* (1894) et *Jeanne d'Arc accomplissant sa Mission* (1895) dans lesquelles elle joua le rôle principal. En jouant ce rôle, pensait-elle devenir elle aussi patronne de la France ? Des photos ont immortalisé ces moments.

Pourquoi les **ROSES** ? Parce que la rose est le symbole même de Sainte-Thérèse. A sa mort, elle avait promis sérieusement *de faire pleuvoir des roses sur la Terre.*

Elle est souvent représentée répandant des roses sur le sol. La statue illustrant ses paroles, existe en 300 000 exemplaires de part le monde.

Pour cette raison, elle est aussi devenue la sainte patronne des fleuristes.

La droite reliant la Maternité Sainte-Thérèse de l'Enfant Jésus à la rue des Rosiers (4ème arr.) traverse la boucle de l'Ankh (Opéra Garnier, tête du Christ).

Après avoir pu admirer cet alignement exceptionnel, le lecteur ou la lectrice qui ose prononcer le mot coïncidence est prié de se rendre à l'hôpital psychiatrique le plus proche, pour y subir un examen approfondi.

Sœur Thérèse de l'Enfant Jésus fut béatifiée par le Pape Pie XI, le 29 avril 1923, jour de la Sainte-Catherine de Sienne, à l'occasion de la translation de ses reliques dans la chapelle du Carmel.

La béatification est, rappelons-le, le premier pas sur le *Chemin de Lumière* qui mène à la canonisation.

Paris ne possède pas de rue célébrant Sainte-Catherine. Par contre le souvenir de Sainte-Catherine est encore présent, grâce à la Place du Marché Sainte-Catherine (4ème arr.) sur laquelle s'élevaient avant 1777 un couvent et une église Sainte-Catherine, dont la première pierre avait été posée par Saint-Louis.

Il n'en faut pas plus pour retrouver l'alignement symbolique montrant la date de béatification de Sœur Thérèse.

En effet, l'axe formé par la réunion de l'église Sainte-Thérèse de l'Enfant Jésus et la Place du Marché Sainte-Catherine est rigoureusement parallèle au Chemin de Lumière qu'est l'Axe Solaire Historique (axe des Champs Elysées).

La canonisation de Thérèse est intervenue le 17 mai 1925, jour de la Saint-Hippolyte. Dans le Code, le résultat sur la carte est très spectaculaire.

La rue Thérèse prenant naissance sur l'Avenue de l'Opéra, corps de l'Ankh, et la rue Saint-Hippolyte prenant naissance au Sud sur le même axe, on se retrouve avec l'alignement le plus important du Code, à égalité avec Napoléon Bonaparte, puisque il fait partie intégrante du symbole même du Parisis Code.

Par sa traversée de la boucle de l'Ankh, de la Pyramide du Louvre il indique la date de canonisation de Sainte-Thérèse de l'Enfant Jésus.

Rappelons nous aussi que la rue Saint- Hippolyte sert à dater la nuit de Napoléon à l'intérieur de la Grande Pyramide de Khéops (13 août).

Ce n'est pas le même Saint-Hippolyte ni la même date, mais le Code ne fait aucune différence entre les deux.

On remarquera que les lignes de béatification et de canonisation se coupent sur la croix Ankh au niveau de la rue de l'Echelle. L'Echelle qui monte vers le Ciel ?

C'est Jean Paul II qui proclama Sainte-Thérèse de Lisieux, *Docteur de l'Eglise*, sur la Place Saint-Pierre au Vatican le 19 octobre 1997.

Il n'existe que 33 Docteurs dans l'Eglise catholique.

Le Parisis Code ne pouvait passer à côté d'un événement aussi important pour le monde Chrétien.

Tout d'abord il faut savoir que le 19 octobre est la fête de Saint-Charles Garnier.

Il ne s'agit pas bien sûr de l'architecte de l'Opéra de Paris mais d'un missionnaire jésuite qui fut martyrisé au Canada par les Indiens Iroquois en 1642 et 1649 et qui fut canonisé par Pie XI.

La Place Charles Garnier à Paris lui est donc également attribuée dans le Code. La ligne joignant le Parvis Jean Paul II à cette place, passe par la rue Thérèse.

L'église Sainte-Thérèse de l'Enfant Jésus, alignée sur cette place donne un axe qui traverse la boucle de l'Ankh (entrée de l'Opéra Garnier) et atteint la rue Saint-Blaise (nom de la rue où elle est née.).

De même, la ligne Zénith - Chapelle Sainte-Thérèse (Passy) passe par la Place Charles Garnier et le centre de la boucle de l'Ankh !

Comme je vous le disais au début de ce chapitre, Sainte-Thérèse de l'Enfant Jésus fut aussi proclamée en 1925, patronne de toutes les Missions.

Cette *étoile* supplémentaire à son palmarès est aussi inscrite dans les rues de Paris, grâce au Square des Missions Etrangères situé dans le 7ème arrondissement.

La droite formée par la réunion de la Chapelle Sainte-Thérèse (Passy) et le Square des Missions Etrangères nous mène tout droit au symbole de l'Eglise du Code : la Cathédrale Notre-Dame de Paris (portail principal). L'église Sainte-Thérèse de l'Enfant Jésus, alignée sur ce square, nous mène à l'Institut Catholique de Paris et au Val de Grâce.

Enfin, comme si l'axe Impasse de l'Enfant Jésus - rue Thérèse n'était pas assez riche en informations, nous y retrouvons également l'entrée du Square des Missions Etrangères !

Sainte-Thérèse avait demandé que ses restes se promènent à travers le monde.

Depuis 1997, centenaire de sa mort, 80 pays ont accueilli les reliques de la Sainte. Il s'agit en fait de son bras gauche, symbole d'une personne « vivant et agissante ».

On possède des photos de Sainte-Thérèse depuis l'âge de 3 ans (1876) jusqu'à son lit de mort (1897).

Pour résumer : le nom de sa ville et sa rue natale, son entrée au couvent, sa visite exceptionnelle au Sacré-Cœur de Montmartre, sa mort, sa canonisation, la localisation de ses reliques à Paris, sa nomination au rang de Docteur de l'Eglise, de Patronne des Missions, bref toutes les grandes lignes de la destinée de cette Sainte d'exception, sont minutieusement indiquées dans le Code.

Avec Napoléon Bonaparte, Victor Hugo et quelques autres, Sainte-Thérèse de l'Enfant Jésus est l'une des personnalités françaises les plus cryptées dans le Parisis Code.

L'Eglise catholique semble bizarrement très impliquée dans l'élaboration de ce Code !

SAINTE-THERESE D'AVILA

La mort de Sainte-Thérèse d'Avila (1515-1582) revêt dans l'Histoire, un caractère unique et très spécial. En effet, elle est décédée dans la nuit du 4 au... 15 octobre 1582. Comment est-ce possible, une nuit qui dure 10 jours ?

En fait, c'est précisément cette nuit-là qui fut choisie par le Pape Grégoire XIII, pour rajuster le calendrier, qui avait pris 10 jours de retard.

On passa donc directement du calendrier julien au calendrier grégorien toujours en usage de nos jours. Zéro jours de néant, de vide ; une amnésie collective, un trou noir dans la chronologie des événements...

Le 15 octobre 1582 marque une nouvelle ère calendaire : les tout premiers instants du calendrier.

Sainte-Thérèse d'Avila béatifiée en 1614 et canonisée en 1622 par le Pape Grégoire XV, fut la première femme reconnue Docteur de l'Eglise catholique (en 1970). Elle est aussi la Patronne de l'Espagne.

SAINT- ALBERT LE GRAND

Saint-Albert-le-Grand (1193-1280) Dominicain, fut maître de l'Université de Paris (d'où son nom de *Maître Albert*), évêque, savant, philosophe et théologien. Albert-le-Grand fut canonisé en 1931 et proclamé Docteur de l'Eglise.

Il sera déclaré patron des savants chrétiens en 1941. De son vivant, il a joui du titre de « Grand » et, par la suite, de celui de *Docteur universel*.

A Paris, 2 églises Saint-Albert-le-Grand (122, rue de la Glacière et rue Spontini) et une rue Maître Albert perpétuent son souvenir.

Albert-le-Grand eu un élève célèbre en la personne de Saint-Thomas d'Aquin. La droite reliant l'église Saint-Albert-le-Grand (rue Spontini) à la rue Maître Albert coupe la Place Saint-Thomas d'Aquin !

On remarquera tout d'abord que les deux églises sont exactement dans l'axe du Champs de Mars qui rappelons-le mène directement au Vatican !

Cet axe traverse de plus l'église Saint-Dominique (16 rue de la Tombe Issoire, dans le quartier Montsouris) probablement pour nous rappeler qu'Albert-le-Grand était Dominicain.

Cette appartenance nous est confirmé par deux lignes : Grand Œil - église Saint-Albert-le-Grand (rue de la Glacière) et rue Maître Albert - église Saint-Albert-le-Grand (rue Spontini) qui traversent la rue Saint Dominique.

Pour nous montrer qu'Albert-le-Grand représentait le sommet de l'intelligence ou fut créé intelligent, trois alignements se présentent : l'axe Clef de la Création - Clef de l'Intelligence mène à l'église Saint-Albert-le-Grand (rue Spontini).

L'axe Zénith - Œil de l'Aigle mène à l'église Saint-Albert-le-Grand (rue de la Glacière). Le Grand-œil qui regarde le Zénith crée un axe qui traverse la rue Maître Albert.

En 1229, Albert-le-Grand enseigna la philosophie à Strasbourg : l'axe reliant l'église Saint-Albert-le-Grand (rue de la Glacière) à la rue Maître Albert mène directement sur l'entrée de la Gare de l'Est, ancien Embarcadère de Strasbourg.

SAINT-ANTOINE DE PADOUE

Saint-Antoine de Padoue (1195-1231) né à Lisbonne (Portugal), fut un prêtre franciscain canonisé moins d'un an après sa mort.

Il est le Saint-Patron du Portugal. La plupart des églises possèdent une statue de lui. Dans Paris, il n'existe qu'une église qui porte son nom. Cette église se trouve Boulevard Lefebvre, à 4,6 kilomètres et très précisément dans l'alignement Sud de l'Avenue des Portugais !

Sa connaissance remarquable des Saintes Ecritures lui acquièrent le titre de *Trésor vivant de la Bible*, que lui donne le pape Grégoire IX lui-même qui l'admirait beaucoup.

Ce qualificatif se retrouve d'une façon étonnante dans le Parisis Code. La ligne joignant l'église Saint-Antoine de Padoue à la rue du Trésor passe précisément sur l'entrée de Notre-Dame de Paris... la Clef de l'Eglise !

Saint-Antoine fut déclaré Docteur de l'Eglise en 1946 : l'œil de l'Aigle qui regarde l'église Saint-Antoine de Padoue, crée une ligne qui traverse la rue... Dieu !

Saint-Antoine est aussi un thaumaturge ; il est notamment invoqué pour retrouver les objets perdus. On perd à Paris, plus de 140.000 objets par an ; seuls 43.000 sont retrouvés !

A Paris, le service des objets trouvés fut créé en 1804, et d'abord installé rue du Harley ; à partir de 1939 il se trouve rue des Morillons.

Là encore, chose étonnante, si l'on crée un axe reliant ces 2 rues, nous tombons sur... l'église Saint-Antoine de Padoue !

Saint-Antoine était un franciscain, c'est pourquoi la droite reliant l'église Saint-Antoine de Padoue à l'église Saint-François d'Assise traverse la pointe du bec de l'Aigle des Buttes-Chaumont, clef mettant l'accent sur un ou plusieurs points importants.

La ligne joignant la rue Saint-Antoine à l'église Saint-Antoine de Padoue traverse la rue et le Lycée Charlemagne ; ce n'est pas pour rien ! En effet, Saint-Antoine est un descendant de Charlemagne !

La rue Saint-Antoine était celle qui menait à la prison de la Bastille...

A l'occasion du centenaire de la Prise de la Bastille, en 1889, cette rue fut fidèlement reconstituée sur un terrain proche du Champ de Mars, au n° 80 bis Avenue de Suffren.

De ce fait, s'est créé un alignement fantôme symbolique consacré à ce saint : la droite reliant la rue de Lisbonne (ville où il est né) à l'église Saint-Antoine de Padoue traverse comme par miracle l'emplacement où s'est trouvée de 1887 à 1891, cette rue Saint-Antoine éphémère.

Avec cet exemple, on voit que dans le Parisis Code, des alignements symboliques prophétiques peuvent se créer avec des éléments qui n'existent plus.

La rue de Lisbonne (extrémité ouest) fut ouverte en 1861. Lorsque fut créée l'éphémère rue Saint-Antoine en 1887, un axe s'est alors formé sur lequel devait se construire 48 ans plus tard, l'église Saint-Antoine de Padoue (en 1935).

LE SAINT-PATRON DES SAVANTS

Dans le Parisis Code, la grande majorité des rues concernant les grands savants, sont connectés aux églises Saint-Albert-le-Grand (rue Glacière et Spontini) et à la rue Maître Albert personnalisant ce prestigieux Saint-Patron des Savants.

PASCAL : l'axe Zénith - Œil de l'Aigle mène à l'église Saint-Albert (rue de la Glacière) en passant par la rue Pascal.

EULER, HUYGENS, NEWTON, GALILEE : rue Euler - Arc de Triomphe - rue Huygens - église Saint-Albert (Glacière).

Œil de l'Aigle - rue Euler – rue Galilée - rue Newton- église Saint-Albert (Spontini).

MONGE, DESCARTES, BERTHOLET : rue Maître Albert - Place Monge - rue Descartes – rue Bertholet - Eglise Saint-Albert (Glacière)

Eglise Saint-Albert (Spontini) - rue Descartes - Place Monge - Grande Galerie de l'Evolution.

LAPLACE : Grand-Œil - Panthéon - rue Laplace - rue Maître Albert.

LAGRANGE : Eglise Saint-Albert (Spontini) - rue Lagrange - rue Maître Albert.

CHAPPE : rue Chappe - Arc de Triomphe - église Saint-Albert (Spontini).

LES CURIE : Grand-Œil - rue Pierre et Marie Curie - Panthéon - rue Maître Albert.

SAUSSURE, AMPERE : Eglise Saint-Albert (Glacière) - Grand-Œil – rue Ampère - rue Saussure.

CUGNOT : rue Cugnot - Arc de Triomphe - église Saint-Albert (Spontini).

ROBERVAL : rue Roberval - rue Maître Albert - Grande Galerie de l'Evolution.

D'ALEMBERT : rue d'Alembert - Panthéon - rue Maître Albert - Cité des Sciences et de l'Industrie.

CROS : la droite joignant la rue Charles Cros à l'église Saint-Albert (Spontini) traverse la boucle de l'Ankh en plein centre !

EDISON : la droite joignant l'Avenue Edison à la rue Maître Albert traverse la Grande Galerie de l'Evolution.

LEONARD DE VINCI, LAVOISIER : Œil de l'Aigle qui regarde l'église Saint-Albert (Spontini) crée une ligne qui traverse la rue Lavoisier et sur l'extrémité Sud de la rue Léonard de Vinci.

GUTENBERG : la droite reliant l'église Saint-Albert (Spontini) à la rue Gutenberg traverse la Clef de la Communication.

JENNER : l'axe rue Jenner - rue Maître Albert traverse la boucle de l'Ankh en plein centre !

PASTEUR : la droite joignant l'église Saint-Albert (Glacière) à la rue Pasteur, traverse la Grande Galerie de l'Evolution !

LES CIMETIERES

Autrefois, lorsque la population était peu importante, enterrer ses morts était simple et naturel : les serfs étaient enterrés dans la terre qu'ils avaient travaillé toute leur vie.

Les propriétaires terriens et leur famille reposaient dans la crypte de leur château. Les membres du clergé et de la noblesse avaient droit au sol des cathédrales ; plus ou moins près de l'autel suivant qu'ils avaient soutenu financièrement l'église ou mené une vie très pieuse.

Les paroissiens se plaignaient d'ailleurs souvent de la puanteur qui régnait dans ces lieux de prière… Au Moyen Age avec l'augmentation significative de la population, les guerres, les grandes maladies, on prit l'habitude d'entasser les morts dans des fosses communes.

Le mort du jour recouvrant la dépouille de celui qui était décédé la veille…

Vers le milieu du 18ème siècle, il est devenu indispensable de créer de vastes espaces réservés aux morts. C'est alors que les cimetières firent leur apparition.

Cimetière Saint-Pierre - Ouvert en 1688, le minuscule cimetière Saint-Pierre (593 m2) ou *du Calvaire* a été fermé définitivement en 1835. Il est le plus vieux de Paris. Il ne comprend que 83 sépultures, attribuées principalement aux membres des familles aristocratiques, à part quelques exceptions.

C'est le seul cimetière classé *Monument historique.* Il n'est ouvert au public que le jour de la Toussaint, pour la Fête des Jardins et les Journées du Patrimoine. Bougainville le fameux navigateur y est inhumé.

Le sculpteur Pigalle y fut enterré, mais sa tombe a disparue. En reliant par une droite les voies de ces deux personnages célèbres (rue de Bougainville et Place Pigalle), on est surpris de tomber pile sur ce petit cimetière.

Le petit **Cimetière de Passy** possède une surface de seulement 2 hectares. Il est le mieux loti de Paris en hôtes de marque.

 Il a ouvert ses portes officiellement le 20 septembre 1820, jour de la Saint-Eustache.

Etrangement ce jour est indiscutablement codé.

En effet, la ligne joignant l'église et l'Impasse Saint-Eustache (1er arr.) à ce prestigieux cimetière passe avec une précision remarquable entre les deux ailes du Palais de Chaillot.

A cet endroit se situe la clef de la Mise au Monde, autrement dit le Parvis-vagin ou Parvis des Droits de l'Homme. Aucune autre ligne ne réussirait à passer au travers de ce Parvis !

Edmond **MICHELET** (1899-1970) est un homme politique français qui fut entre autre Ministre des Armées sous le gouvernement De Gaulle en 1945 et 1946.

Que vient faire un Ministre des Armées dans cette rubrique *religion* du Parisis Code ? La réponse est simple.

Il se pourrait que cet homme surnommé *le Ministre qui prie*, devienne le 1er homme politique canonisé depuis Saint-Eloi, ministre de Dagobert 1er !

En effet, depuis le 22 mai 1988, une enquête pour canonisation a été ouverte pour lui, au Vatican.

Ses saintes qualités se sont révélées lors de l'occupation allemande, et lors de sa déportation au camp de concentration de Dachau de 1943 à 1945. Il a raconté cette triste aventure dans un livre : *rue de la Liber*té.

La Place Edmond Michelet (4ème arr.) alignée sur la rue de la Liberté (19ème arr.) passe par la pointe du bec de l'Aigle, clef montrant bien que c'est une œuvre importante.

Sa canonisation va-t-elle aboutir ? Une ligne le laisse penser : la droite Cour de Rome - Place Edmond Michelet croise le centre de l'Ankh, qui dans ce cas précis se transforme en croix chrétienne.

L'œil de l'Aigle qui regarde la Place Edmond Michelet crée un axe qui rejoint la clef de l'Intelligence, de la Grandeur : la Tour Maine Montparnasse.

LES ARMENIENS DE PARIS

La diaspora arménienne se nichait dans une poignée de rues parisiennes du 9ème arrondissement. Le *Club des Diamantaires* installée rue Cadet organisait la corporation arménienne.

Ce quartier arménien possédait au moins dix imprimeries produisant des revues littéraires, politiques, satiriques et médicales ; on y trouvait aussi des restaurants, des diamantaires et des épiciers, tout un microcosme qui a permis une aventure intellectuelle unique en son genre d'avoir lieu, à Paris.

Aujourd'hui, le Centre de Recherches sur la Diaspora (CDRA) se trouve au n°9 rue Cadet (9ème arr.).

L'axe formé par le centre de la boucle de l'Ankh et l'église arménienne de Paris nous mène précisément sur cette adresse !

Le Centre Culturel et Artistique Arménien a été créé au n°6 de la Cité du Wauxhall (10ème arr.).

Le Code nous montre le chemin d'accès dans Paris : en effet, pour trouver cet endroit très important pour la communauté arménienne de Paris, il suffit de tracer un axe partant du Parvis des Droits de l'Homme et du Citoyen (Clef de la Mise au monde), et passant sur la statue du père Komitas (Jardin d'Erevan), Place du Canada et sur l'Obélisque de la Concorde.

Cet axe passe aussi sur le restaurant arménien *Les Diamantaires*, au n° 60, rue La Fayette.

On peut aussi trouver ce Centre Culturel en créant un axe reliant le Musée Arménien au centre de l'Ankh.

En joignant l'Ambassade d'Arménie (rue Viète) à la Cathédrale Sainte-Croix des Armèniens, au n°6 de la rue Charlot, on est étonné de voir cette ligne passer exactement sur le sommet de l'Ankh.

La Christianisation de l'Arménie est attribuée, entre autre à Saint Barthélémy, disciple du Christ.

Dans le Parisis Code, le Passage Barthélémy aligné sur l'Eglise arménienne, crée un axe qui touche le sommet de l'Ankh (importance) et atteint le bout du Bassin-phallus, clé de la Création. Cette ligne traverse de plus la rue Cadet, le quartier arménien.

COOPERATION ARMENIE, 42, rue de Meaux (19ème arr.), se trouve sur la ligne Eglise arménienne – boucle de l'Ankh – couronne de l'Aigle. Ou encore œil de l'Aigle – ambassade d'Arménie (rue Viète).

Le Grand œil qui regarde *Coopération Arménie* crée une droite qui traverse le Centre Culturel Arménien (Cité du Wauxhall) !

En banlieue Sud-Est de Paris, Alfortville est surnommée *la Petite Arménie*, avec un arménien pour 6 habitants.

Schavarch **MISSAKIAN** (1884-1957) fut le journaliste arménien fondateur, en 1925, du journal **HARATCH** *En avant !*, le plus ancien quotidien arménien d'Europe. Il était édité à Paris.

La Place Chavarche Missakian (9ème arr.) a été inaugurée le 11 avril 2007. Elle se trouve en face du Square Montholon.

A cette occasion, un nouvel alignement symbolique a vu le jour dans le Parisis Code : sur la droite reliant la Clef de la Communication (périmètre) à la Place Chavarche Missakian, nous trouvons, la Tour Eiffel, la statue du père Komitas, la boucle de l'Ankh et la rue Bleue (9ème arr.) où se situe, au n°17, la *Maison de la Culture arménienne*. Schavarch Missakian est enterré au Père Lachaise.

Le journal arménien Harach fut élaboré en divers endroit de la capitale. Le plus important fut le n°17, rue Damesme (13ème arr.), au sud de Paris, haut lieu de la Communauté arménienne. Dans le Code, le Grand Œil (l'Observatoire) qui regarde le Musée arménien crée un axe qui traverse cet endroit. Une ligne qui garde le souvenir d'un lieu qui n'existe plus !

A présent c'est le n°83 de la rue de Hauteville dans le 10ème arr. qui imprime et garde les archives d'Harach.

L'axe qui joint la pointe du bec de l'Aigle (point important) à cette adresse, atteint la Place Chavarche Missakian, en hommage à son fondateur.

SAINTE-MARIE L'EGYPTIENNE

On peut parfois exhumer du Parisis Code des alignements symboliques que l'on croyait perdus à la faveur d'un changement de dénomination, pratique très répandue dans la Capitale.

Ainsi fut le sort de la pauvre Marie-l'Égyptienne qui est passée de mode et ne mérite plus de figurer dans le « hit parade » des voies de Paris...

Marie l'Égyptienne est une pécheresse repentie qui aurait vécu au 5ème siècle en Palestine. Elle est née en Égypte dans les premiers siècles de la chrétienté, et vécut à Alexandrie .

A l'âge de 29 ans, elle partit pour Jérusalem. Se trouvant devant la Basilique de la Résurrection, elle se tourna vers l'icône de la Vierge Marie et la supplia d'intercéder en sa faveur. C'est alors qu'elle entendit une voix qui lui dit : *Si tu passes le Jourdain, tu y trouveras le repos.*

Elle communia et partit au-delà du Jourdain, dans le désert où elle vécut 47 ans, sans rencontrer âme qui vive.

Dans le 2ème arrondissement, Paris avait une rue consacrée à Sainte-Marie l'Égyptienne ; elle s'appelle maintenant rue de la Jussienne.

Une chapelle (détruite en 1792) dédiée à cette sainte, s'y trouvait.

La clef de la Communication orientée sur cette rue crée un axe qui rejoint à l'Est de Paris, les rues du Jourdain et de la Palestine (6ème arr.).

L'œil de l'Aigle qui regarde la rue de la Jussienne, crée une ligne qui passe sur la rue d'Alexandrie (2ème arr.), ville égyptienne où Marie-l'Égyptienne passa la plus grande partie de sa vie.

En l'église Saint-Germain l'Auxerrois (derrière le Louvre) se trouve une statue de Marie l'Egyptienne qui date du 14ème siècle (ci-dessous).

LA CROIX

Le journal La Croix est un quotidien français catholique fondé en 1880, dont le siège se trouve au n°5, rue Bayard. Comme un fait exprès, il se trouve sur la droite reliant Notre-Dame de Paris au centre de la Grande Croix du Christ (Bellator). Il est dans l'alignement Est de l'Ambassade du Vatican.

Il se trouve aussi sur la ligne joignant l'Archevêché de Paris (rue des Saints Pères) à l'Arc de Triomphe !

L'œil de l'Aigle qui regarde cet endroit traverse le centre de la croix Ankh. Ce journal a de solides arguments pour s'appeler ainsi.

La Croix a déménagé à Montrouge, à partir du 7 juillet 2008, jour de la Saint Raoul. Ce déménagement était gravé dans le Code : rue Raoul - Notre-Dame - rue Bayard - Grande Croix du Christ (centre).

LES SYMBOLES DANS LE PARISIS CODE

LE DRAGON - La rue du Dragon (17ème arr.), ancienne rue du Saint-Sépulcre (avant 1808), doit son nom à un animal terrifiant qui vivait à Antioche (ville de l'actuelle Turquie). Il est connu sous le nom de Dragon de Sainte-Marguerite. D'après la légende, la sainte réussit à se libérer de la gueule du dragon qui la dévorait en faisant le signe de croix…

On peut constater dans Paris que l'église Sainte-Marguerite est exactement dans l'alignement Est de la rue du Dragon et du chœur de Notre-Dame de Paris.

On remarquera également que la « rue Margueritte » (avec 2 « T ») est orientée sur la rue du Dragon.

Le Dragon est également attaché à une légende populaire parisienne : le Dragon de Saint-Marcel.

Au Vème siècle, un dragon surgit un jour d'une tombe et vint terroriser toute la région parisienne. Le courageux Saint-Marcel se rendit jusqu'à son antre et le frappa de sa crosse épiscopale.

Vaincu, le dragon disparut à jamais des bords de la Seine. Pour commémorer cet exploit, les Parisiens, le jour des Rogations (à la Saint-Marc), se rendait en procession à Notre-Dame arborant une effigie en osier du terrible dragon.

La tradition voulait que les enfants lui jetassent à la gueule des gâteaux et des pâtisseries ... que l'on offrait plus tard aux malades de l'Hôtel-Dieu (l'hôpital de l'île de la Cité). On retrouve cette légende naïve dans le Code !

En effet, si l'on trace un axe partant du milieu du Boulevard Saint-Marcel (17ème arr.) et passant par la rue du Dragon (17ème arr.), celui-ci atteint l'Arc de Triomphe, montrant clairement que Saint-Marcel a triomphé du dragon.

Une autre ligne parle de la procession : la ligne partant de la rue Saint-Marc (les Rogations du 25 avril) et se terminant au milieu du Boulevard Saint-Marcel passe par le parvis de Notre-Dame de Paris et par le centre de l'Hôtel-Dieu (bénéficiaires des gâteaux) ! Miraculeux, n'est-il pas vrai ?

Saint-Marcel fut évêque de Paris au 5ème siècle. La légende dit qu'il enfonça sa crosse dans la gueule du Dragon, délivrant ainsi Paris de ce monstre.

Cette légende figure sur le portail de Sainte-Anne à Notre-Dame de Paris, où l'on peut voir une statue de Saint-Marcel combattant le Dragon. Cette légende a t-elle été oubliée dans le Code ?

En traçant un axe joignant l'extrémité Est du Boulevard Saint-Marcel au centre de la Grande Croix du Christ on s'aperçoit qu'il traverse la rue du Dragon et l'Evêché de Paris (Rue des Saints-Pères). Cette ligne traverse même le Panthéon ! Comme on peut le constater, cette légende de Saint Marcel est encore bien gravée dans les rues de Paris !

La droite joignant le Boulevard Saint-Marcel (extrémité Est) à l'entrée principale de Notre-Dame de Paris atteint la rue Sainte Anne et se termine au centre même de la boucle de l'Ankh.

En joignant le portail principal de Notre-Dame de Paris et celui du Sacré-Cœur de Montmartre, on tombe sur l'extrémité Ouest du Boulevard Saint Marcel !

La droite joignant le Boulevard Saint-Marcel (extrémité Est) à la Tour Eiffel passe sur l'Institut Catholique de Paris.

La droite joignant le Boulevard Saint-Marcel (extrémité Ouest) au centre du *Bellator* la Grande Croix du Christ passe également sur l'Institut Catholique de Paris et l'ambassade du Vatican. Voilà une légende qui ne passe pas inaperçue !

Au début de la rue Simonet (6ème arr.), un dragon a été créé sur une façade privée. A-t-il une quelconque utilité autre qu'esthétique ? Il semblerait…

Lorsqu'on trace une ligne joignant cette œuvre à l'Impasse Satan, on a la surprise de la voir traverser la Place Augusta Holmes(13ème arr.), où se trouve depuis 2008, le plus impressionnant Dragon de Paris, baptisé la *Danse de la Fontaine émergente*.

L'eau coule dans son corps transparent sous forte pression… Son créateur asiatique ne l'a jamais vu installé ; il est mort en 2000.

Le **FIGUIER** : en Egypte antique, il avait le sens d'initiation…

La droite rue du Figuier (4ème arr.) - Pyramide du Louvre atteint l'Arc de Triomphe.

L'ORME - Même l'Orme, cet arbre symbole celte de générosité, rentre dans les alignements des Compagnons. L'axe rue de l'Orme - Notre-Dame de Paris, passe sur la Maison des Compagnons du Devoir de Paris (n°82, rue de l'Hôtel de Ville) !

L'Orme fait partie de la légende de Saint-Martin. Cela se vérifie dans le code.

La ligne Clef de la Communication - rue de l'Orme (9,4 kilomètres !) passe sur la Porte Saint-Martin ! Admirez la précision ! On trouve même greffée sur la rue de l'Orme, la rue du pré Saint-Gervais et la rue de la forêt. Tout est prévu.

Sur le parvis de l'église Saint-Gervais- Saint-Protais se trouve un Orme planté en 1900. A cet endroit, il s'est toujours trouvé un Orme, le plus ancien est mentionné depuis l'an 1300.

L'Orme est le bois le plus résistant et le plus étanche pour les bateaux, les tonneaux etc... Véritable *Arbre de Vie*, il reverdit spontanément.

Sous cet arbre sacré de Paris, on rendait la justice. Très pratique, ses feuilles protégeaient les juges du soleil, et ses branches servaient éventuellement à pendre le condamné. Le Parisis Code utilise ce point comme d'une clef.

Ainsi, aligné sur cet Orme, le Passage de la Loi nous donne un axe traversant le Palais de Justice et atteignant la Tour Eiffel, en son centre.

La rue de la Justice alignée sur cet Orme arrive au cœur de Saint-Sulpice… Si nous relions la rue de l'Orme à cet orme sacré, la ligne passe sur l'entrée de Notre-Dame (Clef de l'Eglise) et la Statue de la Liberté du Jardin du Luxembourg.

Si nous relions la rue des Sycomores (arbre sacré égyptien et la rue de l'Orme, la ligne traverse la Place des Pyramides.

Derrière l'église Saint-Gervais Saint-Protais, et dans son axe se trouve le Mémorial du Martyr Juif Inconnu (dont le corps provient du camp de concentration du Struthof, en Alsace).

Il est remarquable de constater que ce Mémorial se trouve sur l'Axe Solaire Historique élargi ; de ce fait la Tombe du Soldat Inconnu (à l'Arc de Triomphe) et le Juif Inconnu se trouvent sur une ligne passant par la Pyramide du Louvre.

Les symboles Francs maçons, **ACACIA, ETOILE, EQUERRE, SOLEIL**, sont alignés, grâce aux voies portant ces noms, sur le siège du Grand Orient de France, rue Cadet.

L'axe pointe du bec de l'Aigle - centre de la Place de l'Etoile, traverse le siège du Grand Orient de France.

L'architecte du Temple de Salomon s'appelait **HIRAM.** La seule rue contenant ce nom dans Paris est la rue des Mathurin (**MA** t **H** u **RI** n).

Les lettres restantes forme le mot **NUT**, qui était le nom de la déesse du ciel (et de la nuit) dans Egypte antique (Nout). Elle mit au monde 4 enfants divins : Osiris, Isis Seth et Nephtys. La Voie Lactée représentait la *déesse Nut.*

L'œil de l'Aigle qui regarde la rue des Mathurins (9ème arr.) forme une ligne qui traverse le siège du Grand-Orient de France, et touchant le sommet de l'Ankh.

La **SOURCE** est l'un des symboles de Dieu (à la source de la Création).

La droite reliant la rue de la Source (16ème arr.) à la Cour de la Grâce de Dieu (10ème arr.), traverse la Clef de la Communication, la Place de la Victoire et la rue Dieu (10ème arr.).

La droite rue de la Source – Grand-Orient de France, passe sur la boucle de l'Ankh (Parvis de l'Opéra Garnier).

Le **BUISSON** symbolise la présence de Dieu (ex : le Buisson Ardent et les Tables de la Loi).

La ligne reliant la Clef de la Communication à la rue du Buisson Saint-Louis (10ème arr.) traverse la rue Dieu.

L'Eglise de Rome obéit à la Loi de Dieu dictée à Moïse sur le Mont Sinaï. Le Parisis Code nous le confirme !

La droite reliant la Clef de la Communication au Passage de la Loi (20ème arr.), passe bel et bien sur le symbole même de l'Eglise dans le Code, l'entrée principale de Notre-Dame de Paris !

Les **CISEAUX** figurent le principe cosmique actif, symbole de la possibilité d'une fin soudaine de la vie décidée par Dieu.

L'œil de l'Aigle qui regarde la rue des Ciseaux (6ème arr.), forme une ligne qui coupe la rue Dieu.

Le Grand Œil qui regarde la rue des Ciseaux forme un axe qui rejoint la boucle de l'Ankh ; du signe de Vie.

Les **VERTUS** (prudence, force, justice et tempérance) sont représentées sur la Fontaine Saint- Michel.

La ligne reliant la Couronne de l'Aigle à cette fontaine, traverse la rue des Vertus (3ème arr.).

L'**ANCRE** est le symbole de la Fidélité et de l'Espérance.

Le Grand Œil orienté sur le Passage de l'Ancre (3ème arr.) forme un axe qui atteint la rue de la Fidélité (10ème arr.).

La droite joignant le Passage de l'Ancre à la rue de l'Espérance passe sur le chœur de Notre-Dame de Paris, symbole de l'Eglise.

Le **CYGNE** est le symbole du désir premier, qu'est le désir sexuel.

L'axe formé par la Clef de la Communication et le Passage du Désir (10ème arr.) traverse le début et la fin de l'Ile des Cygnes (15ème arr.) et atteint l'œil de l'Aigle.

La ligne Allée des Cygnes - Arc de Triomphe traverse le Parvis-vagin du Trocadéro, clef de la Mise au Monde !

Le Grand Œil (Observatoire de Paris) qui regarde le Passage du Désir crée une droite qui traverse la rue du Cygne (1er arr.).

Dieu est le **BERGER** d'Israël. L'œil de l'Aigle qui regarde la rue Berger (1er arr.) forme une ligne qui coupe la rue Dieu.

La **BIBLIOTHEQUE** est le trésor du savoir. La droite joignant le centre de l'Ankh à la rue du Trésor (4ème arr.), traverse la Bibliothèque Nationale.

L'**AMBROISIE** est un aliment symbole d'immortalité. La ligne reliant la Clef de la Naissance (Parvis du Trocadéro) et la rue de l'Ambroisie (12ème arr.), passe étrangement sur le Tombeau de Napoléon 1er aux Invalides et la Grande Galerie de l'Evolution. !

Le **CROISSANT** est un symbole de résurrection. Depuis les croisades, il est devenu l'emblème de la plupart des pays musulmans. Beaucoup l'on fait figurer sur leur drapeau.

La droite reliant la Grande Mosquée de Paris à la rue du Croissant (2ème arr.) passe malicieusement sur le symbole de la Chrétienté : Notre-Dame de Paris !

La Vierge est souvent comparée à la lune et représentée par un croissant de lune...

Le Croissant serait aussi l'image du Paradis... c'est pourquoi l'on rencontre dans le code cet alignement : la Pyramide inversée (résurrection et féminité) - rue du Croissant - rue de la Lune (2ème arr.) - rue du Paradis (10ème arr.).

L'**ACACIA** a longtemps été associé à la religion ; il était associé aux rites funéraires des égyptiens.

C'est un symbole solaire de renaissance et d'immortalité, c'est pourquoi l'on retrouve son nom dans Paris à quelques pas de la Place de l'Etoile : ce sont la rue des Acacias et le Passage des Acacias (17ème arr.). C'est aussi un attribut du rituel maçonnique. La rue du Soleil alignée sur la rue des Acacias donne un axe traversant le Musée et siège du Grand-Orient de France.

La droite rue du Soleil d'Or - Passage des Acacias traverse l'Arche de Triomphe. De même pour l'alignement rue des Charbonniers (Francs-maçons) - rue des Acacias...

La droite rue Dieu - rue des Acacias traverse la boucle de l'Ankh.

Comme nous l'avons vu précédemment, l'Arche d'Alliance et la couronne d'épines du Christ étaient en acacia.

Les deux plus vieux arbres de Paris sont des « faux » acacias ou Robinier s; l'un d'eux se trouve Square Viviani (5ème arr.) et fut planté en 1620 par Jean Robin (1550-1629), le botaniste d'Henri IV et Louis XIII. L'autre est au Jardin des Plantes (Allée Becquerel) ; il date de 1636.

Le Passage des Acacias aligné sur la clef de la Mort du Parisis Code donne une droite passant par le centre de l'Ankh. Autres alignements parlants :

Observatoire - rue de la Renaissance - Arc de Triomphe - rue des Acacias et enfin, Notre-Dame - Sainte Chapelle - bassin octogonal - rue des Acacias.

Autre arbre « immortel » ayant l'honneur d'une voie dans Paris, le **GINKGO** est la seule espèce actuelle et survivante de la famille des Ginkgophyta.

Cet arbre souvent qualifié de *fossile vivant* est le plus ancien sur terre puisqu'il est apparu avant les dinosaures, il y a plus de 270 millions d'années et a survécu à tous les bouleversements climatiques de notre planète.

Le Ginkgo peut atteindre 20 à 35 mètres et sa durée de vie est estimée à plus de 2500 ans. Le célèbre botaniste Linné s'étant basé sur une description dans laquelle était présente une faute de frappe (un g à la place du y), la faute est restée à la postérité.

Cette plante, bien connue des botanistes est parfois appelée *cheveux de Vénus*, arbre aux quarante écus, ou encore noyer du japon.

Le Ginkgo, originaire de Chine a été réintroduit en Europe en 1765 mais n'a fleurit sur ce continent pour la première fois que le 12 avril 1812.

Par ailleurs, il s'agit du premier arbre à avoir repoussé dans la zone touchée par l'explosion de la bombe nucléaire à Hiroshima.

Adopté en Juin 1989, le symbole officiel de Tokyo est une feuille de Ginkgo bi loba verte en forme de T (pour Tokyo), signe de croissance, prospérité, charme et tranquillité. Etonnant !

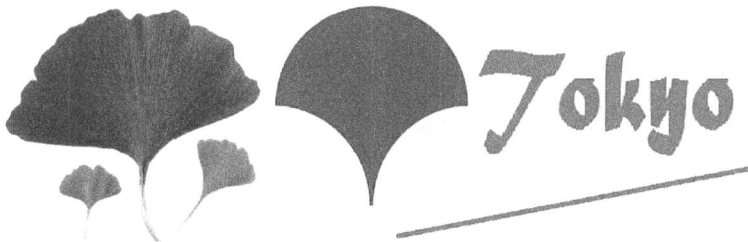

Traçons une ligne cour du Ginkgo- Place de Tokyo (ou Palais de Tokyo) ; dressons la perpendiculaire nord au niveau de la place : elle nous mène e droit sur un spécimen de Ginkgo bi loba se trouvant au Parc Monceau (ci-dessous) !

Si nous relions les rues parisiennes des deux arbres qui triomphent de la mort le message est édifiant : en effet la droite joignant la rue des Acacias à la cour du Ginkgo (12ème arr.) traverse l'Arc de Triomphe de l'Etoile.

Le plus vieil arbre de France (9ème siècle), ne se trouve pas à Paris mais à Allouville-Bellefosse, en Pays de Caux.

Ce chêne creux est classé monument historique et mesure 18 mètres de haut, pour 15 mètres de circonférence.

Dans son tronc creux ont été aménagées, en 1696, 2 petites chapelles, dont Notre-Dame de la Paix, monument sanctuaire de la Vierge, et une cellule d'ermite.

La Vierge en bois doré fut offerte par l'Impératrice Eugénie (épouse de Napoléon III).

LE PELICAN : dans l'art et la littérature du Moyen Age, il existait une légende d'après laquelle le Pélican nourrit ses petits avec son propre sang, par des blessures qu'il s'inflige lui-même, et cela jusqu'à en mourir.

Le pélican est ainsi devenu un symbole très répandu évoquant le sacrifice du Christ sur la croix et la charité.

Un bas-relief représente ce symbole sur la tour nord de la Cathédrale de Strasbourg.

Ce symbole figure aussi dans le Code : le centre de la Croix de l'Opéra (qui évoque aussi la Croix du Christ), orientée sur l'entrée du symbole de l'Eglise, Notre-Dame de Paris, procure une ligne qui traverse la rue du Pélican (1er arr.).

De même la pointe du bec de l'Aigle orientée sur cette rue, créée un axe qui passe sur la rue Dieu et le symbole du plus grand tombeau du monde : la Pyramide du Louvre.

La droite reliant le centre de la Grand Croix du Christ (Bellator) à la rue du Pélican croise les fontaines du pied de l'Ankh évoquant le sang du Christ.

Le grand Œil qui regarde le Sacré-Cœur de Montmartre, forme un axe qui traverse la rue du Pélican.

La Cathédrale de Bourges est sans doute la seule à être surmontée d'un pélican en bronze sur sa tour nord. Le symbole du pélican se trouve aussi dans un médaillon du vitrail de la nouvelle alliance.

Si le Pélican est l'emblème du Christ eucharistique, le **COQ** que l'on peut voir sur le clocher de nombreuses églises est l'emblème du Christ ressuscité.

Dans le Code, la Cour du Coq alignée sur l'extrémité de la rue du Mont Thabor forme une droite qui atteint le centre de la Grande Croix du Christ (Bellator).

La Transfiguration du Christ au Mont-Thabor annonçait sa résurrection...

Le **LABYRINTHE** est un entrecroisement complexe de chemins dont certains sont des cul-de-sac.

Il est élaboré pour retarder l'arrivée du voyageur (l'élu) au centre du monde ou symbole de ce Centre...

Dans le Code, en partant de la Cité du Labyrinthe (20ème arr.), extrémité Nord, on parvient en ligne droite sur le symbole de l'Eglise (l'entrée principale de Notre-Dame), en traversant la rue du Trésor.

Cet axe nous entraine rue de l'Arrivée, en prenant soin d'éviter la rue du Départ pourtant à quelques mètres.

L'un des plus beaux labyrinthes se trouve dans la Cathédrale de Chartres.

L'axe rue de Chartres - Cité du Labyrinthe nous entraine sur le Passage Dieu (20ème arr.) !

LE 6 JANVIER... Le 6 janvier est une date importante pour les Chrétiens. Outre la Présentation du Seigneur, c'est aussi son Baptême dans les eaux du Jourdain.

Pour la France, c'est aussi la naissance (arbitrairement déterminée) de sa Sainte Patronne : Jeanne d'Arc.

Dans le Parisis Code, la rue du Jourdain, la rue de la Présentation, la rue Notre-Dame de Nazareth sont alignée sur la Place de la Victoire.

Cette ligne se termine sur la Place des Pyramides où trône la plus symbolique des statues de Jeanne d'Arc !

La droite joignant la rue du Jourdain au centre de la Grande Croix du Christ, passe sur le sommet de l'Ankh.

La Clef de la Communication dirigée sur la rue du Jourdain forme un axe qui atteint la rue de la Source et la rue Dieu.

Enfin, l'axe rue du Jourdain – Arc de Triomphe passe sur l'emplacement de la tête de Grande Croix du Christ !

MONSIEUR, MADAME, MADEMOISELLE...

Paris, comme Versailles possède une rue Mademoiselle (15ème arr.) et une rue Madame (6ème arr.).

Cette particularité a donné naissance à une pratique amusante respectée par certains à l'occasion d'un mariage.

Pour fêter un enterrement de vie de jeune fille, la future mariée doit parcourir l'itinéraire symbolique (une demi-heure à pied) reliant ces deux rues.

Il est curieux de constater que l'association de ces deux rues induit dans le Code, également une notion d'enterrement : en effet, en reliant leurs extrémités Sud, l'axe généré se dirige sur la Clef de la Mort. N'exagérons rien...

Si Mademoiselle devient Madame c'est un peu grâce à Monsieur. Or, Paris possède dans ses tiroirs, également une rue Monsieur (7ème arr.)...

Cette rue nous révèle aussi des messages par le jeu des alignements en rapport avec les rues de ces dames.

Ainsi, la droite reliant la pointe du bec de l'Aigle (indiquant un point important) à la rue Mademoiselle, passe sur la rue Monsieur.

En reliant l'extrémité Sud de la rue Madame à l'extrémité Nord de la rue Monsieur, on obtient un axe orienté sur les clefs de la Création et de l'enfantement (bassin-phallus et parvis-vagin) ; cet axe traverse le Passage de la Vierge (7ème arr.)…

Inversement, en reliant les extrémités inverses de ces 2 rues, l'axe se dirige sur la Clef de la Mort.

Le message est clair, l'association de Monsieur et de Madame amène à la création de la Vie, mais automatiquement à la Mort, les deux étant naturellement indissociables.

Enfin on retrouve le Passage de la Vierge sur la droite reliant la rue des Dames (17ème arr.) à la rue Mademoiselle.

CORTEGES SYMBOLIQUES

Les voies de Paris ont souvent été utilisées pour réaliser des cortèges symboliques. Il est courant de nos jours de voir des manifestations politiques, syndicales, plus ou moins pacifiques, plus ou moins silencieuses, utiliser ce genre de support médiatique.

Ce sont ni plus ni moins que des alignements symboliques vivants.

Le plus connu est le défilé militaire du 14 juillet, qui relie l'Arc de Triomphe à la Concorde où se tient symboliquement le chef de l'Etat

Des marches pacifiques relient souvent la Place de la République à la Place de la Nation, ou encore celle du 1er mai, de la Place de la Bastille à la Place de la République.

La **Techno Parade**, évènement créé en 1998, célébrant la musique électronique, se déroule sur la ligne virtuelle reliant l'Opéra Garnier à l'Opéra Bastille, les deux temples parisiens de la Musique. Ce parcours de 5 kilomètres est suivit par plus de 100 000 mélomanes, entraînés par 200 DJ's.

La **Gay Pride** (Fierté Gay) est une marche joyeuse (pour ne pas dire : gaie) de la communauté homosexuelle, qui se déroule au printemps depuis 1977. Elle est suivie par au moins 500 000 personnes.

A l'origine elle reliait la Place de la République à la Place des Fêtes.

La dernière avait reliée la Place Denfert-Rochereau (symbole de Résistance) à la Place de la Bastille, symbole de Révolution.

L'année précédente, elle était partie de Montparnasse où se dresse la Clef de l'Intelligence : la Tour Maine-Montparnasse.

PLANING FAMILIAL

Le 8 mars 1956, les statuts de l'association *La Maternité Heureuse*, présidée par la doctoresse Marie Andrée Lagroua Weill-Hallé, furent déposés. Peut-être est-ce un hasard, mais c'est précisément la date que l'ONU adoptera en 1977 pour la *Journée Internationale des Femmes*.

Cette association est à l'origine du *Mouvement Français pour le Planning Familial*, dont le siège principal se trouve au n°10, rue Vivienne (2ème arr.).

Le Planning Familial a pour objectif d'être un lieu de parole concernant la sexualité et les relations amoureuses. On y débat de la contraception et de l'avortement, en résumé, des actions qui mènent objectivement à la *non-vie* ou la mort de l'être humain en devenir.

Etrangement cette adresse se trouve sur la droite très parlante reliant la Clef de la Mort à l'Arc de Triomphe !

Ce Mouvement possède une autre adresse à Paris : n°4, Square Saint-Irénée (11ème arr.). En créant un axe reliant cette adresse à la Clef de la Féminité (Parvis du Trocadéro), nous avons la surprise de le voir atteindre le Monument aux Morts du Père Lachaise...

LA CROIX GLORIEUSE

Dans le petit village de Dozulé, en Normandie (Calvados), près de Caen et Lisieux, une femme toute simple, mère de cinq enfants nommée Madeleine Aumont (1924- 20..) aurait été témoin, entre 1972 et 1978 de 49 apparitions, parfois assorties de communications orales qui constituent l'essentiel du message.

Elles se sont toutes déroulées à 4 h 35 du matin, et se répartissent comme suit : 35 apparitions de Jésus, 5 visions d'hosties miraculeuses, 2 apparitions de Saint-Michel et 7 apparitions de la Croix Glorieuse.

Première apparition, le 28 mars 1972 : Madeleine Aumont (1924- 20..), après avoir ouvert la fenêtre de sa chambre, s'apprête à dire la prière à la Sainte-Trinité, comme tous les matins à 4 h 30.

Elle aperçoit alors une lueur éblouissante dans le ciel, un peu à droite. Effrayée, elle se recouche en pensant qu'il s'agit d'une "soucoupe volante"...

Quelques minutes plus tard, elle retourne à la fenêtre, et tout à coup, au même endroit, une immense Croix lumineuse se forme dans le ciel : tout se forme doucement à la fois, et en partant des extrémités pour se rejoindre au milieu de la Croix, la base, les bras et le haut.

Les bras et le haut sont égaux, la Croix est immense, toute droite, impressionnante, merveilleuse, éblouissante, mais douce à regarder et éclairant tout l'horizon. Plusieurs précisions concernant la construction de cette grande croix fut dictées à Madeleine Aumont, par Jésus :

Chaque bras doit avoir 123 mètres, et sa hauteur 6 fois plus, soit 738 mètres de Haut. La Croix Glorieuse élevée sur la Haute-Butte doit être comparable à la ville de Jérusalem par la dimension verticale. Ses bras doivent se dresser de l'Orient à l'Occident. Elle doit être d'une grande luminosité.

Pour information, l'altitude de la ville de Jérusalem est de 738 mètres !

C'est donc à cette altitude que se consuma le Sacrifice de Jésus, sur le Golgotha.

Les deux bras réunis mesurent 246 mètres ; un nombre en rapport avec le 24.6 (24 juin) jour de la Saint Jean-Baptiste !

L'édification de la Croix Glorieuse sur la Haute-Butte de Dozulé devrait être le signe de l'achèvement.

Pour l'instant, des études de faisabilité ont été financées pour mener à bien ce commandement divin.

Deux fois la hauteur de la Tour Eiffel et beaucoup plus élevée que le plus haut building du monde la grande croix coûterait énormément d'argent !

En fait, cette croix n'a jamais pu être érigée et ne le sera probablement jamais. Aussi la révélation a-t-elle été modifiée et ramenée à une échelle plus… humaine. A présent, il faut élever 100 croix de 7,38 mètres !

La première a été érigée à l'endroit où devrait s'élever un jour la croix monumentale. A ce jour le nombre a été dépassé car il en existe 450 à travers le monde dont 40 sur l'île de la Réunion.

En France, on remarquera que les 5 principales apparitions mariales françaises (Lourdes, Pontmain, La Salette, Pellevoisin et celle de la médaille miraculeuse de la rue du Bac à Paris) forment un grand « M », comme Marie, sur la France.

De cette manière, la Croix Glorieuse de Dozulé se trouverait dans l'alignement logique au niveau de Pellevoisin.

Les miracles de Dozulé ne sont pour le moment pas reconnus par l'Eglise ; les pèlerinages y sont en principe interdits, et le Vatican déconseille à ses prêtres d'y organiser des messes...

L'évêque de Bayeux, dont dépend Dozulé, a condamné les apparitions de Madeleine Aumont, après enquête canonique, en 1972, 1985 et 1991. Pourtant l'authenticité des apparitions ne semble faire aucun doute. En effet, l'Abbé L'Horset et les religieuses authentifièrent les paroles dictées par le Christ à haute voix et souvent en Latin, alors que Madeleine Aumont ne connaissait aucune langue étrangère...

La Croix Glorieuse de Dozulé dans le Parisis Code...

Par contre, étrangement, au Mexique, pour honorer la fameuse Vierge de Guadalupe, le 09 juillet 2005 jour anniversaire de son apparition, on a érigé sur la Colline du Tepeyac, lieu exact du contact de Saint-Juan Diego avec Notre-Dame, la *Croix d'Amour de Dozulé*.

Cette croix se trouve très précisément sur la ligne reliant l'image de Notre-Dame de Guadalupe (exposée sous le puits de lumière de la nouvelle basilique circulaire) à l'entrée principale de l'ancienne église construite sur le lieu de l'apparition.

Comment est-ce possible ? Mettre à l'honneur d'une façon aussi prestigieuse les apparitions de Dozulé, dont la réalité est contestée, sur le lieu de pèlerinage le plus important de la planète ! Que cache cet étrange double jeu ?

D'autre part, et, c'est ce qui justifie la présence de cette affaire dans ce livre, la *Croix Glorieuse de Dozulé* est d'une certaine manière, inscrite dans le Parisis Code.

En effet, Paris possède dans le 9ème arrondissement, une rue Aumont. Pour le Code, ce paramètre concerne bel et bien Madeleine Aumont.

Le nom officiel du mouvement fondé en 1982 par Madame Roque est *l'Association des Amis de la Croix Glorieuse de Dozulé*. Son siège est situé au n° 171 rue de l'Université (7ème arr.) Elle est classée comme secte par un rapport parlementaire…

Toujours est-il que si nous relions ces deux points, nous obtenons un axe qui miraculeusement atteint le centre de la Grande Croix du Christ (Bellator) !

Si nous plaçons sur cette ligne un point à 7380 mètres (10 fois la hauteur de la Croix Glorieuse) depuis la rue Aumont, il se retrouve sur la Grande Croix du Christ au niveau de la Place Victor Hugo, correspondant symboliquement à l'emplacement du nombril du Christ.

On remarquera également que l'axe formé par la rue Aumont et la Nonciature Apostolique (Ambassade du Vatican), n°10 Avenue du Président Wilson (75116 Paris), nous mène tout droit sur la « tête » de la Grande Croix du Christ (Bellator) !

En reliant la Basilique du Sacré-Cœur à la rue Aumont, la droite traverse la Grande Galerie de l'Evolution. Evolution réclamée par le Christ à travers les messages de Dozulé…

Madeleine devant la Haute-Butte, Dozulé.

Un autre alignement significatif : rue Aumont – Observatoire – Tour Maine-Montparnasse. Autrement dit : l'Intelligence (Dieu) regarde (ou prend contact avec…) Aumont (Madeleine) !

Enfin pour en revenir au rapport étrange de la croix de Dozulé avec Guadalupe, on remarquera que dans Paris, la rue Aumont se trouve dans l'alignement sud très précis, de la rue de la Guadeloupe !

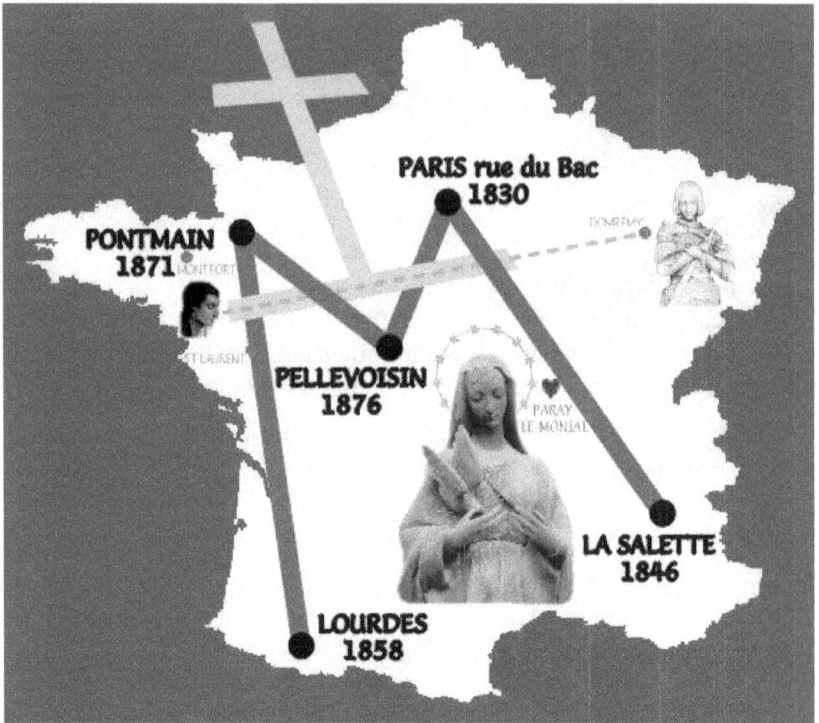

L'APOCALYPSE DE SAINT-JEAN

Il y a 2000 ans déjà, Jean dans son apocalypse (chapitre 8, verset 8) décrivait l'arrivée d'un astre comme une montagne de feu qui tomberait dans la mer :

Le second ange sonna de la trompette. Et quelque chose comme une grande montagne embrasée par le feu fut jeté dans la mer ; et le tiers de la mer devint du sang.

Apophis « *L'astéroïde qui fait peur* » est un astéroïde géocroiseur de 27 millions de tonnes 270 mètres de longueur découvert en juin 2004. Sa vitesse est d'environ 18.000 km/heure... Son code est 99947.

Il débute par 666 à l'envers, on verra que ce n'est pas innocent...

A chacune de ses révolutions, il croise la Terre par deux fois à des distances qui varient énormément ; il menace de la heurter dans le siècle à venir.

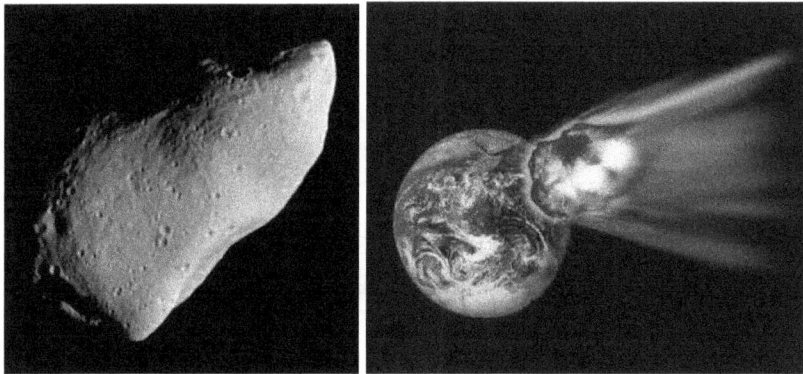

Une collision possible le vendredi 13 avril 2029 semble aujourd'hui écartée, mais si, ce jour, il passe dans une zone de l'espace de 600 mètres de large seulement, baptisée le *trou de la serrure*, alors à son prochain passage, le 13 avril 2036, un nouveau risque se présentera pour notre planète.

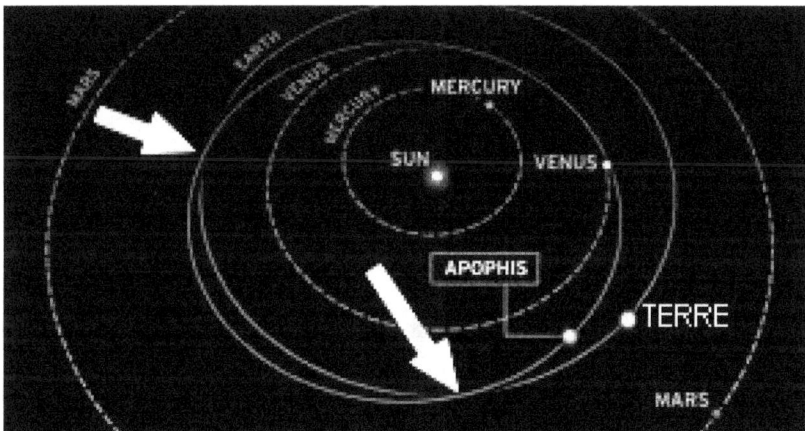

Ce choc libérerait dit-on une énergie 100.000 fois plus puissante que la bombe atomique d'Hiroshima, créant un immense cratère d'environ 5 kilomètres de diamètre et causant la mort de centaines de milliers de personnes.

Les avis divergent sur le point d'impact. Il se situerait entre le Proche-Orient et l'Irlande... Et probablement très près de la France…

Le 13 avril, jour de passage régulier de l'astéroïde Apophis est la Saint-Godefroy. A Paris, proche de la Place d'Italie, il existe bien une rue Godefroy, le 13ème arr.

Etrangement la rue de la Clef est orientée avec précision sur cette rue symbole de destruction programmée.

Derrière ce discret message, peut-on comprendre que la *clef* rentrera un jour pour notre malheur, dans le *trou de la serrure* ?

Cet axe ne serait pas trop inquiétant s'il ne cachait pas une ligne beaucoup plus parlante et prophétique.

En effet, sur cet axe nous trouvons, au Nord, la Place et la rue Saint-Jean (17ème arr.) et la Sainte-Chapelle ! Le 13 avril pourrait bien être la clef de l'Apocalypse !

Cet astéroïde menaçant a été baptisé du nom d'un dieu des forces mauvaises de la mythologie égyptienne : Apophis *(Aapef,* en égyptien).

Personnification du chaos, il cherche à anéantir la création divine. Il est représenté sous la forme d'un serpent gigantesque...la « bête » de l'Apocalypse de Saint-Jean ?

Le chat d'Héliopolis terrassant Apophis sous l'arbre sacré.

Autre alignement - message qui interpelle : Notre-Dame de Fatima (révélation)- Passage du Télégraphe (communication) - rue de l'Avenir (prophétie) et rue Godefroy (13 avril)…

Pour terminer, on remarquera que la ligne joignant la rue Godefroy au centre de la boucle de l'Ankh, (la croix de Vie) traverse la Crypte d'Osiris (Dieu des Morts) du Louvre.

En créant l'axe rue Godefroy (Apophis) - Observatoire de Paris, on atteint la Statue d'Isis !

Comble d'ironie, le prénom Godefroy vient de godo (Dieu) et de frido (paix).

L'ENFER ET SES ADRESSES A PARIS

Lieu de supplice pour les damnés, l'Enfer aurait été créé à l'origine pour les démons. Il constitue un séjour définitif.

Vous qui entrez ici, perdez tout espoir ! écrira même Dante sur son porche d'entrée…

A Paris, jusqu'en 2011, vous pouviez adresser une lettre libellée ainsi :

L'Enfer, n°34, rue du Départ 75015 Paris. L'Enfer était en fait une discothèque qui faisait partie de la Tour Maine-Montparnasse.

L'une des adresses de cette tour est effectivement le n° 34, rue du Départ. Pour le Parisis Code, la Tour Maine-Montparnasse est la clef de l'Intelligence et de l'Evolution...

La discothèque vient de changer de nom, mais pas de couleur ! Elle se nomme à présent « Red Light ».

L'Enfer a vendu son âme pour laisser surgir les rythmes endiablés du Red Light.

De 1898 à 1950, existait au n°53 du Boulevard de Clichy le fameux *Cabaret de l'Enfer*, qui jouxtait le Cabaret du Ciel.

En reliant les deux adresses disparues (Discothèque l'Enfer et ce cabaret) on est étonné de voir la ligne passer soigneusement sur la boucle de l'Ankh.

Amusant message : la ligne reliant la Clef de la Mort (entrée du Père Lachaise) à l'ex-emplacement du Cabaret de l'Enfer traverse la rue Dieu et la rue de Paradis !

LA PORTE DE L'ENFER

Mais une véritable Porte de l'Enfer, existe vraiment à Paris. Elle est l'œuvre du sculpteur Auguste Rodin (1840 – 1917) et se dresse depuis 1937 dans les jardins du musée Rodin (n°77 Rue de Varenne).

Cette pièce monumentale en bronze qui a demandé plus de 30 ans de travail, est composée de 227 figures, pèse 8 tonnes. Elle mesure plus de 6 mètres de haut.

Elle est inspirée de la Porte du Paradis à Florence (Ghiberti, 1425-1452), mais surtout de la *Divine Comédie* de Dante. Rodin était un grand admirateur de Dante, dont il avait toujours un volume dans sa poche.

Rodin fut un Génie de la sculpture, caractérisé par une puissance d'expression et un réalisme qui le font considérer comme l'un des plus grands maîtres de la sculpture.

Cette porte décorative (inachevée) fut sculptée à partir de 1880, dans l'atelier du dépôt des marbres, au n° 182, rue de l'Université.

L'œil de l'Aigle qui regarde la Place Rodin crée une ligne qui passe très exactement sur cette adresse !

La ligne reliant l'Avenue Rodin à l'Impasse Satan passe par la clef de la Mise au Monde (pour évoquer la création de la Porte dédiée à Satan le Maître des Enfers), également par l'atelier de la rue de l'Université et enfin par la Cour du Sphinx (au Louvre), le grand révélateur.

La ligne traverse le Musée d'Orsay où est conservée une version en plâtre de la Porte de l'Enfer. Cette porte est blanche…

C'est d'ailleurs pour le Musée des Arts Décoratifs qui devait être construit à cet endroit, que la Porte de l'Enfer avait été commandée par le Gouvernement. Ce devait être la porte monumentale de ce Musée.

Pour réaliser cette porte, Rodin avait écarté les deux tiers du poème de Dante pour ne s'intéresser qu'à la partie la plus sombre du poème de

Dante : l'Enfer. Cette porte en bronze n'est pas placée n'importe où dans le jardin du Musée Rodin.

Elle rentre dans le cadre du Parisis Code et participe au combat du bien et du mal qui se joue par alignements symboliques interposés.

La ligne reliant l'Avenue Rodin à la Porte de l'Enfer traverse la clef de la Création (Fontaine de Varsovie) pour nous confirmer que Rodin est bien son créateur.

La droite reliant la Clef de la Mort (entrée du Père Lachaise) à la Clef de la Communication (Maison de Radio-France) traverse la Porte de l'Enfer et... le tombeau de Napoléon aux Invalides !

A l'Ouest, cet axe atteint le Square des Aliscamps, qui évoque le nom d'un célèbre cimetière situé à Arles.

Alyscamps signifie : Champs-Elysées (où reposent les guerriers valeureux…)

A l'occasion de l'Exposition Universelle de Paris, en 1900, Rodin fit construire le Pavillon de l'Alma, à l'angle du Cours la Reine et de l'Avenue Montaigne.

Pour montrer à quel point Rodin fut un sculpteur *magique*, le Parisis Code nous fait cette brillante démonstration, sur une ligne de 8888 mètres, à couper le souffle :

Cette ligne joint la Place Rodin à l'église Saint-Luc (n°80, rue de l'Ourcq -19ème arr.) dédiée au Saint-patron des sculpteurs.

Cette ligne passe sur la clef de la Création, sur la rue Saint-Luc et à proximité de l'ex- emplacement du Pavillon de l'Alma !

LA PORTE DU PARADIS

Existe-t-il également une Porte du Paradis à Paris ?

Après avoir découvert à Paris la porte virtuelle de l'Enfer, je me suis dit qu'il devait logiquement exister le pendant, sous forme d'une porte du Paradis, sachant d'expérience que rien dans le Parisis Code, n'est fait au hasard.

Cette Porte n'a pas été simple à trouver, vu qu'il ne s'agit pas à proprement dit d'une porte mais d'un bâtiment, plus précisément d'un délicat édifice religieux, considéré comme la plus belle église de Paris.

Ses seize grands vitraux multicolores aux dominantes rouge et bleue lui apportent un éclat donnant le fantasme du paradis et racontent 1000 histoires dans la Bible.

Son décor multicolore fournit une circonstance et une atmosphère qui conduisent l'âme de l'homme au paradis.

Cette chapelle, véritable chef-d'œuvre de l'art gothique fut édifiée entre 1242 à 1248 à la demande de Saint-Louis pour recueillir la Couronne d'épine et un fragment de la Croix. Alors, l'avez-vous reconnue ?

Il s'agit en effet de la Sainte-Chapelle nommée la *Porte du Paradis* !

On remarquera que la Porte de l'Enfer, la Porte du Paradis et le Monument aux Droits de l'Homme (Champs de Mars) sont alignés avec précision, Est-Ouest !

Existe-t-il dans le Parisis Code, une preuve que cette Sainte-Chapelle est bien considérée comme la Porte du Paradis de Paris ?

Absolument, cette preuve existe. Elle se trouve dans le 20ème arrondissement, à l'Est de Paris. C'est une voie baptisée *Passage des Deux-Portes.*

Si nous relions cette voie à la Porte du Paradis, nous pouvons constater que cet axe passe bien sur le jardin où se trouve exposée la Porte de l'Enfer.

Cet alignement est assorti bien entendu d'un message fort et très limpide.

En effet cet axe atteint l'entrée de l'Ecole de Guerre (Champs de Mars) pour bien nous faire comprendre qu'il existe bien un combat entre le Paradis et l'Enfer.

Sur cet axe, se trouve des éléments qui contiennent des messages, des sous-entendus.

Je citerai par exemple le Square de Vitruve, évoquant l'un des premier architectes, popularisé par Léonard de Vinci aux alentours de 1492, grâce à l'*Homme de Vitruve* intitulé *Étude de proportions du corps humain selon Vitruve*.

La Porte du Paradis, la Porte de l'Enfer et le salon de la Lune de l'Opéra Garnier (boucle de l'Ankh) sont à égale distance : 2100 mètres.

Elles dessinent donc un triangle équilatéral de 2100 mètres de côté à angles de 49°, orienté sur les points cardinaux.

LES ATTENTATS

L'**attentat de la rue Copernic** fut perpétré à Paris le 3 octobre 1980, alors qu'était célébrée la fête juive de Sim'hat Torah, amenant un grand nombre de fidèles.

Cet attentat antisémite à la bombe, dirigé contre la synagogue de la rue Copernic, fit quatre morts et 46 blessés.

Cet attentat resté dans toutes les mémoires, est également inscrit dans le Parisis Code grâce à la rue Gérard représentant la Saint-Gérard fêtée le 3 octobre.

En effet, la ligne joignant le centre de la Grande Croix du Christ (clef de supplice et de Mort) à la rue Gérard, passe sur la synagogue de la rue Copernic.

Mais, même si la Grande Croix du Christ représente la mort d'un juif, cet alignement ne suffirait pas à évoquer le mot « attentat ». Aussi, cette ligne traverse-t-elle également le lieu d'un autre attentat mémorable ; celui de la **rue de Rennes**.

Le 17 septembre 1986, au n'140, rue de Rennes, devant le magasin Tati (Immeuble Félix Potin), un attentat terroriste fit 7 morts et 55 blessés.

Dans le Jardin de l'Intendant, sous les tilleuls, un Mémorial aux Victimes du Terrorisme, a été inauguré le 3 décembre 1998. Cette œuvre intitulée *Parole portée à la mémoire des victimes du terrorisme* est une sculpture fontaine en bronze de Nicolas Alquin.

Imaginé par Robert Cotte au début du XVIIe siècle, le Jardin de l'Intendant à été créé selon ses plans 3 siècles plus tard, en 1980, l'année de l'attentat de la rue Copernic.

Attention, ce Mémorial n'est pas placé n'importe où. Il respecte le Parisis Code !

Il se trouve exactement sur la droite qui relie la Clef de la Communication (entrée principale de Radio-France) à la Clef de la Mort (entrée principale du Père Lachaise).

Le Grand Œil (Observatoire de Paris), qui regarde la synagogue de la rue Copernic crée une ligne qui traverse avec précision le Mémorial aux Victimes du Terrorisme et atteint le centre de la Grande Croix du Christ (clef de supplice et de Mort d'un juif... célèbre) !

La droite joignant les deux lieux d'attentat, rues de Rennes et Copernic traverse le Jardin de l'Intendant où se trouve le Mémorial en question, et cet axe atteint lui aussi le centre de la Grande Croix !

Dulcie September (1935-1988) était une personnalité politique sud-africaine représentant l'African National Congress (anti-apartheid). Elle a été assassinée à Paris le 29 mars 1988, devant les bureaux de l'ANC au n° 28, rue des Petites Ecuries (10ème arr.) de cinq balles tirées en pleine tête. Cet assassinat est resté impuni à ce jour !

La ligne reliant le Mémorial aux Victimes du Terrorisme à la Place Dulcie September (10ème arr.) traverse avec précision le lieu du crime.

La droite reliant la Place Dulcie September à l'Ambassade d'Afrique du Sud situé au n° 59 Quai Orsay (7ème arr.) passe malicieusement sur l'entrée de la rue des Petites Ecuries en passant sur l'extrémité du bras de la croix Ankh, une manière de nous indiquer les coupables...

En effet, un doute plane sur les services secrets de l'ancien gouvernement...

Aujourd'hui, le n° 28, rue des Petites Ecuries est devenu le siège de l'association SOS Racisme.

Amusant : l'œil de l'Aigle (Buttes-Chaumont) qui regarde le Mémorial aux Victimes du Terrorisme, crée une ligne qui traverse l'ex-entrée du Palais des Tuileries (incendié en 1871 par les insurgés de la Commune) et l'entrée au tombeau de Napoléon.

Un message qui laisse penser que Napoléon 1er fut une victime du terrorisme...

PROTESTANTISME

A Nantes en 1598, Henri IV accorde aux protestants le libre exercice de leur culte. En 1685, son petit-fils revient sur cet édit de liberté et le révoque, entrainant la pire des persécutions : culte interdit, exil puni des galères, enlèvements des enfants à leurs parents pour leur donner une éducation catholique.

La droite reliant la Place de l'édit-de-Nantes (19ème arr.) au centre de la Grande Croix du Christ, passe sur la Fédération Protestante de France (rue de Clichy).

Il existe à Paris une rue bien mystérieuse à cheval sur le 1er et 4ème arrondissement : la rue des **LOMBARDS**.

Au Moyen âge, ces italiens, bien avant les Juifs, avaient le monopole des transactions bancaires.

Dans la rue des Lombards, un emplacement demeure vide depuis 4 siècles et demi !

Un arrêté du Parlement en date de l'an 1569 interdit expressément toute reconstruction à cet endroit, et le plus incroyable c'est qu'il est encore respecté de nos jours ! On peut consulter ce décret aux Archives Nationales.

Quand on connaît le prix du mètre carré à cet endroit de Paris, ce fait est d'autant plus mystérieux.

Que peut bien cacher un tel respect d'une interdiction si ancienne ? Que craint la Mairie de Paris en outrepassant cet arrêté ?

En fait, renseignement pris, il s'agit d'un emplacement crucial dans l'Histoire du Protestantisme. Un point géographique particulier relevant, d'une certaine façon, du Parisis Code.

Cette maison qui se trouvait à l'angle nord-ouest de ce carrefour entre la rue des Lombards et la rue Saint Denis appartenait à la famille Gastines, marchands huguenots bien connus dans le petit Tout-Paris de l'époque pour leur fervente adhésion au protestantisme, culte interdit à l'époque, dans le Royaume de France.

Malgré cette interdiction, les Gastines continuèrent de célébrer dans leur maison des cultes réformés et de chanter les psaumes.

Ils furent tous les trois condamnés à mort, et exécutés le jeudi 30 juin 1569 sur la Place de Grève, aujourd'hui Place de l'Hôtel de Ville.

Leur maison fut détruite et l'emplacement entièrement rasé, avec décision du Parlement de *ne rien reconstruire à cet endroit* !

On y érigea une gigantesque croix qui devint vite célèbre sous le nom de Croix de Gastines, symbole du catholicisme romain, signe de victoire et d'expiation contre ce qu'on appelait l'*hérésie huguenote*.

Agrippa d'Aubigné relate cet événement dans *Les Tragiques*, grand poème sur les guerres de religion.

L'axe reliant la rue Agrippa d'Aubigné à l'emplacement vide de la rue des Lombards, passe sur la Place de l'Hôtel de Ville (ancienne Place de grève) lieu du supplice de la famille Gastines, et se dirige sur le centre de l'Ankh (Place de l'Opéra). Dans ce cas de figure, la croix Ankh est identifiée à la Croix de Gastines.

Agrippa d'Aubigné fit de sa vie un combat permanent en faveur de la cause des Protestants, aussi bien par les armes que par la plume.

A Paris, le protestantisme a pris naissance au sein de l'Abbaye de Saint-Germain-des-Prés. La rue Agrippa d'Aubigné se trouve judicieusement implantée à quelques mètres…

L'Observatoire de Paris, le Grand Œil qui regarde la Fédération Protestante de France, au n° 50, rue de Clichy, forme un axe qui traverse l'Abbaye de Saint Germain des Prés !

L'emplacement vide de la rue des Lombards se trouve dans l'alignement Nord de la rue Jean Calvin (1509-1564) initiateur avec Martin Luther (1483-1546) de la Réforme protestante.

Le bec de l'Aigle aligné sur l'église Saint Germain l'Auxerrois dont la cloche *La Marie* annonça le signal du massacre des protestants le 24 août 1572, jour de la **SAINT-BARTHELEMY**, forme un axe qui atteint la rue Barthélémy (15ème arr.). Ce massacre fit plus de 3000 victimes à Paris !

L'axe Cour du Sphinx - rue de l'Amiral de Coligny - église Saint-Germain-l'Auxerrois - rue des Lombards se dirige symboliquement sur le cimetière du Père Lachaise, notre clef de la Mort...

Si nous traçons un axe joignant la rue Barthélémy au Passage Barthélémy (10ème arr.), celui-ci croise la rue de Nantes (19ème arr.), attaché à l'Edit de Nantes également en rapport avec les Protestants.

La rue des Lombards est coupée par la rue Nicolas Flamel qui aboutit sur la mystérieuse Tour Saint-Jacques qui fut cachée pour des raisons obscures pendant 8 ans sous les bâches et les échafaudages.

Au n° 51 de la rue de Montmorency se dresse l'une des plus anciennes maisons de Paris, justement celle du renommé alchimiste Nicolas Flamel.

Dame Pernelle, son épouse (qui lui a apporté une vie confortable et probablement une connaissance), possède également une rue qui croise celle de Nicolas Flamel ! Qu'a donc accompli cette dame pour mériter une telle reconnaissance ?

Pourquoi bénéficie telle d'une place de choix dans la mémoire parisienne ? Que de mystères autour de ce petit quartier de Paris !

Dernière remarque : la Bibliothèque du Protestantisme Français (54, rue des Saints Pères) est dans l'alignement Sud de la Fédération Protestante de France (50, rue de Clichy).

La clef de la Communication alignée sur cette bibliothèque forme un axe qui aboutit sur l'Abbaye de Saint-Germain-des-Prés (naissance du protestantisme).

LE PROGRES

La Villa du Progrès (19ème arr.) semble avoir été créée pour délivrer un message religieux dans le Code : le triomphe du Progrès passe par l'égalité, la liberté et... le Christ.

Il s'agit d'un alignement symbolique comportant tous les ingrédients indispensables pour lire correctement le message sans besoin de l'interpréter.

D'ouest en Est nous trouvons : la Grande Croix du Christ (centre), l'Arc de Triomphe, l'Eglise de la Sainte-Trinité, l'œil de l'Aigle, la rue du Progrès et les rues de l'égalité et de la liberté.

SAINTE-OPPORTUNE

Le 22 avril, jour de la Sainte-Opportune (-770), était généralement le jour de la fougère, dans le calendrier républicain français. Sainte-Opportune est considérée comme la Sainte-Thaumaturge de la Normandie.

Dans Paris l'axe formé par la Place Sainte-Opportune et la rue de Normandie mène à la rue des fougères !

L'axe formé par la rue Sainte-Opportune et l'Arc de Triomphe nous amène sur la Place de la Bastille. Pourquoi ?

C'est le jour de la Sainte-Opportune, en 1370 que fut posée la 1ère pierre de la forteresse de la Bastille !

La Journée de la Terre célébrée le 22 avril, fut lancée en 1970 aux Etats-Unis.

En 2010, à travers le monde, plus d'un milliard de personnes ont participé aux activités proposées par le mouvement, ce qui a fait de cette journée, le seul événement célébré simultanément à travers le monde.

Le même jour, les Nations-Unies célèbrent la Journée internationale de la Terre Mère.

AUTRE FACETTE DU CODE

Si en règle générale le Parisis Code est plutôt réservée aux personnalités importantes ou célèbres ayant un destin hors du commun, certaines personnes ordinaires, comme vous et moi, pour des raisons qui m'échappent encore, bénéficient du Code.

C'est mon cas, mais c'est aussi celui d'une de mes lectrices, Catherine Dalançon qui après s'être procuré mon livre en mai 2010 me contacta pour me demander de rechercher pour elle les alignements qui pourraient la concerner.

Elle me communiqua donc toutes ses adresses successives dans Paris et d'autres paramètres personnels.

Elle me révéla également un petit détail original de sa vie, qui devait se révéler en fait, très important.

Elle est en effet depuis quelques années, la protectrice de la tombe du chanteur américain Jim Morrison (1943-1971), chanteur des Doors, un groupe de rock mythique de la fin des sixties.

C'est Catherine Dalançon qui organise les cérémonies officielles avec l'accord de la conservatrice du cimetière du Père Lachaise.
Morrison fut l'un des "monuments" les plus visités de la Capitale.

Au cimetière du Père Lachaise, sa tombe est encore une attraction touristique populaire.

Ce que nous révèle le Parisis Code, au sujet de Jim Morrison et de Catherine Dalançon dépasse l'entendement !

Lorsque nous créons un axe entre la tombe du chanteur Jim Morrison* (division 6 du cimetière du Père Lachaise) et le n° 17, rue Beautreillis, son dernier domicile parisien où il est mort le 3 juillet 1971 dans sa baignoire, on constate qu'il passe sur la rue d'Alençon (évoquant phonétiquement le nom Dalançon) et sur la rue Carcel (15ème arr.) où Catherine Dalançon habita de 1983 à 1986.

Incroyable mais vrai ! Le Parisis Code continu ses étranges alignements : le Lézard King, un bar entièrement consacré à Jim Morrison et aux Doors s'est ouvert le 1er octobre 2010, à Paris.

Etrangement, il est situé au n°11 rue des Tournelles (4ème arr.), près de la Place de la Bastille, exactement sur la ligne joignant le tombeau de Jim Morrison au n° 17 de la rue Beautreillis, où est mort le chanteur des Doors !

Autrement dit, ce bar, qui a fermé ses portes un an plus tard, est venu se greffer sur la ligne de Catherine Dalançon !

Une manoeuvre qui n'est assurément pas d'origine humaine ! Nouvelle preuve que le code est toujours actif et se complète sans cesse !

Peut-être le système Parisis Code existe-t-il dans une autre ville que Paris. Peut-être bénéficiez vous d'un alignement symbolique personnel à Paris ou ailleurs.

J'encourage vivement mes lecteurs à se pencher sérieusement sur cette énigme dont les conséquences peuvent être incalculables pour l'humanité toute entière…

LA PYTHONISSE

Il existe au sein de la boucle de l'Ankh (Opéra Garnier), depuis 1875, un élément artistique qui fait référence à la fonction divinatrice de la clef Ankh, dans le Parisis Code.

Il est placé sous la volée centrale du grand escalier.

C'est la *Grotte de la Pythonisse* où l'on peut admirer *La Pythonisse*, oeuvre d'Adèle d'Affry (Duchesse de Castiglione-Colonna).

La Pythonisse est une prêtresse du dieu Apollon, également appelée la Pythie qui, dans la Grèce antique femme possédait la faculté de prédire l'avenir.

Le mot Pythonisse désigne une femme douée du don de prophétie... une voyante.

ADAM, LE PREMIER HOMME...

Jusqu'en 1864, Paris possédait une rue Adam qui pouvait (et qui peut encore) être utilisée dans le Parisis Code pour Adam, le premier homme créé par Dieu.

Cette rue concernait en fait le compositeur de musique et créateur du Théâtre Lyrique, Adolphe Adam (1803-1856).

Cette rue fut rebaptisée Adolphe Adam en 1864. Un décret du 2 mars 1864 avait dénommé cette voie rue Adam.

Cette rue se trouve sur l'Axe Solaire Historique (Grande Arche - Arc de Triomphe – Champs-Elysées - Obélisque) ce qui en souligne l'importance, malgré sa petite taille (42 mètres).

Preuve que cette rue concerne bien Adam : la ligne joignant l'ex-rue Adam au Zénith (la clef du superlatif, celle qui indique une importance fondamentale...) traverse bien la rue Dieu !

Adam n'est-il pas la plus belle création de Dieu ? Avec Eve, naturellement ! La ligne joignant la rue de Paradis au parvis de Notre-Dame traverse la rue Adolphe-Adam.

La ligne joignant l'entrée du Sacré-Coeur de Montmartre à l'entrée de la Cathédrale Notre-Dame traverse la rue Adolphe-Adam.
Au plafond de la Chapelle Sixtine, au Vatican, Adam tend son index pour recevoir, la vie que va lui donner Dieu le père. C'est un peu cette ligne qui est représentée à Paris ...

La plus belle et la plus ancienne statue d'Adam de Paris, est exposée au Musée de Cluny; elle provient de Notre-Dame de Paris.

C'est l'un des chef-d'oeuvres des années 1260. Le Grand-Oeil qui regarde la rue Adolphe-Adam crée une ligne qui passe sur le Musée de Cluny !

Abel fut le deuxième fils (assassiné) d'Adam : la droite rue Abel - Arc de Triomphe traverse la rue Adolphe-Adam et la Pyramide du Louvre (représentant un tombeau égyptien).

L'Homme (représenté par Adam) est mortel : on retrouve la rue Adolphe-Adam sur la ligne joignant la Clef de la Communication (Maison de Radio-France) à la Clef de la Mort !

Cette ligne traverse la Porte de l'Enfer (du Musée Rodin). Pourquoi ?

A partir de 1880, Auguste Rodin entreprit la plus importante œuvre de sa vie : la Porte de l'Enfer, composée de multiples sculptures dont la plus célèbre reste le fameux Penseur.

Pour coiffer cette porte monumentale, Rodin sculpta *Les Ombres*, un ensemble de 3 personnages qui ne sont en fait qu'une seule et même statue voulant représenter Adam, le premier homme.

Face à cette porte, *Les Ombres* est reproduit en grandeur réelle.

Les Ombres vues de la Porte de l'Enfer

Pour la petite histoire, il faut savoir que Rodin sculpta son Adam, dans du plâtre. Ce plâtre original ne fut redécouvert qu'en 2010 au musée des beaux Arts de Quimper qui ignorait le posséder.

Message ? Dans le jardin du Musée Rodin, on remarquera que les 3 œuvres, la Porte de l'Enfer, Les Ombres et Le Penseur sont alignés sur la Tour Eiffel.

Ainsi en été, les ombres de ces trois œuvres se retrouvent alignées sur l'ombre de la Tour Eiffel comme j'ai pu le remarquer le 28 août 2011.

Dans le Code, la ligne joignant l'Avenue Rodin à la rue (Adolphe) Adam traverse la clef de la Mise au Monde (Esplanade du Trocadéro). Montrant ainsi que Rodin a bien « créé » Adam.

La ligne joignant la Place Rodin à la rue (Adolphe) Adam traverse comme par enchantement « Les Ombres » et la « Porte de l'Enfer » sur lesquelles est représenté Adam !

Dieu a donné l'Intelligence et la Connaissance à Adam.

La ligne joignant la Clef de l'Intelligence et de la Connaissance (Tour Maine-Montparnasse) à la pointe du bec de l'Aigle (Point Important) traverse la rue Adolphe-Adam et...la Sainte-Chapelle.

Adam a *croqué la pomme* ! Référence à la Genèse dans laquelle Ève croque la pomme de l'arbre défendu de la Connaissance.

Cela est aussi pris comme une allégorie de luxure. Adam a fait l'Amour à Eve...

Une Pomme monumentale vient d'être érigée face au 120, Boulevard de Clichy.

La ligne joignant cette pomme au Parvis-Vagin du Trocadéro (Clef de la Mise au Monde) crée un axe qui atteint le centre de la Place Rodin où est érigée la statue en bronze d'un homme nu pouvant être identifié comme étant Adam...

C'est en fait *L'âge d'airain*, une oeuvre qui apporta la gloire à Rodin en 1877. Elle est d'un tel réalisme que Rodin fut accusé à tort d'avoir fait un moulage de son modèle.

Une grosse pomme en acier réfléchissant, sculpture de Frank Scurti, trône désormais sur un terre-plein devant le n° 120, boulevard de Clichy (Place de Clichy) dans le 18ème arr.

Cette sculpture monumentale baptisée *Quatrième Pomme* à la fois pomme et planisphère a été installée sur le socle vide du philosophe utopiste français Charles Fourier.

Le socle ancien est entouré d'un cube de verre dont chaque côté arbore une teinte différente (prisme de couleurs de Newton).

L'artiste s'est appuyé sur la théorie des quatre pommes, de ce même Fourier, qui avait constaté que le prix d'une pomme à Paris coûtait 100 fois plus cher qu'à Rouen...

Aux trois pommes célèbres (celle qu'Eve offrit à Adam ; celle que Pâris offrit à Vénus ; et celle de Newton à l'origine de la loi de la gravité universelle), Fourier ajouta ainsi sa propre pomme, la quatrième, symbole du désordre capitalistique.

La statue de Fourier fut érigée en 1899 au n°120, Boulevard de Clichy. Elle fut enlevée et fondue en 1942... par le nazis.

Le socle reste vide de 1942 à 1969. Une statue éphémère en plâtre de Fourier (installée sans autorisation) reste quelques jours sur le socle.
De 2007 à 2010, une cabine en verre est installée sans autorisation sur le socle pour bien montrer qu'il reste vide.
Un escalier permettait aux passants qui le désiraient de pénétrer dans la cabine...
La 4ème Pomme est installée sur le socle vide le 10 janvier 2011. Entre temps le socle a été déplacé et se trouve désormais sur le terre-plein central.
Le Grand Oeil qui regarde cette Pomme crée une ligne qui traverse le centre de la boucle de l'Ankh.

Un alignement suspect...

Il existe un étrange alignement de 6,3 kilomètres reliant l'Impasse Satan à la *4ème Pomme*. Cette ligne qui traverse symboliquement la rue de Paradis, passe aussi sur la rue Dieu.
Un autre alignement légèrement différent reliant le *Jardin du Graal*, (au n°29, rue des 3 bornes - 11ème arr.) à la "4ème Pomme" traverse également la rue Dieu et la rue de Paradis. Cet axe, par contre, évite l'Impasse Satan !
Le *Jardin du Graal*, s'appelait auparavant le *Jardin des Fées*. Rappelons- nous de la Fée et de la pomme empoisonnée de Blanche-Neige...Quant à la quête du Graal du roi Arthur, rappelons nous d'Avalon... l'île aux Pommes !
Le mot *pomme* vient du latin *pomum* qui signifie *fruit*, mais désignait tous les fruits. Le nom botanique *Malus*, vient de *Malum* qui désignait cette plante dans l'Antiquité.
Malus, c'est aussi le mal ou encore le mâle; une symbolique fortement liée à la pomme, au Jardin d'Eden.

La ligne joignant la pointe du bec de l'Aigle à la rue Malus traverse le *Jardin du Graal*.

La rue Malus est aussi sur la ligne joignant la Grande Galerie de l'Evolution (Jardin des Plantes) à la *Porte de l'Enfer* de Rodin (Musée Rodin)...

Le Grand Œil qui regarde la rue Malus crée un axe qui rejoint la Clef de la Mort.(entrées Est et Ouest du Père Lachaise).

Un clin d'œil concernant la *4ème Pomme* : La ligne reliant la rue Guillaume Tell à la rue des Pommiers (Pré Saint-Gervais) traverse avec précision cette sculpture!

Un ami a contacté Franck Scurti, l'artiste qui a réalisé la *4ème Pomme*, pour lui faire part de mes découvertes concernant son œuvre. Sa réaction reflète celle des autres artistes et architectes, acteurs involontaires du grand code parisien.

Elle prouve une fois de plus que ceux-ci sont les jouets d'une Intelligence qui les dirige à sa guise pour arriver à ses fins ; à savoir la mise en place d'un réseau de lignes cohérentes, chargées de sens et détentrice de messages.

Franck Scurti ne voit là qu'une coïncidence ou une manipulation humaine ; celle de la Franc-maçonnerie. Deux solutions qui permettent de balayer rapidement le problème...

En ce qui me concerne, je n'y vois qu'une coïncidence, car l'idée de la pomme était dans mes cartons depuis déjà quelques temps, avant même que je fasse le projet pour Clichy...

Le chemin est encore long pour parvenir à l'acceptation par tous, de ce mystérieux code !

CONNAISSEZ-VOUS LILITH ?

Lilith fait partie de la mythologie judéo-chrétienne. Pratiquement absente de la Bible, Lilith n'en est pas moins la première femme d'Adam, créée en même temps que lui.

Mais elle fut chassée pour mauvaise conduite et reléguée aux enfers, au monde des ténèbres, à l'inconscient.

Pour vengeance, Lilith devient le serpent qui a incité Ève à croquer la *pomme*, et ses enfants à s'entretuer...

Lilith est aussi une Maison de Prêt-à-Porter créée par Lily Barreth qui possède deux boutiques à Paris: la première au n°5, rue Cambon, la deuxième au n°12, rue du Cherche Midi.

Traçons un axe reliant ces deux adresses de Lilith...

Nous obtenons une ligne qui atteint la Place de Clichy où une grosse pomme (appelée *la quatrième pomme)*, oeuvre de Franck Scurti, fut érigée en janvier 2011

Mais l'histoire ne s'arrête pas là : c'est aussi *Lilith* qui a incité *Caïn* à tuer son frère Abel.

Et comme si l'alignement formé par les boutiques et la pomme n'était pas assez spectaculaire... il atteint également au sud, la Clef de l'Intelligence et de l'Evolution (la Tour Montparnasse), mais surtout la rue Auguste... Cain ! Lilith a donc la mort d'Abel sur la conscience...

Il existe à Paris une rue Abel ; celle-ci se trouve comme par hasard dans l'alignement Est très précis de la Boutique Lilith du n°12, rue du Cherche Midi !

Dans le Jardin des Tuileries, on peut voir deux statues, l'une montre *Cain venant de tuer son frère Abel* (d'Henri Vidal -1896) et *Les fils de Cain* (de Paul Landowski - 1906)

Preuve que certaines statues ne sont pas mises au hasard: la ligne reliant la rue Abel à la statue de *Cain venant de tuer son frère Abel* (Nord desTuileries), passe sur la rue (Adolphe) Adam !

Qui s'amuse ainsi avec Paris? Cette Quatrième Pomme représentée Place Clichy ne serait-elle pas en fait la Première Pomme ?

Ce Code est-il divin ou satanique? Car il n'est assurément pas humain !

LE CHRIST- ROI A PARIS

A Paris, depuis plus de 35 ans, le Christ-Roi n'est plus représenté.

Il n'a eu droit qu'à 39 ans de présence, grâce à la volonté d'une simple religieuse, Marie Catherine Olive Danzé, né le 27 mars 1906 à Plogoff, dans le Finistère.

Inconnue du grand public, elle devient **Sœur Olive** et sera reçue par le Pape Pie XII. Il est à noter que le nom d'Olive lui sera donné, dit-elle, par lc Christ lui-même au cours de ses visions...

Le 13 août 1926, à 20 ans, elle arrive à Paris rue Tournefort (5ème arr.) chez les Bénédictines du Saint-Sacrement. Premier miracle du Parisis Code : le 13 août est la Saint-Hippolyte.

La droite reliant la rue Saint-Hippolyte à la rue l'Olive passe sur la Clef de l'Eglise (Notre-Dame de Paris) et traverse exactement l'emplacement de ce couvent où devait un jour s'élever une basilique ! Cet axe atteint la rue de l'Evangile...

Beaucoup de phénomènes spirituels se sont déroulés dans la rue Tournefort: guérisons, grâces, apparitions...

Sœur Olive, grande mystique, vivra avec une température bien au-dessus de la normale...La mission de Sœur Olive, dictée dit-elle par Jésus lui-même, sera de faire construire à Paris une basilique sur la deuxième colline de Paris, la montagne Sainte-Geneviève.

Cette œuvre doit couronner l'œuvre du Sacré-Cœur de Montmartre. Ce sera la Basilique du Christ–Roi, élevée au n° 16, rue Tournefort, face à Montmartre.

La ligne reliant la rue l'Olive au centre de la Grande Croix du Christ (Avenue Foch), passe précisément sur l'entrée du Sacré-Cœur de Montmartre. Il en est de même pour la ligne Arc de Triomphe - rue l'Olive.

En 1935, la maquette de la Basilique fut exécutée dans l'enclos du monastère. En 1938 : construction de la Basilique du Christ-Roi.

20 octobre 1939 : le Pape Pie XII confie son pontificat au Christ-Roi.

27 octobre 1940 : première messe dans la Basilique.

16 juin 1956 : consécration du sanctuaire du Christ–Roi, Prince de la Paix, Maître des Nations.

L'une des quatre plus grandes statues au monde du Christ-Roi se trouve depuis 1931 sur le Corcovado, à Rio de Janeiro au Brésil. C'est le *Christ Rédempteur*. Elle mesure 30 mètres de haut et fut réalisé par le sculpteur français Paul Landowski.

En 2007, cette statue du Christ Rédempteur a été choisie comme l'une des Sept nouvelles merveilles du monde.

Elle reçoit 600.000 visiteurs par an ! On remarquera en passant que le nom rio contient le mot « roi »...

A Paris, aussi incroyable que cela puisse paraître, il existe un lien entre ce Christ de Rio et la basilique du Christ-Roi.

En effet lorsque l'on crée un axe reliant la Place du Brésil à la Place de Rio de Janeiro, celui-ci atteint avec précision le n° 16, rue Tournefort où fut construite la Basilique du Christ-Roi !

L'œil de l'Aigle qui regarde la Basilique du Christ-Roi crée une ligne qui traverse la rue du Roi Doré.

La ligne reliant la Basilique du Christ-Roi à l'Arc de Triomphe, traverse l'Eglise Saint-Sulpice (dont le nom signifie supplice), et qui contient la copie fidèle du Saint-Suaire de Turin...

Olive Danzé (Sœur Marie du Christ-Roi en religion) mourut le 2 mai 1968 dans sa ville natale, et 9 ans plus tard, le 2 février 1977, le sanctuaire fut brusquement rasé sans que le Saint-Siège réagisse.

Les plus hautes autorités de l'état furent prévenues, avec pour seule réponse : *cela ne nous concerne pas* !

En fait le terrain avait été vendu à des promoteurs qui édifièrent à cet endroit les « Immeubles du Panthéon »...

Soeur Olive savait que le Sanctuaire du Christ-Roi serait détruit, car, dès 1946, elle annonçait sa reconstruction, écrivant : « *Alors vos Coeurs et vos mains s'ouvriront à nouveau pour continuer votre générosité à rebâtir le palais du Roi des rois.* »

Le Père Bourcier a écrit que « *demain, rue Tournefort, une Basilique plus importante que la première s'élèvera dans le Ciel de Paris, proclamant le Christ-Roi, Prince de la Paix, Maître des nations* ».

Le Miracle de Saint-Christ désigne l'ensemble des faits surnaturels qui se sont déroulés entre le 21 juin et le 17 juillet 1979, dans une maison ayant appartenu à un prêtre, à Saint-Christ, petit village d'une province de France.

Ce Miracle affectait une statue du Sacré-Coeur provenant du sanctuaire de la rue Tournefort à Paris. Le 21 juin, une Hostie d'origine inconnue apparaît sur la poitrine de cette statue.

Le lendemain, 22 juin, fête du Sacré-Coeur, un coeur sanglant se forme au centre de l'Hostie...

Les statues du Christ-Roi dans le monde

Une nouvelle statue du Christ-Roi, la plus grande à ce jour, fut érigée en novembre 2010, à Swiebodzin, dans l'ouest de la Pologne.

Comme le Christ de Vũng Tàu (sud Viet-nam)), le Christ de la Concordia en Bolivie et le Christ de Rio de Janeiro au Brésil, le Christ de Swiebodzin est une statue toute blanche.

Elle mesure 33 mètres de haut, symbolisant les 33 ans de la vie terrestre du Christ.

Contrairement aux autres statues, ce Christ porte une couronne dorée de trois mètres lui donnant une hauteur totale de 36 mètres.

Pour mener à bien ce projet, beaucoup n'ont pas hésité à donner de fortes sommes d'argent, en Pologne comme à l'étranger.

Dimensions hors socle

Christ de la Concordia (Bolivie) (1994) : 34 m

Christ de Rio de Janeiro (Brésil) (1931) : 30 m

Christ de Vũng Tàu (Vietnam)   (1993) : 32 m

Christ de Swiebodzin (Pologne) (2010) : 36 m

L'immortalité désigne le fait d'échapper à la mort et d'exister pour une période de temps indéfinie, voire éternelle...

Comme je l'ai expliqué dans les tomes précédents, certaines statues parisiennes jouent un rôle très important dans le Parisis Code.

Une statue de Georges Recipon placée judicieusement sur le toit du Grand Palais en 1900, est une allégorie de l'Immortalité.

C'est la seule statue qui représente l'Immortalité dans Paris... et dans le Code. Elle est baptisée: *l'Immortalité devançant le temps*.

Cette statue regarde les Champs-Elysées... A ses pieds, la statue du Général de Gaulle.

L'oeil de l'Aigle qui regarde cette statue, crée une ligne qui traverse l'Allée Georges Recipon et la place de l'Opéra, centre de l'Ankh, également symbole d'Immortalité. (L'Ankh est tenu par les Dieux du Panthéon égyptien).

Je rappelle en passant que pour montrer l'immortalité de l'Ankh, il existe une ligne de 6,9 kilomètres reliant la Villa de la Renaissance (19ème arr.) à la rue de la Renaissance (8ème arr.) qui passe sur la boucle de l'Ankh, au niveau de l'entrée de l'Opéra Garnier...

La maison de l'alchimiste Nicolas Flamel, ou *maison au grand pignon* est une habitation située au 51, rue de Montmorency. Elle est l'une des plus anciennes de Paris.

La légende veut que Nicolas Flamel aurait découvert l'élixir de longue vie permettant de vivre éternellement.

Toujours est-il que dans le Parisis Code, la ligne joignant l'Allégorie de l'Immortalité du Grand Palais à l'entrée de la Clef de la Mort traverse bel et bien la maison de l'alchimiste Nicolas Flamel !

A l'entrée du cimetière du Père Lachaise, le mot immortalité figure en bonne place sur la colonne de gauche...

Chez les chrétiens comme chez les bouddhistes, on croit à l'immortalité de l'âme.

 Etrangement, dans le Parisis Code, lorsque l'on crée une ligne joignant l'Arc de Triomphe au Temple bouddhiste du Bois de Vincennes (lac Daumesnil), on a la surprise de la voir passer exactement sur la statue de l'Immortalité du Grand-Palais, mais aussi sur l'entrée de la Cathédrale Notre-Dame, clef de l'Eglise!

De chaque côté de l'entrée du cimetière du Père Lachaise, le mot immortalité figure en bonne place...

Sur l'une des colonnes, on peut lire cette phrase latine : *Spes illorum immortalitate plena est*

Cette phrase est extraite du livre de la Sagesse : *Et s'ils ont souffert des tourments devant les hommes, leur espérance est pleine d'immortalité.*

Dans Paris, si nous relions cette phrase à la rue de l'Espérance (13ème arr.), nous obtenons une ligne qui passe sur la rue Primatice, où se trouvait l'éditeur du Parisis Code.

Le Grand-Oeil (Observatoire) qui regarde le pilier, crée une ligne qui passe sur la Maison de l'Espérance (13, rue Gracieuse)!

Sur le pilier de droite, on peut y lire l'épitaphe suivante, extraite de l'Evangile de Saint-Jean : *Qui credit in me, etiam si mortuus fuerit, vivet* (Celui qui croit en moi même s'il est mort vivra).

Chez les chrétiens comme chez les bouddhistes, on croit à l'immortalité de l'âme.

Etrangement, dans le Parisis Code, lorsque l'on crée une ligne joignant l'Arc de Triomphe au Temple bouddhiste du Bois de Vincennes (lac Daumesnil), on a la surprise de la voir passer exacte-ment sur la statue de l'Immortalité du Grand-Palais, mais aussi sur l'entrée de la Cathédrale Notre-Dame, Clef de l'Eglise !

La droite reliant la Villa de la Renaissance à la Clef de la Naissance (Parvis des Droits de l'Homme), traverse la rue de Paradis et bien sûr... la statue de l'Immortalité du Grand-Palais !

L'Oeil de l'Aigle qui regarde la Clef de la Naissance, crée une ligne qui traverse la statue de l'Immortalité...

Les Immortels - Comme chacun sait, les Académiciens sont appelés "les Immortels". Ils siègent à l'Institut de France.

La ligne joignant la Place de L'Institut à l'Arc de Triomphe traverse bel et bien la statue de l'Immortalité du Grand-Palais !

Les académiciens doivent leur surnom d'immortels à la devise *À l'immortalité*, qui figure sur le sceau donné à l'Académie par son fondateur, le cardinal de Richelieu.

Le Musée Grévin est une institution qui a elle aussi la vocation d'offrir une certaine immortalité aux personnages célèbres en fixant leurs traits dans la cire.

La ligne joignant ce Musée à la Clef de la Naissance traverse elle aussi la statue de l'Immortalité, mais passe aussi sur le centre de l'Ankh, croix de la Vie Eternelle, mais aussi signe de l'Immortalité, car portée par tous les dieux du panthéon égyptien !

Dieu et l'Immortalité - L'axe rue Dieu - rue de l'Avenir passe aussi sur la statue de l'Immortalité du Grand-Palais !

Que se passe t-il dans le Parisis Code lorsque l'on trace une ligne joignant le Passage Dieu à la statue de l'Immortalité devançant le Temps ? Cette ligne va t-elle parler ?

Oui, absolument ! Cette ligne de 6,7 kilomètres traverse le Quartier de l'Horloge, et en particulier sur le n°8, rue Bernard de Clairvaux où nous trouvons une horloge à automate très originale qui a d'ailleurs donné son nom à ce quartier.

Cette horloge s'appelle *Le Défenseur du Temps*. C'est une œuvre de l'artiste français Jacques Monestier. Elle fut inaugurée le 8 octobre 1979 par Chirac. Le mécanisme ne fonctionne plus depuis le 1er juillet 2003....

La ligne pré-citée est en fait une droite particulièrement troublante qui relie l'extrémité Ouest de la Grande Croix du Christ au Passage Dieu...En tout 9,5 kilomètres!

La **salamandre** est le symbole d'immortalité. Cet animal a été gâté par la nature : son corps peut s'autorégénérer. Saurons-nous un jour percer son secret ?

La Salamandre, animal mythique inspiré du dragon immortel, a été choisie par François 1er comme emblème personnel du monarque et constitue l'élément central de ses armoiries.

Surmontée de la couronne royale, sur un fond de flammèches qui rappellent que cet animal est censé renaître de ses cendres, la salamandre est représentée dans tous les châteaux du roi.

Dans le Code, l'axe reliant la Clef de la Mort à la statue de *l'Immortalité devançant le Temps* mène directement sur le Square de la salamandre !

On remarquera aussi que cet axe coupe la rue François 1er...

Les arbres « immortels » - Le bois d'**Acacia** très dur et imputrescible est un symbole fort d'immortalité dans le Christianisme. D'ailleurs l'Arche d'Alliance et la couronne d'épines du Christ sont en acacia.

Ainsi dans Paris, on remarquera que la droite reliant la rue des Acacias à l'entrée de la Cathédrale Notre-Dame, clef de l'Eglise traverse la statue de l'Immortalité et l'Arc de Triomphe, avec une précision qui laisse rêveur !

Le **Ginkgo** est la plus ancienne famille d'arbres connue, puisqu'elle serait apparue il y a plus de 270 millions d'années.

Elle existait déjà une quarantaine de millions d'années avant l'apparition des dinosaures.

C'est pourquoi le Ginkgo, qui a sa rue dans Paris depuis 1985 la Cour du Ginkgo (12ème arr.), est un arbre symbole d'immortalité.

La droite reliant la rue des Acacias à la Cour du Ginkgo passe aussi miraculeusement sur la statue de l'Immortalité du Grand Palais et l'Arc de Triomphe!

Originaire de Chine, le ginkgo y est vénéré depuis les temps les plus anciens par les moines bouddhistes qui, séduits par sa beauté et sa longévité, en ont fait un ornement privilégié de leurs temples.

C'est un arbre tout aussi sacré pour le Japon où il fut découvert en 1690.
Le genre Ginkgo comprend une seule espèce, ce qui est extrêmement rare. Il fait partie des arbres dits préhistoriques ou fossiles vivants.

On les qualifie ainsi car ils sont apparus sur terre bien avant l'Homme, il y a 300 millions d'années.

Il résiste à toutes les agressions extérieures : maladies, parasites, insectes, pollutions, intempéries.

Au mois d'octobre, son feuillage arbore pendant 2 à 3 semaines une magnifique teinte jaune d'or.

A Paris depuis plus de 2 siècles, des familles de Ginkgos ou des Ginkgos isolés ont été plantés dans différents endroits, assez éloignés les uns des autres.

Il semblerait qu'il y a une volonté d'équiper chaque parc ou chaque jardin de ce type d'arbre.

L'Ambroisie - Dans la mythologie grecque, l'Ambroisie (mot qui vient du grec ancien qui signifie immortel, divin) est une substance divine.

Les dieux en oignent également leurs favoris, pour préserver leur corps ou leur conférer l'immortalité.

Ainsi, selon la légende d'Homère, Achille est frotté tous les jours avec de l'ambroisie, et plongé dans les flammes, qui doivent dévorer sa part mortelle... L'importance de l'Ambroisie face à la mort est clairement démontrée dans Paris.

En effet la ligne joignant la rue de l'Ambroisie (12ème arr.) au Zénith (clef du superlatif) passe exactement sur la Clef de la Mort : l'entrée principale du cimetière du Père Lachaise ! La rue de l'Ambroisie a été créée en 1993.

LE DERNIER CHALET ALPIN DE PARIS

Le dernier chalet alpin de la Ville Lumière, une petite bicoque en bois qui passerait inaperçue dans les Alpes mais détonne franchement entre les tours à logement de la métropole, vient d'échapper aux pics des démolisseurs. Un promoteur immobilier voulait y ériger un immeuble.

Ce chalet parisien, l'une des constructions les plus insolites de la Capitale, a été construit par des Compagnons du Tour de France, entre 1868 et 1881…

Cette histoire de chalet alpin de Paris isolé en péril peut sembler puérile à première vue.

Pourtant, contrairement aux apparences, elle est une solide preuve supplémentaire de la réalité du Parisis Code. Jugez-en !

Il est situé au n°103, rue de Meaux, à l'angle du passage de la Moselle.

Maintenant, amusons-nous un peu...

Quelle est la probabilité, sachant que Paris possède plus de 6.000 rues, que la ligne de 6 kilomètres, joignant ce chalet alpin à la Place des Alpes traverse une hypothétique *rue du chalet* ? « C'est de l'ordre du gain du Loto ! » me direz-vous, un sourire aux lèvres non dissimulé...

Détrompez-vous ! La rue du chalet existe ; elle se trouve dans le 10ème arrondissement, et la ligne en question la traverse en plein milieu ! Coïncidence ?

Mais, pour les sceptiques, j'ai une autre cartouche en réserve !

L'Avenue des Chalets existe également ; elle se trouve dans le 16ème arrondissement. C'est cette avenue qui nous indique avec une précision chirurgicale où se trouve le dernier chalet de Paris !

Pour cela utilisons la clef de la création, le bout du bassin-phallus du Trocadéro.

En traçant un axe reliant ce point à l'Avenue des Chalets, nous pouvons tracer une longue ligne sur la carte qui passe sur le Palais de la Découverte, au centre de la boucle de l'Ankh et se termine sur notre chalet solitaire, 8,6 kilomètres plus loin !

Ce n'est pas tout, notre chalet a aussi un rapport avec d'autres montagnes : la chaîne des Pyrénées, représentée comme il se doit par la rue des Pyrénées ; l'une des plus longues rues de Paris après celle de Vaugirard.

Cette rue escarpée à l'image de la chaîne de montagnes, mesure 3, 515 kilomètres. Elle fut baptisée rue des Pyrénées en 1877, à l'époque de la construction du chalet parisien.

Si nous créons un axe formé par le début (n°1) et la fin (n°401) de cette rue des Pyrénées, on a la surprise de le voir passer sur notre fameux chalet !

Cet axe traverse le Parc des Buttes-Chaumont créé par Napoléon III, également à l'époque de la construction du chalet.

Il est donc possible que le chalet fasse partie de l'aménagement du Parisis Code, exécuté secrètement par Haussmann et Napoléon III.

Chalets russes - Il existe à Paris, Villa de Beauséjour, 3 chalets russes (isbas), rescapés de l'Exposition Internationale d'Art et d'Industrie de 1867.

Ces chalets faisaient partie d'un villa russe provenant de Saint-Pétersbourg, entièrement déplacé au Champs de Mars. Ces chalets n'ont pas été oubliés dans le code.

La pointe du bec de l'Aigle (qui indique un point précis) aligné sur la rue du chalet (extrémité Nord), forme un axe qui atteint la petite Villa de Beauséjour après avoir touché la clef de la création.

La clef du Sphinx alignée sur la rue de l'Exposition et la Tour Eiffel, crée un axe qui coupe le Champs de Mars et atteint les chalets russes. Décidément toutes les informations figurent dans le Code !

Le chalet et les Compagnons du Devoir

Plusieurs associations françaises, héritières des mouvements du compagnonnage nées à l'époque de la construction des cathédrales (vers le XIIe siècle) portent le nom de *Compagnons du Devoir*.

Située au cœur de la capitale, sur la rive droite de la Seine, la Maison des Compagnons du Devoir de Paris, ancienne auberge tenue par une « Mère », est tout proche de la Place de Grève (Place de l'Hôtel de Ville) où se tenait chaque semaine, au Moyen Âge, le *marché aux maçons* : c'est là que les ouvriers et les Compagnons trouvaient de l'embauche.

Ils « topaient » sous l'orme situé sur la place Saint-Gervais. Leur *Maison* se trouve au n°82, rue de l'Hôtel de Ville.

On constatera que le modeste chalet alpin de Paris a une importance insoupçonnable pour les Compagnons du Devoir de Paris qui l'ont construit. C'est un symbole qui trahit une connaissance : celle du Parisis Code !

En effet, le Grand Œil qui regarde ce chalet forme une ligne qui traverse la place Saint-Gervais et le Panthéon, mais en plus, clin d'œil extraordinaire : sur la Cité de la Science et de l'Industrie de la Villette et sur l'une de leurs œuvres majeures, la Cathédrale Notre-Dame de Paris !

A l'origine, le nom des Compagnons était très précisément *Compagnons du Devoir de Dieu*. C'est probablement pourquoi, comme un message, l'on retrouve la rue Dieu (10ème arr.) sur la ligne joignant l'entrée principale de la Cathédrale Notre-Dame à notre fameux chalet…

Pour terminer, au Sud, cette ligne passe sur le début du Boulevard Saint Jacques et coupe la rue du Faubourg Saint-Jacques. Pourquoi ?

Saint-Jacques-le-Majeur n'est autre que le Saint-Patron des Compagnons du Devoir.

On remarquera qu'en reliant par une ligne les deux églises de Paris dédiées à leur Saint-Patron, l'Eglise Saint-Jacques du Haut-Pas (n°252, rue Saint-Jacques) et Saint-Jacques-Saint- Christophe de la Villette (n°6, Place de Bitche), celle-ci passe exactement sur l'entrée de la Cathédrale Notre-Dame de Paris !

LA NAISSANCE DE LOUIS XIV : UNE BONNE NOUVELLE!

Au 23 bis rue de la Lune se situait l'église Notre-Dame-de-Bonne-Nouvelle, origine de la naissance du Roi-Soleil. Une autre église la remplace, à côté, au n°25.

La rue Sainte-Anne a reçu le nom de Sainte-Anne en l'honneur d'Anne d'Autriche (1601-1666), Reine de France, et mère de Louis XIV.

Anne d'Autriche vint en pèlerinage durant 23 années de stérilité à Notre-Dame-de-Bonne-Nouvelle:

Zénith - Notre-Dame-de-Bonne-Nouvelle - statue équestre Louis XIV(Louvre)

Œil Aigle - Notre-Dame-de-Bonne-Nouvelle - rue Sainte-Anne

Rue de l'Annonciation - Notre-Dame-de-Bonne-Nouvelle - pointe bec Aigle

La naissance du Roi-Soleil:

Clef de la Mise au Monde (Esplanade du Trocadéro) - Notre-Dame-de-Bonne-Nouvelle - rue du Soleil. Cette ligne traverse la rue Sainte-Anne!

A la naissance de Louis XIV Anne d'Autriche offrit à l'église Notre-Dame-de-Bonne-Nouvelle un tableau attribué à Mignard :

Rue Mignard - rue Sainte-Anne- Notre-Dame-de-Bonne-Nouvelle

Statue équestre Louis XIV (Louvre) - Statue équestre Louis XIV (Place des Victoires) mène à l'extrémité du Boulevard Bonne-Nouvelle.

Parvis - Notre-Dame-de-Bonne-Nouvelle - rue du Soleil. Cette ligne traverse la rue Sainte-Anne!

Pour un père comme Louis XIII, comment est reçu un enfant attendu pendant 23 ans ? Le Parisis Code va vous aider.

La ligne joignant la statue équestre de Louis XIII (Place des Vosges) à la statue équestre de Louis XIV (Louvre) passe sur la rue du... Trésor!

C'est en juin 1660, sur la Bidassoa, entre la France et l'Espagne que fut décidé le mariage de Louis XIV. Trois jours plus tard, le 9 juin (jour de la Sainte-Diane), il se mariait à Saint-Jean-de-Luz.

A Paris, la ligne joignant l'Arc de Triomphe à la rue de la Bidassoa passe devant l'église Notre-Dame-de-Bonne-Nouvelle!

Remarque: Luz veut dire Lumière en espagnol. Diane est la déesse de la Lune...

La Bidassoa est interdite au public. Elle est dirigée 6 mois par l'Espagne, et 6 mois par la France. C'est le seul territoire ayant cette particularité.

LES MESSAGES DU PASSAGE SAINTE-AVOIE

Sainte-Avoie (fêtée le 6 mai) est célébrée par le Passage Sainte-Avoie (3ème arr.). Cette Sainte martyre qui vécut vers 450, captive des Huns, fut dit-on nourrie en prison par la Vierge...

Dans le Code, la ligne Clef de la Communication - Passage Sainte-Avoie traverse le Passage de la Vierge. C'est pourtant une légende!

Le jour de la Sainte-Avoie, le 6 mai 1889, s'est ouvert officiellement l'Exposition Universelle de Paris ainsi que la Tour Eiffel.

Dans le Code, l'axe formé par la rue de l'Exposition et le Passage Sainte-Avoie atteint la Tour Eiffel.

Le peintre italien de la Renaissance, Raphaël (1483-1520), possède son Avenue à Paris. Il a la particularité très rare d'être décédé le jour même de son anniversaire, le 6 mai, jour de la Sainte-Avoie.

Fantastique découverte dans le Code, cette spécificité est inscrite d'une façon limpide: créons un axe reliant la Clef de la Mort (entrée du Père Lachaise) au bout de la Fontaine de Varsovie, notre clef de la Création et de la Naissance.

Nous constatons qu'en effet, il traverse bien le Passage Sainte-Avoie et viens toucher l'extrémité nord de l'Avenue Raphaël!

C'est également le jour de la Sainte-Avoie, en 1932, que Paul Doumer, le Président de la République Française est assassiné à Paris, dans l'hôtel Salomon de Rothschild (11 rue Berryer).

Il mourra dans la nuit du 6 au 7 mai. Ce jour funeste est également inscrit noir sur blanc: la droite de 7,5 kilomètres joignant l'extrémité Nord de l'Avenue Paul Doumer à la Clef de la Mort, passe également sur le Passage Sainte-Avoie.

En prime, la ligne passe sur la Pyramide du Louvre, représentant le plus grand tombeau du monde.

En 1995, le jour de la Sainte-Avoie, Jacques Chirac fut élu Président des Français. Cette information nous est délivrée par la Clef de la Communication (Maison de Radio-France).

En prenant le centre de cet édifice, tirons une droite jusqu'au Passage Sainte-Avoie. Nous sommes stupéfait de la voir passer sur le n°8, Quai Voltaire... où demeure Jacques Chirac !

Comme nous l'avons vu dans le Parisis Code Tome 2, cette adresse est le point géographique qui permet à Chirac d'être présent dans le Code, en attendant la création d'une voie parisienne portant son nom.

En 2007, à cette même date, ce fut l'élection de Nicolas Sarkozy. La ligne joignant son point symbolique (extrémité Nord de la rue Fortuny) au Passage Sainte-Avoie, traverse le centre de la boucle de l'Ankh, preuve d'un Destin exceptionnel!

Les messages du Passage Sainte-Avoie sont particulièrement spectaculaires car cette voie ne mesure que 500 mètres!

L'AUTEL DE HOLLANDE

Jusqu'à ce jour du 8 février 2012, je pensais que le Parisis Code n'avait pas intégré le nom du candidat du Parti Socialiste François Hollande. En fait son nom se trouvait caché derrière le seul nom utilisable dans Paris évoquant la Hollande : l'Hôtel de Hollande (2 étoiles) situé au n°4, rue Cadet, à deux pas du siège du Grand-Orient de France.

Si je peux affirmer que ce point géographique est véritablement alloué à François Hollande, c'est que je m'appuie sur une constatation plus que limpide.

En effet, le P.C de campagne de François Hollande se trouve au n° 59, Avenue de Ségur, juste devant l'UNESCO.

Si l'on trace une ligne joignant cette adresse à l'Hôtel de Hollande, on s'aperçoit qu'elle traverse avec précision le Siège du Parti Socialiste, n°10, rue de Solférino.

Pouvait-on savoir à l'avance si François Hollande gagnerait les élections présidentielles? La réponse est affirmative.

Si l'on en croit le Code, il avait en effet de grandes chances de les remporter.

Démonstration: l'œil de l'Aigle qui regarde l'Hôtel de Hollande crée un axe qui atteint avec une précision chirurgicale la Salle des Fêtes du Palais de l'Elysée où sont intronisés les Présidents de la République. Cet axe bénéficie de deux clefs supplémentaires : la Clef de la Célébrité (Rond-Point des Champs-Elysées), mais surtout la Clef de Destin, la boucle de l'Ankh!

Le Grand Œil qui regarde l'Hôtel de Hollande, crée un axe qui traverse en plein centre la Place des Victoires.

On aurait dit que tout se mettait en place comme sur un échiquier. Le P.C de campagne de François Hollande se retrouvait comme par miracle dans l'alignement Sud du point géographique de Nicolas Sarkozy : le n°46, rue Fortuny.

Peu de temps après, le P.C de campagne de Nicolas Sarkozy s'installait au n°18, rue de la Convention (15ème arr.).

Cet acte eut pour effet d'aligner les deux P.C sur la Clef de la Mort. Pourquoi?

François Hollande est né à Rouen. Une fois élu, chaque 14 juillet, jour de la Fête Nationale, il siègera comme tous les Présidents de la République, juste devant l'Obélisque de la Concorde.

Si nous relions cet endroit à la Clef des superlatif, le Zénith ou encore à la rue de Rouen, nous obtenons une ligne qui passe sur l'Hôtel de Hollande.

Le destin de François Hollande est également lié à la Corrèze dont il est Président du Conseil Général.

Or l'axe rue de Corrèze - Hôtel de Hollande atteint le centre de la boucle de l'Ankh, Clef du Destin. Cet axe passe sur les jardins de l'Elysée.

Enfin, dernier détail: François Hollande sort de l'ENA, promotion "Voltaire". La ligne joignant l'Hôtel de Hollande à l'ENA, traverse le Quai Voltaire.

Malheureusement pour lui, l'Hôtel de Hollande ne bénéficie pas d'une bonne réputation; il est même considéré comme l'un des 10 plus sales hôtels de France.

La famille Hollande s'installe à Rouen en 1953, au 90, rue des Carmes, où le cabinet de son père, médecin ORL, est situé en dessous de l'appartement. François Hollande est né à cette adresse.

Si, dans Paris nous joignons n'importe quels points de la rue des Carmes (transposition dans Paris de sa rue natale) à la statue allégorique de la Ville de Rouen, sur la Place de la Concorde, on obtient un axe qui atteint le Palais de l'Elysée!

De plus, cerise sur le gâteau, cette ligne passe sur le n° 3, Quai Voltaire où habite l'ancien président de la République Jacques Chirac, et sur la Grande Galerie de l'Evolution !

Etrange: lorsque nous joignons l'Hôtel de Hollande au P.C de Sarkozy, la ligne traverse la rue Beaugrenelle où réside François Hollande.
L'axe Arc de Triomphe - Clef de la création atteint la rue Beaugrenelle.

METRO VIRTUEL DE FRANCOIS HOLLANDE

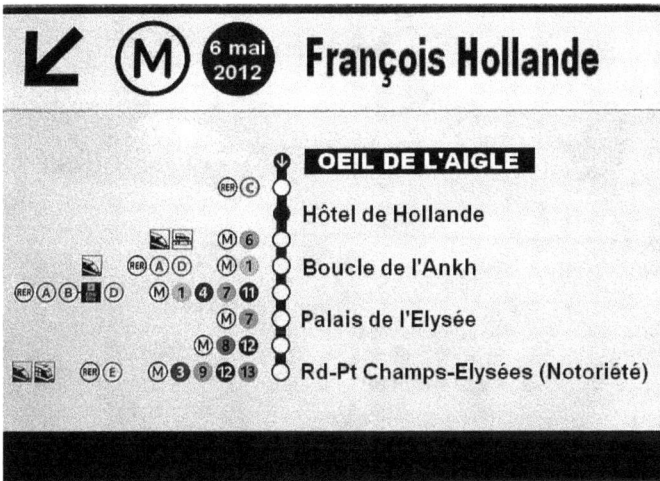

François Hollande — Février 2012

59, Avenue de Segur

10, rue de Solférino (Siège du Parti Socialiste)

Hôtel de Hollande (4, rue Cadet)

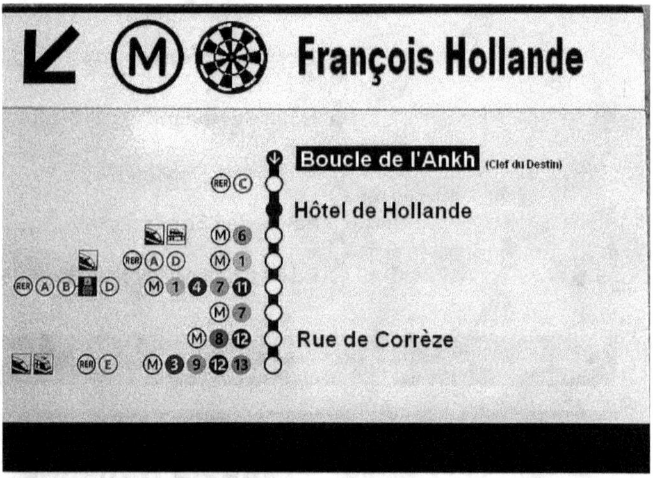

François Hollande

Boucle de l'Ankh (Clef du Destin)

Hôtel de Hollande

Rue de Corrèze

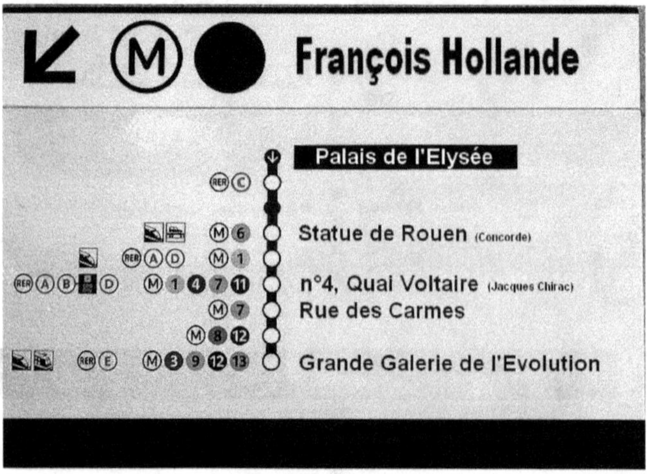

François Hollande

Palais de l'Elysée

Statue de Rouen (Concorde)

n°4, Quai Voltaire (Jacques Chirac)
Rue des Carmes

Grande Galerie de l'Evolution

LE DIEU DE LA GUERRE

Le Dieu de la Guerre est représenté à Paris à travers la Fontaine de Mars, située au n°129, rue Saint-Dominique (7ème arr.), à l'intersection avec la rue de l'Exposition.

Elle date de 1808, et fut érigée à la demande du Grand Guerrier Napoléon 1er.

Plusieurs alignements nous prouvent que cette clef concerne bien le Dieu Mars. Sur la fontaine, il est représenté aux côtés d'Hygie, Déesse de la Santé.

La Fontaine de Mars, est sur la ligne (attendue) reliant l'Ecole Militaire (Place de Fontenoy) à l'Arc de Triomphe!

Ce que recherche Mars dans la guerre, c'est la Victoire: L'axe rue

Concernant la dernière guerre mondiale :

Le Grand-Oeil qui regarde la Fontaine de Mars, forme un axe qui atteint très précisément le n°93 rue Lauriston, l'ancien siège de la Gestapo française, après avoir traversé à bon escient le "Passage d'Enfer"!

L'œil de l'Aigle qui regarde la Fontaine de Mars, forme une ligne qui traverse avec opportunité l'Hôtel Meurice (228, rue de Rivoli), Quartier Général du Commandant du "Gross Paris", Von Choltitz jusqu'en 1944.

On remarquera que la Fontaine de Mars se trouve sur la ligne reliant la Clef de la Création (Fontaine de Varsovie) à la fameuse Porte de l'Enfer du Musée Rodin. Le message est clair: Mars crée l'Enfer...

Concernant Marseille :

A l'origine, La Marseillaise est un chant de guerre révolutionnaire, écrit par Rouget de Lisle en 1792.

Ce nom contient celui du Dieu Mars. Si nous relions la Fontaine de Mars à la rue de la Marseillaise, nous avons l'agréable surprise de la voir passer sur la rue Rouget de Lisle !
De même Marseille se trouve sur une ligne Clef de la Communication - pointe du bec de l'Aigle (clef montrant un point précis) sur laquelle nous retrouvons notre Fontaine de Mars.

Concernant Napoléon 1er :

Clef de la Mise au Monde - Fontaine de Mars - Tombeau de Napoléon 1er -Grande Galerie de l'Evolution.
Clef de la Mise au Monde - Fontaine de Mars - Saint-Louis des Invalides (créée pour accueillir les soldats invalides de guerre) - Panthéon (de nombreux guerriers y reposent).
Clef de la Création - Fontaine de Mars - entrée du Tombeau de Napoléon - rue Bonaparte (Sud).

La Guerre pour l'Amour de la Nation…

Le 18 juin 1940, le général de Gaulle lance un appel à la poursuite du combat qui préfigure le combat de la France Libre puis Combattante.
A Paris, la Place du 18 juin 1940 se trouve exactement sur l'axe joignant la Fontaine de Mars au Temple de l'Amour de l'Ile de la Grande Jatte, ex- Temple de Mars, qui se trouvait initialement dans le Parc Monceau.

CORPUS CHRITI

Corpus Christi : est la célébration de la mort et de la résurrection de Jésus de Nazareth
La Chapelle du *Corpus Christi* (Chapelle du Saint-Sacrement) se trouve au n° 23, avenue de Friedland (8ème arr.).
La ligne reliant le Passage Dieu à cette chapelle passe sur l'église Saint-Ambroise dont le nom signifie "Immortel".
Cette droite passe par l'Eglise de la Madeleine (femme de Jésus); le rue Sainte-Anne (grand-mère de Jésus); elle accompagne également la rue Saint-Lazare. Rappelons que Lazare fut ressuscité par le Christ…
Cette église est d'ailleurs sur la ligne reliant la Clef de la Mort à la Statue allégorique de l'Immortalité, au Grand-Palais!
L'axe formé par la Chapelle du *Corpus Christi* et la Statue de l'Immortalité, atteint l'entrée du Panthéon.
L'œil de l'Aigle qui regarde le centre de la Grande Croix du Christ (Bellator) passe par la Chapelle du *Corpus Christi* l'Arc de Triomphe; cette ligne passe devant l'église de la Sainte-Trinité.

PLATON ET L'IMMACULEE CONCEPTION

Depuis les années 1980, les habitants de Pise (Italie) fêtent le nouvel an le 25 mars, jour de l'Annonciation, quand l'archange Gabriel révèle à Marie que Jésus va naître. Pise a donc renoué avec cette coutume en usage jusqu'en 1749.
Comme je l'ai déjà expliqué, l'homme se construit en 284 jours à partir du jour effectif de la conception (rencontre entre l'ovule et le spermatozoïde triomphant).
Etrangement, la Cour du Vatican construite par le Bernin comporte 284 colonnes alors qu'à l'époque ce nombre était ignoré tout comme l'existence des spermatozoïde.
Cela signifie, en clair que la conception de Jésus n'a pas débuté le 25 mars, mais 10 jours plus tard, le 4 avril, soit 284 jours avant le jour de sa naissance, le 25 décembre.
Le plus fascinant est que le Parisis Code a intégré cette donnée !

Colonnade du Bernin (Vatican)

En effet, le 4 avril, est crypté avec la Saint-Platon, représentée dans Paris par la rue Platon (15ème arr.).

Sachant que c'est Dieu qui a envoyé son fils sur Terre par cette voie surnaturelle, voyons ce que donne l'œil de l'Aigle qui regarde la rue Platon.

Il forme une ligne qui traverse effectivement la rue Dieu, et coupe la rue Notre-Dame de Nazareth !

On constatera également que l'axe de la rue de l'Annonciation amène effectivement sur cette rue Platon.

Sachant que l'Annonciation, la conception miraculeuse, et la gestation s'est déroulée dans la maison de Marie, représentée dans Paris par l'église Notre-Dame de Lorette, voyons ce que donne la ligne reliant cette église à la rue Platon. Elle traverse tout simplement l'Impasse de l'Enfant-Jésus!
La droite rue Platon - Cité Noël passe sur le chœur de Saint-Sulpice.
L'Evolution était le but poursuivi par Dieu en envoyant son fils.
La droite reliant l'église de l'Immaculée Conception à la rue Platon passe sur l'entrée de la Grande Galerie de l'Evolution.
L'axe formé par l'entrée de Notre-Dame de Paris et la rue du Trésor, nous amène sur la rue Platon.
L'Eglise Saint-Gabriel du nom de l'archange annonciateur de la venue du Christ, se trouve au n°5, rue des Pyrénées (20ème arr.). On remarquera qu'en reliant cette église à la rue de l'Annonciation, on crée une ligne qui touche Notre-Dame de Paris.
En reliant cette église à la rue Notre-Dame de Nazareth, on crée un axe qui rejoint l'église Notre-Dame de Lorette!

RICHARD ET LA MORT DU CHRIST

La date de la mort de Jésus (à l'âge de 33 ans et 6 mois), est confirmée par l'astronomie.

Le texte biblique indique que cette mort eut lieu à la 9e heure, cela permet de fixer précisément la date de la mort de Jésus au **vendredi 3 avril 33 à 15 heures**, la 1ère heure commençant à 6 heures du matin.

Un groupe de scientifiques allemands (du Centre de recherche en géosciences) et américains (du Supersonic Geophysical) ont comparé ces données sur l'activité sismique près de la mer Morte avec les textes du Nouveau Testament.

Les recherches ont confirmé que deux puissants séismes ont bien frappé la zone en question, au cours cette période (entre 26 et 36 après J-C) sous le règne de Ponce Pilate.

L'obscurité qui a suivi immédiatement la crucifixion serait due à une tempête de sable, fréquente dans cette région.

Le 3 avril est la Saint-Richard, codée dans Paris avec l'Impasse Richard.

L'œil de l'Aigle qui regarde l'Impasse Richard crée une ligne qui traverse effectivement la rue Dieu et l'entrée de l'Eglise Saint-Sulpice.
La droite reliant l'Impasse Richard à l'Eglise Notre-Dame de la Croix, passe sur le chœur de Notre-Dame de Paris.

La ligne Impasse Richard - Sacré Cœur de Montmartre passe sur le centre de la Croix Ankh (Place de l'Opéra).

La droite joignant la Place du Trône (Place de la Nation) à l'Impasse Richard traverse la Grande Galerie de l'Evolution.

Joignons l'Impasse Richard à la rue de la Mort. Nous obtenons une ligne qui passe sur le Panthéon, où reposent les Grands Hommes.

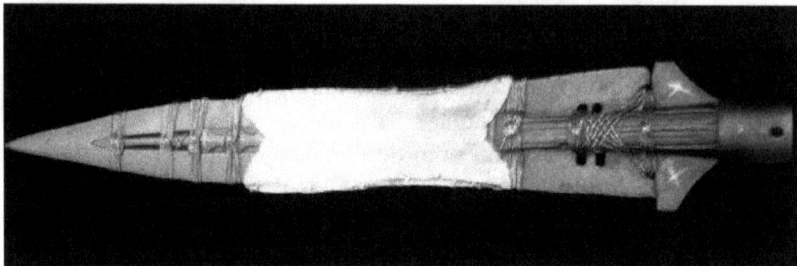

La lance qui a achevé Jésus...

L'Impasse Richard représentant la mort de Jésus, n'est qu'à 500 mètres de la rue Platon représentant le jour de sa conception. La ligne reliant ces deux voies traverse comme par miracle l'église Notre-Dame de... l'Arche d'Alliance!

Le chœur de l'église Notre-Dame de l'Arche d'Alliance est exactement dans l'axe Est-Ouest du Grand-Œil (Observatoire de Paris).

La ligne reliant l'Impasse Richard à la rue du Calvaire, au cimetière, ou encore à la Place du Calvaire passe dans la boucle de l'Ankh (ou tête du Christ).

Le Grand-Œil qui regarde la rue Maison-Dieu, crée un axe qui mène sur l'Impasse Richard. L'un des axes de la rue Maison-Dieu nous mène d'ailleurs à cette Impasse.

La rue de l'Evangile, la rue Platon (conception du Christ), l'Impasse Richard (mort du Christ) sont sur une même ligne de 7,4 kilomètres qui traverse l'Arc de Triomphe du Carrousel.

La pointe du bec de l'Aigle alignée sur les rues Platon et Richard traverse l'endroit du Quai des Orfèvres où il existait une rue de Jérusalem (assez connue puisque s'y trouvait l'ancienne Préfecture de Police).

Cette rue disparut lors de l'extension du Palais de Justice.

RADIO NOTRE-DAME

Etrangement, à quelques 40 mètres de l'Impasse Richard (mort du Christ), nous trouvons la rue Rosenwald, où fut créée par Monseigneur Lustiger, la première radio catholique, Radio Notre-Dame.

Cette radio quitta cette adresse en février 2012, pour s'installer au n°6, Boulevard Edgar Quinet (14ème arr.) sur l'axe Clef de l'Evolution et de l'Intelligence - Clef de la Communication (Radio-France).

Cette radio se trouvait ainsi sur l'axe rue Platon (mort du Christ) - Eglise Notre-Dame de l'Arche d'Alliance.

L'Arche d'Alliance ou "Arche du Témoignage" contenait les Tables de la Loi données à Moïse sur le Mont Sinaï.

C'était en quelque sorte la première "radio" de Dieu...

Eglise du Saint-Esprit (186, Avenue Daumesnil) - Impasse Richard (mort du Christ) - Radio Notre-Dame (11, rue Rosenwald)

Cour du Saint-Esprit - Impasse Richard (mort du Christ) - Radio Notre-Dame (rue Rosenwald)

Passage Dieu- Impasse Richard - Radio Notre-Dame (rue Rosenwald)

Le Grand-Œil qui regarde la rue Maison-Dieu, crée un axe qui mène sur l'Impasse Richard et les anciennes adresses de Radio-Notre-Dame et KTO (12, rue d'Oradour/Glane -15e arr.).

Eglise du Saint-Esprit (186, Avenue Daumesnil) - Cour du Saint-Esprit (11ème arr.) - Eglise Notre-Dame de Lorette

Eglise Saint-Gabriel - Rue de la Colombe) - Cour du Saint-Esprit (11ème arr.) - Clef de la Création (8,5 kilomètres)

Chapelle de la Descente-du-Saint-Esprit (Batigoles - rue Saint-Jean) - Cour du Saint-Esprit (11ème arr.) - Eglise du Saint-Esprit (Avenue Daumesnil).

Chapelle de la Descente-du-Saint-Esprit (Batignoles - rue Saint-Jean) - Eglise réformée du Saint-Esprit (5, rue Roquépine - 8ème arr.) - Impasse Richard (mort du Christ)

LA BENEDICTION DES ANIMAUX

Saint-François d'Assise (1182-1226), populairement appelé le "Saint aux oiseaux" au siècle du romantisme, est renommé depuis toujours pour son amour extraordinaire des animaux, qu'il appelait "frères" et "sœurs", puisqu'ils ont pour origine le même Créateur.

Il avait une prédilection pour les animaux souffrants et pour ceux, qui, comme les agneaux, lui rappelaient le Sauveur.

Il a été proclamé *Patron Céleste des Ecologistes*, le 29 novembre 1979. Depuis le XIXe siècle, tous les Papes ont encouragé la protection animale: *Le monde animal, comme toute la création, est une manifestation de la puissance de Dieu, de sa sagesse et de sa bonté, et comme tel, mérite le respect de l'homme.*

Tout désir inconsidéré de tuer des animaux, toute inhumanité, toute cruauté ignoble envers eux doivent être condamnés...

Le premier dimanche de novembre, à l'occasion de la solennité de Saint-François d'Assise (1182-1226) a lieu dans l'Eglise Sainte-Rita, rue François Bonvin (15e) une messe pontificale solennelle célébrée par un archevêque au cours de laquelle on procède à la bénédiction des animaux. Sainte-Rita est la Sainte des cas désespérés.

De nombreuses personnes assistent étonnés devant l'église, au défilé de dromadaires, zèbres, lamas, tortues, poissons, lapins et bien sûr, chats et chiens tous réunis pour la bénédiction.

L'Eglise Sainte-Rita de la rue Bonvin se trouve exactement dans l'alignement Ouest de la Chapelle de l'Agneau de Dieu (n°1, rue Paul Henri Grauwin -12e), de la Ménagerie du Jardin des Plantes, et enfin des Arènes de Lutèce où furent sacrifiés de nombreux animaux lors des combats contre les gladiateurs.

Cette église est de plus malicieusement dans l'alignement Sud de l'Avenue des Chasseurs. L'axe reliant cette église à la pointe du bec de l'Aigle (Point important) amène sur l'Église Saint-François-d'Assise, au n° 9 Rue de Mouzaïa (19e).

Le célèbre écrivain qui a donné une âme humaine aux animaux est Jean de la Fontaine.

Le Grand-Œil qui regarde l'extrémité nord de la rue Jean de la Fontaine crée une ligne qui traverse l'Eglise Sainte-Rita de la rue Bonvin et la Clef de la Communication.

Le siège de la Société Protectrice des Animaux de Paris, se trouve au n°39, Boulevard Berthier (17e).

Dans le Code, l'œil de l'Aigle des Buttes-Chaumont qui regarde cette adresse, crée un axe qui atteint l'Église Saint-François-d'Assise et... l'Avenue des Chasseurs !

En passant, on remarquera que l'axe reliant la rue Saint-Hubert (Saint-Patron des Chasseurs) à l'Avenue des Chasseurs mène à la Clef de la Mort.

La Fondation 30 Millions d'Amis se trouve au n°40, Cours Albert 1er. L'axe formé par cette adresse et l'Eglise Sainte-Rita de la rue Bonvin, passe miraculeusement à moins de 100 mètres du siège de la SPA (39, Bld Berthier) !

L'AGNEAU DE DIEU

L'Agneau de Dieu, que l'on retrouve dans l'Évangile selon Saint-Jean désigne Jésus.

La Chapelle de l'Agneau de Dieu, n°1, rue Paul Henri Grauwin (12e), est exactement dans l'axe de la Clef de l'Eglise, la Cathédrale Notre-Dame de Paris.

La ligne joignant la Chapelle de l'Agneau de Dieu au centre de la Grande Croix du Christ Bellator passe sur cette Cathédrale.

Le Grand Œil qui regarde la Chapelle de l'Agneau de Dieu crée un axe qui rejoint la Place du Trône (de la Nation).

Place Saint-Jean - Eglise Notre-Dame de Lorette - Chapelle de l'Agneau de Dieu

Le Restaurant l'Agneau d'Or qui se trouve au n°172 rue de Vaugirard (15e), génère plusieurs alignements particulièrement symboliques.

Restaurant l'Agneau d'Or - Ambassade du Vatican - Arc de Triomphe.

Restaurant l'Agneau d'Or - Boucle de l'Ankh (ou tête du Christ) - Sacré Cœur (Montmartre).

Eglise Saint-Joseph - Cité Noël - Impasse de l'Enfant-Jésus - Restaurant l'Agneau d'Or.

Rue du Trésor - Impasse de l'Enfant-Jésus - Restaurant l'Agneau d'Or.

Parisis Code 1

- Editions Dualpha) ISBN 978-2-35374-119-9

Le Code Secret des rues de Paris (Parisis Code 2)

- Editions Dualpha - ISBN 978-2-35374-210-3

L'Ephémère résurrection de la Bastille

- Lulu.com – ISBN 978-2-9540731-0-1

Le Secret Solaire du Mont Sainte Odile (tome 1)

- Lulu.com – ISBN 978-2-9540731-0-8

Les Phénomènes Solaires Artificiels

- Lulu.com – ISBN 978-2-9540731-2-5

Et Dieu créa le Code (Parisis Code 3)

- Lulu.com - ISBN 978-2-9540731-7-0

Version E-Book - ISBN 978-2-9540731-5-6

Paris, Capitale du Destin (Parisis Code 4)

- Lulu.com - ISBN 978-2-9540731-4-9

Le Métro Virtuel - (Parisis Code 5)

Lulu.com - ISBN 979-10-91289-01-6

Le Grand Code de Londres

Lulu.com - ISBN 979-10-91289-04-7

Les clefs cachées de la Vie

Lulu.com - ISBN 979-10-91289-05-4

Enigmes

Lulu.com - ISBN 979-10-91289-06-1

Amitié Franco-mariale et Géométries ufologiques

Par Raymond Terrasse

Lulu.com - ISBN 979-10-91595-00-1

De l'écorce terrestre au Dieu inconscient

Par Raymond Terrasse

Lulu.com - ISBN : 979-10-91595-01-8

Contacter l'auteur : Par mail : t.van-de-leur@laposte.net ou sur son skyblog :
http://parisis-code.skyblog.com

Plus d'information sur ces livres, sur Lulu.com

www.ingramcontent.com/pod-product-compliance
Lightning Source LLC
Chambersburg PA
CBHW071840270326
41929CB00013B/2052